Zum Schutz der Personen wurden Namen, Biographien und Orte zum Teil verändert und Handlungen, Ereignisse und Situationen an manchen Stellen abgewandelt.

Das Buch

Der Erzähler in *Ist das Liebe, oder kann das weg?* ist eigentlich zutiefst romantisch – denn Singles sind die wahren Romantiker dieser Welt. Er ist unermüdlich auf der Suche nach der Liebe. In langen Clubnächten, auf den Straßen der Großstadt, im Alltag. Er beleuchtet die Beziehungen von Freunden, schreibt über skurrile Dates, seltsame Bekanntschaften und manische Exfreundinnen. Ein Buch über Missverständnisse, große Gefühle, großes Kino und große Egos. Und darüber, wie viele Sexpartner zu viele sind.

Der Autor

Michael Nast, 1975 in Berlin geboren, begann nach der Schule eine Buchhändlerlehre, gründete zwei Plattenlabels und arbeitete für verschiedene Werbeagenturen. Er hat für das Magazin der *Berliner Zeitung* geschrieben und veröffentlicht jede Woche eine neue Kolumne auf seiner Homepage.
www.michaelnast.com

Michael Nast

Ist das Liebe,
oder kann das weg?

Vom sonderbaren Verhalten
geschlechtsreifer Großstädter

Ullstein

Besuchen Sie uns im Internet:
www.ullstein-taschenbuch.de

Originalausgabe im Ullstein Taschenbuch
1. Auflage April 2014
4. Auflage 2015
© Ullstein Buchverlage GmbH, Berlin 2014
Umschlaggestaltung: ZERO Werbeagentur, München
Titelabbildung: © getty images, Maydaymayday (Banane)
Satz: Pinkuin Satz und Datentechnik, Berlin
Gesetzt aus der Utopia
Papier: Pamo Super von Arctic Paper Mochenwangen GmbH
Druck und Bindearbeiten: GGP Media GmbH, Pößneck
Printed in Germany
ISBN 978-3-548-37532-8

Mein Film

Vor einigen Jahren hat mir ein unglücklich verliebter Mann erzählt, dass er sich wie die Figur in einem Kinofilm vorkommt. Der Mann hieß Christian, und wir hatten uns auf dem Geburtstag eines befreundeten Architekten kennengelernt. Wir sprachen lange über Filme, dann wechselte Christian abrupt das Thema. Er begann, von der Frau zu sprechen, in die er verliebt war.

»Immer noch«, sagte er, denn sie hatten sich schon vor zwei Jahren getrennt. Und obwohl sie inzwischen seit einem halben Jahr mit einem anderen Mann zusammen lebte, sprach Christian von ihr, als würde sie ihn zu Hause erwarten, wenn er nachher aufbrach. Christian brauchte dringend einen Zuhörer, und ich hörte ihm zu, während ich betreten auf meine Schuhe blickte und an den richtigen Stellen nickte.

Irgendwann erwähnte Christian dann den Kinofilm. Er erzählte, dass er sich fühlte wie eine Figur in einer kleinen Nebenrolle in einem bereits abgedrehten Film, die nie begriffen hat, dass sie nicht die Hauptrolle spielt. Er sagte, diese Figur beginnt nun langsam zu verstehen, dass die große Geschichte bereits erzählt worden ist. Dass es irgendwo ein Happy End gegeben hat.

Das war der Moment, in dem ich aufblickte.

Das war natürlich ein tragisches, auf den zweiten Blick aber auch ein sehr schönes Bild. Vielleicht gefiel es mir auch deshalb, weil es ein Bild ist, das mir sehr nah ist. Meine Sicht auf die Welt wird häufig von Filmen bestimmt. Es ist nicht schwer, das Leben als eine Art universelle Filmproduktion zu begreifen. Vielleicht ist das die eigentliche Klammer, die die Geschichten in diesem Buch zusammenhält. Dieser Blick. Vielleicht hilft er mir, die Welt ein bisschen besser zu verstehen.

Wenn ein guter Film entstehen soll, funktioniert das nur durch das Zusammenspiel aller Beteiligten. Man braucht Requisiteure, Maskenbildner und Cutter, man braucht Regisseure, Schauspieler, das richtige Licht und die passende Musik. Jeder hat seine Rolle. Würde eine wegfallen, funktioniert das gesamte System nicht mehr richtig. Das lässt sich auf vieles anwenden, auf Politik, das Berufs- oder Privatleben. Allerdings fällt einem dann doch auf, dass viele Rollen falsch besetzt sind. Ich bin immer auf der Suche nach Momenten, in denen alles zusammenpasst. Nach der richtigen Mischung, dem perfekten Augenblick. Wie im Film. Mit den richtigen Darstellern, der passenden Kulisse, und einem Soundtrack, der im Hintergrund läuft.

Wie die Idee einer Traumfrau sind natürlich auch Filme eine Illusion, eine Idealvorstellung, der man nicht gerecht werden kann. Es gibt immer eine Lücke zwischen Anspruch und Wirklichkeit.

Wenn man die Komponenten eines Films auf das Leben anwendet, ist Berlin die Kulisse dieser Texte. Viele Orte in dieser Stadt erinnern mich ans Kino. Das ist nicht metaphorisch gemeint. Im *Café Schoenbrunn*, einem Biergarten im Volkspark Friedrichshain, sind etwa die Stühle wie in einem Kinosaal angeordnet. Alle sehen in dieselbe Richtung. Die Promenade vor dem Café ist die Leinwand. Ähnlich funktionieren auch die angesagten Bars in der Berliner Mitte, in denen sich alle Köpfe hektisch zur Eingangstür drehen, sobald jemand den Raum betritt. In der Bar *Mein Haus am See* am Rosentaler Platz zieht sich über die hintere Wand des hohen Raums eine Tribüne, auf der die Zuschauer sitzen. Der hohe Raum ist die Bühne, auf der die Darsteller ihre Rollen spielen.

»Der Mensch ist nur da ganz Mensch, wo er spielt.« Das hat Friedrich Schiller einmal geschrieben, und so wie es aussieht, hat er nicht ganz unrecht. Ich habe viele Menschen kennengelernt, die sich selbst zu spielen scheinen, Darsteller ihres Lebens, die versuchen, eine Version von sich zu spielen, die sie für interessant und aufregend halten. Leider gelingt ihnen meist nur eine unnatürliche, affektierte Version, wie bei schlechten Soapdarstellern. Ihre Rollen sind nicht mit Leben gefüllt.

Wenn ich neuen Menschen begegne, frage ich mich manchmal, welchem Filmgenre ihr Leben zuzuordnen ist. Was da wohl am besten passt? Ob es eine große, erzählenswerte Geschichte gibt, oder nur eine Vorabendserie? *Hangover* oder Rosamunde Pilcher? Skandinavischer Arthouse-Stoff oder Hollywood Blockbuster?

Man geht ja meist ins Kino, um für einige Stunden den Alltag hinter sich zu lassen. Wenn man das Kino nach einem guten Film verlässt, möchte man eigentlich gar nicht reden. Leute, die nach einem Kinobesuch erst einmal den Film analysieren und auswerten, stören einfach nur. Man will die Stimmung einfach noch ein bisschen halten. Den Moment hinauszögern, bis man wieder im Alltag ankommt. Man fühlt sich den Figuren des Films nahe, man übersetzt ihre Geschichten ins eigene Leben.

Filme erzählen oft Geschichten, in denen man sich wohler fühlt als im wirklichen Leben. Die Rollen sind verteilt, die Guten sind deutlich von den Bösen zu unterscheiden, alles ist klar. Und meistens enden sie mit einem

Happy End, nach dem wir uns alle so sehr sehnen. Ich frage mich oft, wie es nach dem Abspann weitergeht. Wenn der Alltag beginnt.

Im Drehbuch des eigenen Lebens ist man natürlich selbst die wichtigste Figur, aber im Leben der anderen meist nur eine Nebenfigur, ein Statist, oft auch nur ein Zuschauer. Es werden Millionen Geschichten parallel erzählt. Viele Drehbücher, die miteinander verwoben sind, wie in einem großen, allumfassenden Episodenfilm. Sie berühren sich immer mal wieder, die Rollen werden aus der Perspektive jedes Erzählers anders verteilt. Schwierig bleibt, zu erkennen, wie wichtig die eigene Rolle in der jeweiligen Geschichte ist. Da kann es schon mal zu Fehleinschätzungen kommen. Sie sind der Anfang aller Missverständnisse. Ich habe meine Rolle noch nicht gefunden.

Der Schlag des dritten Gongs ist verhallt, der Saal wird abgedunkelt, und der Vorhang öffnet sich langsam. Lehnen Sie sich zurück, entspannen Sie sich, machen Sie es sich bequem.

Die Vorführung beginnt.

Vom Suchen und Finden der Liebe

Es gibt diese Fehler, aus denen ich nicht lerne. Fehler, die ich trotz umfangreicher Erfahrungswerte immer wieder mache. Einer dieser Fehler ist beispielsweise die Annahme, dass es nicht unwahrscheinlich ist, im Nachtleben die Frau meines Lebens zu finden. Es ist eine naive Annahme, ich weiß. Natürlich finde ich sie nicht. Perfekte Frauen haben andere Dinge zu tun, als sich um sechs Uhr morgens in irgendwelchen Bars oder Clubs aufzuhalten und den nächsten Gin Tonic zu bestellen. Bessere Dinge. Und – um mich an dieser Stelle auch mal selbstkritisch zu hinterfragen – perfekten Männern geht es da sicherlich ähnlich.

Ich kenne einen Mann in meinem Alter, der mir, als ich ihm mein Problem schilderte, in einem langen Gespräch erläuterte, dass man der perfekten Frau ausschließlich in Alltagssituationen begegnet. In der Straßenbahn, in Kaufhäusern oder in der Schlange beim Bäcker. Ich nickte zustimmend. Seine Ausführungen klangen schlüssig. So schlüssig, dass ich seit unserem Gespräch in alltäglichen Situationen darauf achte, ob meine potentielle große Liebe darin vorkommt.

Und was soll ich sagen, der Mann hatte recht.

Neulich stand vor mir in der Schlange beim Bio-Markt eine Frau, die in mein Bild einer perfekten Frau passte, und auch als ich kürzlich auf dem Weg zu einer Freundin war, entdeckte ich eine dieser perfekten Frauen in der vollbesetzten Straßenbahn. Ich war beeindruckt. Es gab sie, die Chancen waren da. Ich musste sie nur ergreifen. Leider, muss man wohl sagen, denn ich werde sie wohl nie nutzen. Ich bin einfach zu schüchtern, um in Alltagsmomenten spontan Frauen anzusprechen. Ich bin irgendwie nicht der Typ, der in der vollbesetzten Straßenbahn zu einer schönen Frau geht, um mit ihr auf natürliche Art ins Gespräch zu kommen, während uns die anderen Fahrgäste beobachten, als wären sie Rentner, die anderen beim Einparken zusehen. Ein Publikum, das auf einen Unfall hofft. Das erhöht den Druck schon sehr.

Ich glaube nicht, dass ich fähig bin, über meinen Schatten zu springen. Da stehe ich mir selbst im Weg. Aber es gibt ja noch andere Möglichkeiten. Letzten Sommer hat mir jemand erzählt, es gelte als statistisch erwiesen, dass die meisten Beziehungen am Arbeitsplatz entstehen. Das wäre ein Ansatz. Leider arbeiten in meiner Firma keine weiblichen Angestellten, und ich bin so durch und durch heterosexuell, dass ein Flirt mit meinen männlichen Kollegen keine Option ist.

Also bleiben mir nur die Nächte. Vorerst zumindest.

In den Nächten schlägt ja auch der Alkohol eine Brücke. Saufen verbindet. Das kann natürlich auch hin und wieder zu Fehleinschätzungen führen. Nach dem dritten Wodka Red Bull entdeckt man im Gespräch mit einer Unbekannten schon mal Verbindungen, vielleicht sogar auf mehreren Ebenen – emotional, intellektuell und womöglich sogar spirituell.

Am vorigen Samstagabend fragte mich eine Frau namens Judith: »Bist du glücklich?«

Bist du glücklich? Ein Satz, der vieles impliziert, vor allem, wenn er um vier Uhr morgens in einer Bar fällt, in der sich unzählige betrunkene und viel zu laute Menschen aneinanderdrängen. In einem Umfeld, in dem normalerweise so existentielle Themen erörtert werden wie die Frage, ob man zum Wodka Red Bull oder Bitter Lemon bevorzugt, kann man in einen solchen Satz vieles hineininterpretieren: Anteilnahme, Interesse, Menschenkenntnis, Einfühlungsvermögen und natürlich eine gewisse Tiefe der vorangegangenen Unterhaltung.

Tja.

Leider erzählt dieser Satz nicht die ganze Geschichte. Ich war mit meinem guten Freund Frederick im *Trust*. Das *Trust* ist eine Bar in Berlin-Mitte, die wir hin und wieder besuchen. Eine Bar, in der ausschließlich hochprozentige Spirituosen angeboten werden. Dort bestellt man kein Glas Gin Tonic, man bestellt eine Halbliter-Karaffe Gin. Tonic, Gläser und Eis werden dazu serviert. Man mischt seine Drinks selbst, das ist das Konzept. Ein Konzept, das Konsequenzen haben kann, wenn man bereits drei Gläser getrunken hat.

Vielleicht lag es unter anderem daran, dass ich gegen vier Uhr morgens eine Frau entdeckte, die mir gefiel. Als sich unsere Blicke trafen, lachte sie ein offenes und herzliches Lachen. Bevor ich das erwidern konnte, fiel mir der Mann auf, der neben ihr stand und herausfordernd in meine Richtung starrte. Ich lächelte müde und drehte mich kopfschüttelnd weg. Offen gestanden verstehe ich manche Frauen nicht. Warum gehen sie mit ihrem Freund in solche Bars? Man geht ja auch nicht mit einer Flasche Wein ins Restaurant. Den bestellt man dort.

Ich blickte mich nach Frederick um und entdeckte ihn im hinteren Teil der Bar, wo er sich angeregt mit zwei auffallend vollbusigen Frauen unterhielt. Es wirkte, als würden sie die Weltlage diskutieren, was in einer Bar wie dem

Trust gewissermaßen ein Paradoxon darstellt. Ich gab ihm mit der Hand ein Zeichen und begann mich durch die Menge zu drängen. Plötzlich spürte ich eine Hand an meinem Arm und wandte mich um. Es war die Frau, die mich gerade so herzlich angelacht hatte.

»Hi«, sagte sie.

»Hi«, erwiderte ich.

»Bist du glücklich?«

Judiths Frage traf mich mit voller Wucht. Sie überforderte mich. Ich habe ja schon gewisse Schwierigkeiten, die Begrüßungsworte »Wie geht's« als Floskel zu begreifen. Oft setze ich – gewissermaßen im Affekt – zu einer umfangreichen Antwort an, bevor ich begreife, dass es einfacher ist, jetzt einfach »gut«, »ausgezeichnet« oder »phantastisch« zu sagen. Ich begreife das recht schnell, aber anfangs gibt es immer diesen kleinen naiven Moment. Jemand mit solchen Affekten ist einem »Bist du glücklich?« natürlich schutzlos ausgeliefert. Allerdings war ich mir nicht sicher, ob es nicht vielleicht eine Form der Ironie war, die ich nicht verstand. Das konnte sie nicht ernst meinen. Ich suchte nach einem Augenzwinkern, das alles aufgelöst hätte, aber Judith sah mich nur abwartend an.

Sie meinte es ernst.

Nun ja. War ich glücklich? Mit einem »gut«, »ausgezeichnet« oder »phantastisch« kam ich hier leider nicht weiter. Also sagte ich zögernd: »Na ja. Ich geb mir Mühe.«

Das schien die richtige Antwort zu sein, denn zwanzig Minuten später wusste ich, dass sie Judith hieß und Wein und Kaffee mochte, dass sie und ihr Ego »Freunde geworden« waren, dass sie »zu viel« *Psychologie heute* las und ihre Vergangenheit nach Phasen sortierte. Wenn ich es richtig verstand, hatte es eine Gothic-Phase gegeben, eine Hip-Hop-Phase und auch eine Bulimie-Phase, die irgendwie nicht so richtig in diese Aufzählung passte. Ich war mir nicht sicher, in welcher Phase Judith sich inzwischen befand. Ich wusste nur, dass es die Phase war, in der ich vorkam.

Tja – da hatte ich wohl mal wieder so richtig viel Glück gehabt.

Judith sprach sehr viel. Ich schien eine geeignete Projektionsfläche zu sein. Aber offenbar empfand sie jeden, der nicht viele Worte machte, als geeignete Projektionsfläche. Ich hatte in den letzten zwanzig Minuten nur einen zusammenhängenden Satz gesagt. Und es war nur ein kurzer Satz.

Ich sagte: »Ich bewundere deine Offenheit.«

Manchmal stellte Judith zwar Fragen, aber die liefen ins Leere, denn ich hatte mich noch nie ernsthaft mit den Auswirkungen meines Sternzeichens auf meine Persönlichkeit auseinandergesetzt. Ich wusste auch nicht, was mein Aszendent war. Genau genommen weiß ich nicht einmal, was ein Aszendent überhaupt ist. Ich überlegte kurz, sie danach zu fragen, entschied mich jedoch dagegen. Sonst würden wir die nächste Stunde nur noch über Astrologie reden, die viele Frauen ja – soweit ich das beurteilen kann – als eine Art Psychologie light verstehen. Ich lese keine Horoskope. Mir fehlt der Bezug zu Horoskopen. Genauso wie zu Judith. Aber das konnte ich ihr natürlich nicht sagen. Noch nicht. Ich wartete auf eine Pause in ihrem Redefluss, um mich schnell von ihr zu verabschieden. Ich hatte Glück. In genau diesem Moment unterbrach Judith ihren Redefluss, um einen Schluck von ihrem Gin Tonic zu trinken. Ich legte meine Hand auf ihren Arm und nutzte meine Chance.

»Ich will jetzt mal ganz offen sein«, sagte ich behutsam. »Ich würd heute gern mit dir zusammen einschlafen.«

Judith sah mich an. Einen Moment lang dachte ich ein wenig irritiert darüber nach, warum genau ich meinen Verabschiedungsvorsatz in den letzten Zehntelsekunden verworfen hatte. Es lag wohl am Alkohol.

»Das würd ich auch gerne«, sagte sie und überlegte kurz, bevor sie hinzufügte: »Damit du weißt, worauf du dich einlässt.«

Sie gab mir ihr Glas und streckte mir die Innenseiten ihrer Unterarme entgegen. Wir standen in dem Raum, der sich hinter dem DJ-Pult befand. Hier war es ziemlich dunkel. Es fiel mir schwer, überhaupt etwas zu erkennen. Als ich dann die Narben sah, hatte ich eine ungefähre Vorstellung davon, worauf ich mich da einlassen würde. Aber eigentlich hatte ja schon Judiths einleitende Frage ihr verhaltenspsychologisches Profil vorweggenommen.

Ich sah Judith in die Augen, nickte ein beruhigendes »Darüber-würde-ich-wirklich-gern-mit-dir-reden«-Lächeln und spürte verzweifelt, dass mir Eddie Murphy gerade sehr nah war. Eddie Murphy spielt in der Achtziger-Jahre-Komödie *Der Prinz aus Zamunda* einen afrikanischen Prinzen, der nach New York reist, um die Liebe seines Lebens zu finden. Er hat nur einen Monat Zeit. Die ersten sieben Tage verbringt er in den Bars und Clubs der Stadt. Er lernt dort viele Frauen kennen, und nach dieser Woche stellt er desillusioniert fest: »Offenbar haben alle Frauen in New York ein ernsthaftes psychisches Problem.«

Im Film dauern Murphys Bar-Erfahrungen ungefähr drei Minuten. Ich hob meinen Blick von Judiths Armen und hatte plötzlich das beunruhigende Gefühl, dass diese drei Minuten aus einer amerikanischen Komödie der achtziger Jahre mein Leben beschrieben.

Ich hatte einen Fehler gemacht. Ich warf noch einmal einen Blick auf die langen Narben, die sich über Judiths

Unterarme zogen, und spürte, dass das hier gerade ein Schlüsselmoment war.

Ein Moment, der alles ändern konnte.

Ich blickte auf den Drink in meiner Hand und begriff, dass auch ich mich offenbar in einer Phase befand. Einer Phase, die ich noch nicht definiert hatte und die von Frauen wie Judith repräsentiert wurde. Ich könnte sie meine naive Phase nennen, dachte ich.

Ich blickte zu Judith, und mir fiel auf, dass sie mich an Franziska erinnerte, die ich vor einigen Monaten kennengelernt hatte, obwohl sie sich gar nicht so ähnlich sahen. Franziska war ebenfalls eine Repräsentantin meiner naiven Phase. Und auch die Begegnung mit ihr hatte mit einem Lächeln begonnen. Ich war mir nicht sicher, aber vielleicht zeichnete sich da ein Muster ab. Franziska lächelte mir im *Weekend* so vertraut und herzlich zu, dass ich zuerst dachte, sie meinte jemand anderen hinter mir. Aber sie meinte mich. Sie hatte schöne Augen, aber leider keinen Geschmack, was ihren Kleidungsstil betraf. Sie berlinerte auch sehr stark. Eigentlich zu stark.

»Ick komm eijentlich aus Brandenburg«, sagte sie. »Also ursprünglich.«

Na so was. Hört man gar nicht, dachte ich und versicherte mich in ihrem Blick, dass ich es wirklich nur gedacht hatte. Franziska bestätigte gerade mein Urteil über ihren Kleidungsstil. Sie erzählte, sie sei kürzlich mit einer Freundin am Kurfürstendamm verabredet gewesen, die sich etwas verspätete. Während Franziska wartete, hielt plötzlich ein Polizeiwagen am Straßenrand. Der Polizist auf dem Beifahrersitz gab ihr mit der Hand ein Zeichen und erklärte ihr, dass Prostitution am Kurfürstendamm nicht erlaubt sei. Franziska erzählte mir die Begebenheit entrüstet, aber ihre Entrüstung wirkte auch ein wenig gespielt. Ich glaube, dass sie ein bisschen stolz darauf war.

Ich blickte auf mein Handy, um zu sehen, wie spät es war. Es war vier Uhr früh, ich hatte drei Anrufe in Abwesenheit und eine SMS. Die SMS war von Sascha, mit dem ich an diesem Abend ins *Weekend* gekommen war. *»Bin dann mal weg – fahr jetzt in die Arena zu dieser* Fuck me now and love me later-*Party«*, las ich. *»Mit einer Neunzehnjährigen, die eine Ausbildung zur Einzelhandelskauffrau macht.«* Dahinter hatte Sascha in Klammern geschrieben: *»Kasse bei Rewe!«*

Fuck me now and love me later? Kasse bei Rewe? Einen Moment lang war ich irritiert, obwohl es eigentlich schon passte, wenn ich darüber nachdachte. Denn *Fuck me now and love me later* ist eine Partyreihe, deren Titel Saschas Leben ganz gut zusammenfasste. Und auch mein Abend schien sich in diese Richtung zu bewegen, denn als ich das Handy wieder in die Innentasche meines Jacketts gleiten ließ, sagte Franziska, dass sie gerne meinen Schwanz lutschen würde. Einfach so, ganz unverbindlich. Sie hätte einfach Lust dazu.

»Ich mach das doch so gerne«, sagte sie.

Dieser ja etwas ungewöhnliche Vorschlag hätte mich wohl überrascht, wenn ich nicht schon zu betrunken gewesen wäre, um überrascht zu sein. Vielleicht hatte sie ihr Erlebnis am Kurfürstendamm inspiriert. Franziska beugte sich zu mir und küsste mich, erst sanft, dann drängte ihre Zunge in meinen Mund.

»Wollen wir gehen?«, fragte sie zehn Minuten später. Ich zögerte, bevor ich zustimmend nickte, denn irgendetwas in mir ahnte, dass das hier alles gerade in eine falsche Richtung lief. Aber ich hatte schon zu viel Wodka Red Bull getrunken, um Konsequenzen aus dieser Er-

kenntnis zu ziehen. Als ich auf der Straße ein Taxi heranwinkte, schmiegte sich Franziska an mich.

»Fahren wir zu dir?«, fragte sie.

»Nein«, sagte ich schnell. »Zu dir.«

Franziskas Wohnung gefiel mir, es gab hohe Decken,
geräumige Zimmer und Flügeltüren. In der Küche drängte
sie sich an mich, um mich zu küssen. Dann kniete sie sich
hin und öffnete hastig meine Hose. Sie hatte recht, sie war
ziemlich gut. Im Bett war sie dann nicht so gut, und ich
hatte bald genug, was auch daran lag, dass Franziska sehr
laut war. Ich konnte mich nicht fallen lassen. Und dass sie
ständig »Ich liebe dich« rief, machte es nicht unbedingt
besser. Ich kam mir wie eine Figur aus einem drittklassi-
gen, unglücklich synchronisierten Pornofilm vor, und obwohl es natürlich albern war, sah ich mich vorsichtshalber
nach möglichem Video-Equipment um.

Wir schnellten auseinander, als es an der Tür klingelte.

»Scheiße«, sagte ich atemlos. »Wer ist denn das?«

»Keine Ahnung.«

»Mach doch einfach nicht auf. Wie spät ist es eigentlich?
Wer klingelt denn um diese Uhrzeit?«

Sie strich mir behutsam über den Kopf, erhob sich, zog
sich schnell an und verließ das Zimmer. Ich lauschte ihren Schritten, hörte, wie die Wohnungstür geöffnet wurde
und dann ein undeutliches Gespräch, das erst aufgeregt
klang und dann ruhiger wurde. Die gedämpften Stimmen
hatten eine beruhigende Wirkung. Fast wäre ich eingenickt. Dann fiel die Tür ins Schloss, und Franziska betrat
lächelnd das Zimmer.

»Und? Wer war's?«, fragte ich.

»Nur ein Nachbar«, erwiderte Franziska mit einem erleichterten Lachen. »Ich war beim Sex wohl ein bisschen
zu laut. Er dachte, du verprügelst mich.«

Oh!

Franziska schien das wirklich lustig zu finden. Sie legte sich wieder ins Bett und schmiegte sich an mich. Ich starrte ausdruckslos zur Zimmerdecke.

»Schöne Wohnung«, sagte ich hilflos. »Wie groß ist die eigentlich?«

»Keine Ahnung«, antwortete sie. »120, 140 Quadratmeter?«

»Wohnst du hier allein?«, fragte ich, weil die Wohnung nicht nach einer WG aussah.

»Ach, das ist gar nicht meine Wohnung.«

»Ach?«, erkundigte ich mich vorsichtig. »Wer wohnt denn hier?«

»Die Eltern meines Freundes«, sagte sie. »Die sind verreist, und ich pass über die Woche auf die Wohnung auf.«

Ich richtete mich auf.

Dann fragte ich: »Wie lange seid ihr denn zusammen?« Die Frage war vollkommen sinnlos.

»Seit sechs Jahren«, sagte sie.

Seit sechs Jahren! So gesehen, hatten wir gerade im Schlafzimmer ihrer Schwiegereltern miteinander geschlafen. Moralisch verwerflicher ging es nicht. Ich muss hier raus, dachte ich. Ich musste ganz schnell hier raus. Und ich musste unbedingt duschen, wenn ich zu Hause war.

Die Situation erinnerte mich an ein Erlebnis, das mir in der zwölften Klasse ein Mitschüler erzählt hatte. Als seine Eltern einmal verreist waren, hatte er auf einer Party ein Mädchen kennengelernt und mit nach Hause genommen. Als sie im Schlafzimmer seiner Eltern standen, schlug sie ihm vor, sich beim Sex - gewissermaßen als Rollenspiel - mit deren Vornamen anzusprechen. Seine Eltern heißen

Dieter und Ingeborg. Ich sah meinen Mitschüler hilflos an, als er seine Geschichte beendet hatte. Dieter und Ingeborg? Diese Information löste ein sehr unangenehmes, schwer zu beschreibendes Gefühl in mir aus. Ein Gefühl, das mich jetzt wieder beschlich, während mich Franziska sanft streichelte.

Ich sagte schnell, dass ich am Nachmittag mit meinen Eltern verabredet sei und jetzt losmüsse. Unbedingt. Franziska nickte und kuschelte sich wieder ins Ehebett der Eltern ihres Freundes. Als ich mich angezogen hatte, brachte sie mich noch zur Wohnungstür. Als sie mich zum Abschied küssen wollte, wich ich ihr ungeschickt aus.

Im *Trust* sah ich Judith an und war mit einem Mal wieder nüchtern. Ich fragte mich, was ich hier eigentlich machte. Ich ging in irgendwelche Clubs – in diese Parallelwelt, die nicht viele Grundlagen für tiefer gehende Beziehungen bot, wie man sie sich eigentlich wünscht – und sprach mit Frauen, die mich nicht interessierten. Vor einiger Zeit erklärte mir ein Kollege, er habe herausgefunden, warum er im Nachtleben Frauen kennenlerne, die ihn nicht wirklich interessieren. Sie seien ein Mittel zum Zweck. Mit ihnen zu schlafen sei gewissermaßen eine Form der Selbst-Therapie – um die Frauen zu vergessen, in die er einmal unglücklich verliebt war. Selbstbewusstseinsficks. Mein Kollege sprach mit mir, als würden wir diesen Ansatz teilen, und obwohl ich daran zweifle, sah ich mich noch einmal unauffällig im *Trust* um. Nein, hier hatte ich nichts mehr zu erwarten. Nicht einmal einen Selbstbewusstseinsfick. Ich würde jetzt gehen. Es war der richtige Zeitpunkt. Ich sagte Judith, dass ich im Spätverkauf auf der anderen Straßenseite Zigaretten holen müsste, so wie es Männer in Filmen sagen, um dann nie zurückzukehren.

»Aber du beeilst dich, ja?«, fragte sie.

»Na klar«, sagte ich mit einem Lächeln. »Ist ja nur auf der anderen Straßenseite.«

Als ich das *Trust* verließ, hatte ich das Gefühl, dass mir etwas weglief, zerrann. Das Single-Leben ist in Berlin sehr komfortabel. Es gibt viele Möglichkeiten, Frauen kennenzulernen. Die meisten schätzen schnellen Sex, sind aber sehr wählerisch, wenn es um den Partner für eine Beziehung geht. Auch ich selbst ertappte mich schon bei zweiten oder dritten Dates bei dem Gedanken, dass es da draußen sicherlich noch eine Frau gab, die besser zu mir passte. Traten erste Probleme auf, fiel mir ein, dass die Stadt voller Singles war, und ich orientierte mich neu. Ich ging den einfachen Weg.

Vielleicht entdeckte ich immer wieder diese Kleinigkeiten und Fehler an Frauen, die mir zu nah kamen, um keine Gefühle zuzulassen, um nicht verletzbar zu sein. Ich musste meine naive Phase hinter mir lassen, die inzwischen gar nicht mehr so naiv wirkte. Eher feige. Ich spürte, dass es Zeit war, mich wieder auf jemanden einzulassen. Mich wieder zu verlieben. Mir fiel ein Gespräch mit Frederick ein. Wir hatten festgestellt, dass wir aus irgendeinem Grund für dieses Jahr sehr optimistisch waren, der Frau zu begegnen, in die wir uns verlieben würden. Jetzt spürte ich, dass ich wirklich dazu bereit war.

Ich dachte an Eddie Murphy, der der Liebe seines Lebens in *Der Prinz aus Zamunda* dann doch noch begegnet. Er trifft sie in einem Fastfood-Restaurant. Fastfood-Restaurants gab es ja auch in Berlin, am Alexanderplatz sogar McDonald's und Burger King.

Ach, Eddie, dachte ich.

Als ich die Straße hinunterging, um ein Taxi heranzuwinken, fiel mir wieder ein, dass man perfekten Frauen

nur in Alltagssituationen begegnete. Ich ließ den Arm sin-
ken und ging langsam die Straße zum Rosa-Luxemburg-
Platz hinunter.

Ich würde die Straßenbahn nehmen. Die nächste Hal-
testelle war ja nicht weit.

Die Regeln des Spiels

Gelegentlich werde ich von unglücklich verliebten Frauen in meinem Freundeskreis gebeten, ihnen die Männer zu erklären. Als Mann muss ich ja schließlich wissen, warum sie sich beispielsweise ganz unerwartet nicht mehr melden, obwohl doch bisher alles so gut gelaufen ist. Oder warum sie sich dann ganz überraschend doch wieder melden, wenn meine Freundinnen eigentlich gerade glücklich waren, diese widersprüchliche Beziehung im Großen und Ganzen für sich abgeschlossen zu haben. Diese Fragen beschäftigen mich seit drei Monaten ganz besonders.

Dank Alexandra.

Es begann ganz harmlos mit einem unerwarteten Anruf. Ich freute mich wirklich, mal wieder Alexandras Stimme zu hören, wir hatten uns schließlich ein knappes Jahr nicht gesprochen. Allerdings stellte ich schnell fest, was der eigentliche Grund für unser Gespräch war.

Es ging um einen Mann. Sie trafen sich seit einiger Zeit, und eigentlich lief alles sehr gut, wie sie sagte. Aber dann begann es ruhig zu werden. Er meldete sich seltener. Und wie so viele Frischverliebte wurde sie panisch. Inzwischen meldete sich eigentlich nur noch Alexandra. Unglücklicherweise jeden Tag.

»Ich hab ihm heute Morgen um elf eine WhatsApp-Nachricht geschickt«, sagte sie. »Und er hat sie auch gelesen. Aber er hat immer noch nicht reagiert.«

Ich sah auf die Uhr. Das war jetzt vier Stunden her.

»Vielleicht hat er ja im Job gerade viel zu tun«, sagte ich. Das beruhigte sie. Zumindest vorerst.

Am nächsten Tag rief Alexandra erneut an, und am darauffolgenden ebenfalls. Sagen wir es so, wir telefonierten jetzt öfter. Sie rief mich an, wenn er ihr eine SMS geschrieben hatte. Ich sollte ihr erklären, was sie bedeutete, und ihr dann auch gleich die Antwort diktieren. Irgendwie war das aus dem Ruder gelaufen.

Die folgenden Wochen waren sehr anstrengend. Alexandra verzweifelte an dem Mann. *Wir* verzweifelten an ihm. Ich war ja durch unsere täglichen Telefonate eingebunden.

Erschwerend kam hinzu, dass ich ihn nicht einmal persönlich kannte. Ich kannte nur das Bild, was Alexandra von ihm zeichnete. Und das war natürlich ein verzerrtes Bild.

Ich sagte ihr, dass Männer eigentlich ziemlich leicht zu begreifen sind. Weil die meisten sehr konfliktscheu sind, sollte eine Frau ihre Schlüsse weniger aus den Worten eines Mannes, als aus seinen Handlungen ziehen. Die seien aufschlussreicher als seine Ausreden. Aber auch gegen diese Wahrheit war Alexandra immun. Sie hielt meine Erklärungsversuche für vollkommen abwegig.

»So würde ein Mann doch nie denken«, sagte sie. Oder: »Das klingt alles viel zu konstruiert.«

Als wir aufgelegt hatten, wusste ich, dass sie sofort die Nummer einer Freundin wählen würde. Mein Rat hatte sich schon jetzt wirkungslos in Luft aufgelöst.

Ich weiß nicht, wie viel Zeit die beiden miteinander verbracht haben, aber es stand sicher in keinem Verhältnis dazu, wie viel Zeit ich mit Gesprächen über diesen Mann verschwendet habe. Es wäre auch interessant, zu erfahren, wie er reagieren würde, wenn er erfahren sollte, in welcher Breite sein Verhalten von Alexandra thematisiert wurde. Wahrscheinlich würde er flüchten. Vielleicht wäre das eine gute Therapie für unglücklich Verliebte, sich vorzustellen, wie das eigene Verhalten auf die oder den Angebetete(n) wirken würde.

Am Samstag habe ich mich mal wieder mit Alexandra getroffen. Und diesmal – ja, diesmal – nahm unser Treffen eine neue, völlig unerwartete Wendung.

Wir waren im *Balzac* am Bahnhof Schönhauser Allee verabredet. Ich verspätete mich einige Minuten, und als ich mit dem betroffensten Gesichtsausdruck, der mir zur Verfügung steht, das Café betrat, sah ich Alexandra ganz einsam im hinteren Teil des hohen Raums sitzen.

»Da bist du ja«, sagte sie vorwurfsvoll, als ich an den Tisch trat.

Ich hoffte, mein Hundeblick würde sie besänftigen, als wir plötzlich von einer Stimme unterbrochen wurden, die meinen Namen rief. Ich wandte mich um. An einem der Nebentische saß Diana, eine entfernte Bekannte.

»Diana«, sagte ich.

Sie erhob sich, und wir umarmten uns, obwohl wir uns eigentlich gar nicht so gut kennen.

Auch so ein Spiel, dachte ich.

»Wir haben uns ja eine Weile nicht gesehen«, sagte Diana.

»Stimmt«, erwiderte ich.

»Darf ich mich zu euch setzen?«, fragte sie.

»Klar«, sagte ich nach einem Seitenblick zu Alexandra.

Als Diana sich setzte, sagte ich: »Ich hol mir mal schnell einen Kaffee.«

Im Weggehen hörte ich Diana noch behutsam fragen, ob bei Alexandra alles in Ordnung sei. Vom Tresen aus sah ich Diana sehr eindringlich auf Alexandra einreden.

Als ich wieder an den Tisch trat, seufzte Alexandra: »Es ist so schwer, den passenden Mann zu finden.«

»Gerade in Berlin«, bestätigte Diana. »Die Stadt ist ja voller Psychopathen.«

»Du sagst es«, sagte Alexandra dankbar. »Ich lerne hier wirklich immer nur sehr labile Männer kennen.«

Die beiden sahen mich erwartungsvoll an. Mir war nicht ganz klar, was sie jetzt von mir hören wollten. Offenbar etwas Zustimmendes. Wahrscheinlich hatten sie vergessen, dass ich ein Mann bin. Ich machte eine Geste, die alles bedeuten konnte, und das schien zu reichen. Die Frauen wandten sich wieder einander zu. Als ich mich zurücklehnte und meine Hände an der heißen Tasse wärmte, war ich praktisch nicht mehr da, so vertieft waren sie in ihr Gespräch. Ich war ein unsichtbarer Beobachter. Das wünscht man sich als Mann. Einmal die andere Seite sehen. Etwas Besseres kann einem nicht passieren.

Nun ja, abwarten.

Diana wusste natürlich, wo Alexandras Problem lag. Alexandra war das Problem. Sie verhielt sich falsch.

Wenn man spürt, dass die eigenen Gefühle stärker sind als die des anderen, muss man seine Begeisterung zügeln, erklärte sie. Man muss cool bleiben. Das ist die Herausforderung. Denn das gelingt einem ja vor allem bei Menschen, die einem nicht so wichtig sind.

»Es darf nicht zu einfach sein«, sagte sie. »Männer wollen um Frauen kämpfen. Sogar diese verweichlichten Männer von heute.« Sie machte eine Geste, die den Raum umfasste. »Sogar *die* wollen erobern, die wollen ihren Gefühlen Gewicht geben. Eine Bedeutung. So funktionieren die.«

»Oder?«, Diana nickte mir zu. »Du bist doch ein Mann, du kannst das ermessen.«

»Vielleicht müsste ich erst noch mal ein wenig darüber nachdenken«, sagte ich vorsichtig. Es klang schließlich irgendwie, als würde sie über Feinde reden, und ich war mir nicht sicher, ob das der richtige Ansatz war, um mit jemandem zusammenzukommen. Aber Diana war schon weiter.

»Sobald du Interesse spürst, musst du dich rar machen«, sagte sie. »Sofort. Du musst *nein* sagen können. Wenn er dich am Mittwoch anruft, um sich für Samstag mit dir zu verabreden, musst du unbedingt absagen. Du bist schon verabredet. Das ist ganz wichtig. Das sagt ihm, dass du ein eigenes Leben hast. Und – auch sehr wichtig – wenn ihr telefoniert, musst du das Gespräch beenden.«

Alexandra hing an ihren Lippen.

»Du darfst nicht anhänglich sein. Das ist ein ganz großer Fehler. Und natürlich sollen Frauen auch keine Männer ansprechen. Der Impuls muss vom Mann kommen. Du musst eine Herausforderung sein. Was man schon hat, kann man nicht mehr erobern. Ganz einfache Gleichung.«

Es klang, als würde sie gerade erklären, wie man einen Hund dressiert.

»Und bei Dates lässt du ihn reden. Am besten, du erzählst kaum etwas von dir. Am besten gar nichts. Du musst ein Geheimnis bleiben. Nicht greifbar und unberechenbar. Du musst ihn hinhalten. Das reizt ihn. Der muss dich so sehr begehren, dass er fast wahnsinnig wird. Das ist das Ziel. Wenn man sich an diese Regeln hält, kann man mit einem Mann alles machen. Er wird dich auf Händen tragen. Er wird dir ausgeliefert sein. Er wird dir hörig sein.«

Und dann sagte Diana etwas Erstaunliches. Sie betonte: »Aber, ganz wichtig, du darfst nicht mit ihm spielen.«

Oh, dachte ich, weil das, was sie hier beschrieb, sich ja schon ein wenig nach einem sehr strategischen Spiel anhörte. Irgendwie erinnerte mich Diana an eine Naturwissenschaftlerin, die chemische Reaktionen erklärt, die evolutionsbiologisch bedingt sind. Sie sprach über Dates wie über Versuchsanordnungen.

Alexandra saugte vorbehaltlos jedes Wort auf, das Diana von sich gab. Ich sah die beiden irritiert an und spürte, wie mir etwas übel wurde.

Dann sagte Alexandra: »Vielleicht solltest du ein Buch schreiben.«

»Nein, nein«, sagte Diana, obwohl man ihr ansah, dass es ein Gedanke war, der ihr gefiel.

O Gott!, dachte ich, und sah die beiden an. Liebe ist Mathematik, riefen Dianas Sätze. Als sie aufbrach, verabschiedeten sich die beiden wie zwei alte Freundinnen.

An nächsten Tag hat mich Alexandra angerufen und sich nach Dianas Telefonnummer erkundigt. Nachdem ich sie ihr diktiert hatte, sagte Alexandra gutgelaunt: »Also eins muss ich schon sagen. Das Gespräch mit Diana hat mir mehr gebracht als alle unsere Gespräche zusammen.«

Oh, dachte ich und spürte einen leichten Stich. Aber das Gefühl verflüchtigte sich schnell. Ich hatte den Ball abgegeben. Und Diana würde alles auf Gebrauchsanweisungsniveau liefern.

Heute Morgen rief mich Alexandra dann ganz euphorisch an. »Du glaubst es nicht«, rief sie. Sie hatte Dianas Regeln angewandt – und es funktionierte. Inzwischen meldete sich ihr Angebeteter sogar jeden Tag bei ihr.

»Es ist so einfach«, erklärte sie.

»Ist doch schön«, sagte ich.

Ich glaube, ich kann mich nicht von Herzen für sie freuen, weil mich etwas an Dianas Ansatz stört. Irgendetwas fühlt sich da falsch an, irgendwie ist das alles zu verbissen. Alexandra schwieg ungläubig, als ich das sagte. Dann erklärte sie entschlossen: »Im Krieg und in der Liebe ist alles erlaubt.«

Ich murmelte etwas Zustimmendes, obwohl da zwischen all der Strategie und Taktik nicht mehr viel Liebe übrig zu sein schien. Sie hatte den Mann dressiert. Mehr war da nicht. Er war in diesem Moment genau dort, wo er hingehörte. Evolutionsbiologisch gesehen.

Ich spürte wieder dieses unangenehme Gefühl im Magen. Ich bin wohl doch ein Romantiker.

Der Lindner-Effekt

Liebe Leser, es fällt mir nicht leicht, diesen Satz aufzuschreiben, aber vor etwa einem Monat war ich Christian Lindner. Ja! Christian Lindner von der FDP. Der Blonde mit der hohen Stirn, der immer ein bisschen unrasiert ist, damit sein Gesicht nicht so weich wirkt. Ja. Der.

Einige sind sicherlich gerade zusammengezuckt. Verständlicherweise. Der Mann wirkt ja nicht unbedingt wie ein Sympathieträger und wie ein Menschenfreund schon gar nicht. Ich gebe zu, auch für mich war es ein Alptraum-Szenario. Meine Verwandlung dauerte zwar nicht allzu lange, nur ungefähr eine halbe Stunde, aber das reichte schon.

Ich verwandelte mich auf dem Rückflug von Köln, wo ich ein Wochenende verbracht hatte. Als ich das Flugzeug betrat, war noch alles in Ordnung. Im Eingangsbereich stand eine attraktive Stewardess und begrüßte jeden Passagier, als würde sie ihn seit Jahren kennen. Sie erinnerte mich an jemanden, ohne dass ich gewusst hätte, an wen. Als sie mich begrüßte, wurde ich verlegen, obwohl ich wusste, dass sie auch den nächsten Passagier wie einen guten Freund begrüßen würde. Attraktive Frauen, die sich mir gegenüber sehr herzlich geben, machen mich immer ein bisschen unsicher.

Einen kurzen Moment überlegte ich, wie ich während des Fluges mit ihr ins Gespräch kommen könnte, ganz unverbindlich, vielleicht lebte sie ja in Berlin. Vielleicht war dies ja eine dieser Alltagssituationen, in denen man seine Traumfrau kennenlernt. Vielleicht war sie meine Traumfrau. Ich spürte, dass sich der Druck schon durch diesen Gedanken erhöhte. Ich durfte jetzt keine Fehler machen.

Als ich sie passierte, wies sie lächelnd auf die kostenlosen Zeitungen. Das machte es nicht unbedingt leichter. Es überfordert mich immer ein wenig, mich für eine der ausliegenden Zeitschriften zu entscheiden. In Flugzeugen werden selten Magazine angeboten, die ich lese, und in einer Schlange, die sich in ein Flugzeug schiebt, hat man nicht viel Zeit, um sich für einen geeigneten Kompromiss zu entscheiden. Man steht schnell im Weg. Ich überflog die Magazincover, griff nach einem *Focus* und dachte: »*Focus* – ach du Scheiße.«

Das war peinlich. Soweit ich das einschätzen konnte, erzählte ein Magazin wie *Focus* die falsche Geschichte. *Focus* lesen nur konservative Menschen, eigentlich sogar nur *sehr* konservative Menschen. CDU-Wähler, oder Schlimmeres. Ich will nicht als konservativ gelten und als CDU-Wähler schon gar nicht. Ich überlegte, noch einmal zurückzugehen und nach einer anderen Zeitung zu fragen, nach dem *Neuen Deutschland* vielleicht. Jemand, der *Focus* und *Neues Deutschland* las, war ja schon ein Paradoxon an sich. *Neues Deutschland* lesen Männer in sandfarbenen Blousons, die Handgelenktäschchen tragen, oder ältere Damen mit harten Zügen um die Mundwinkel. Wenn jemand *Focus* und *Neues Deutschland* liest, könnte man annehmen, dass es dazu eine Geschichte gibt, vielleicht sogar eine interessante, eine originelle Geschichte.

Ich wandte mich um. Hinter mir drängten sich die anderen Passagiere. Ich konnte nicht mehr zurück. Ich hielt das Magazin so, dass nur die Werbung auf der Rückseite zu sehen war, und suchte meinen Sitzplatz. Ich setzte mich und verstaute meine Tasche unter dem Sitz. Während ich im *Focus* blätterte, ließ mich der Gedanke, an wen mich die herzliche Stewardess erinnern mochte, nicht mehr los.

Als sie zwanzig Minuten später den Getränkewagen durch den Gang schob und sich mit ihrem routinierten Lächeln bei den Fluggästen erkundigte, was sie trinken wollten, fiel mir auf, dass es ihre Stimme war, die mir bekannt vorkam. Eine Stimme, die mir im Gegensatz zu ihrem herzlichen Lächeln nicht das Gefühl gab, austauschbar zu sein. Sie war irgendwie wärmer, obwohl sie natürlich genauso routiniert war wie das Lächeln. Wahrscheinlich hatte die Frau die Wärme in ihrer Stimme einfach nur länger geübt.

»Was möchten Sie trinken?«, fragte sie, als sie meinen Platz erreichte. Aus irgendeinem Grund hatte ich den Eindruck, dass sie mir die Frage freundlicher stellte als den anderen, weniger unverbindlich, mit einer Spur Interesse. Aber ich konnte mich auch täuschen. Männer bilden sich solche Zeichen ja häufig ein, wenn sie sich mit Frauen unterhalten, die sie interessieren.

»Nein danke, nichts«, sagte ich ein bisschen zu schnell.

Sie nickte mir zu und wandte sich dem nächsten Passagier zu. Und dann – ja, dann – fiel mir ein, woher ich ihre Stimme kannte. Sie glich den Ansagen in den Dresdener Straßenbahnen.

Weil mein Bruder seit einigen Jahren in Dresden lebt, bin ich öfter mal dort. Und obwohl ich mich inzwischen daran gewöhnt haben sollte, beeindruckt mich die Stimme in den Straßenbahnen immer wieder. Es ist eine angenehme Frauenstimme, die irgendwie klingt, als würde es sie sehr erregen, die Namen der Haltestellen auszusprechen. Anfangs hat es mich ein wenig verwirrt. Inzwischen fahre ich in Dresden ausschließlich mit der Straßenbahn.

Ich überlegte, wie wahrscheinlich es war, dass die Stewardess wirklich die Frau hinter der erotischen Stimme aus Dresdens Straßenbahnen war. Denkbar war es, denkbar war ja so ziemlich alles. Ich würde sie fragen, dachte ich. Ich würde *jetzt* fragen.

Ich beugte mich leicht nach vorne und rief: »Entschuldigen Sie? Ich glaub, ich nehm doch etwas.«

»Einen Moment bitte«, sagte sie, ohne sich umzusehen. Zwei Minuten später stand sie wieder vor mir: »Was möchten Sie trinken?« Eine Déjà-vu-Situation. Dieselben Worte, derselbe Tonfall, dasselbe Lächeln. Ich erkundigte mich nach dem Angebot. Als sie es aufgezählt hatte, sagte ich: »Ich glaub, ich nehm einen Kaffee.«

Einen Kaffee! Wie originell. Ich hatte es versaut. Dass es Kaffee gab, hätte ich mir schließlich denken können. Kaffee gab es immer. Wie würde es wirken, wenn ich jetzt noch fragte: »Waren Sie eigentlich schon mal in Dresden?« oder »Sind Sie die Frau hinter der Stimme aus Dresdens Straßenbahnen?« Sie würde es für eine Anmache halten. Es klang ja auch wie eine Anmache. Wie eine schlechte Anmache. Genauso gut könnte ich sagen: »Entschuldigen Sie, ich habe meine Telefonnummer verloren, können Sie mir vielleicht Ihre geben?«

Als sie mir den Kaffeebecher reichte, nickte ich ihr lächelnd zu, und jetzt kam mir sogar mein Lächeln wie eine schlechte Anmache vor. Manchmal ist es ein Fehler, zu viel über die Dinge nachzudenken.

In meiner Verzweiflung wollte ich mich schon wieder meinem *Focus* zuwenden, als etwas Überraschendes passierte. Die Stewardess beugte sich zu mir herunter und erkundigte sich leise, ob sie mir eine Frage stellen dürfe.

»Ja«, sagte ich. »Klar.«

»Würden Sie mir ein Autogramm geben? Ich bin ein großer Fan von Ihnen.«

Ich sah auf.

In Berlin wurde ich hin und wieder auf meine Texte angesprochen, aber als großen Fan von mir hatte sich bisher noch niemand vorgestellt. Leider hatte die schöne Stewardess den Satz noch nicht beendet. »Herr Lindner«, sagte sie. Ich blickte in ihr lächelndes Gesicht.

Herr Lindner?

Ich brauchte ungefähr fünf Sekunden, um zu begreifen, dass sie mich für einen Politiker hielt. Für einen FDP-Politiker. Offenbar hatte Christian Lindner Fans, und das machte es auch nicht unbedingt besser. Die ersten Köpfe drehten sich zu uns um. Mir fiel Farin Urlaub ein, der einmal erzählt hat, dass er öfter mit H. P. Baxxter von *Scooter* verwechselt wird. Ich war mir nicht sicher, wer von uns schlechter dran war. Mein Blick fiel auf den *Focus* auf meinem Schoß, und jetzt war mir klar, was das Magazin für eine Geschichte über mich erzählte.

Ich erklärte ein wenig hilflos, dass ich keinen Stift dabeihätte.

»Warten Sie, ich mach nur meine Runde zu Ende«, lachte der schöne Christian-Lindner-Fan. »Dann komm ich noch mal wieder, ja?«

Ich kam mir wie in einem dieser Verwechslungsfilme vor. Nicht wie Johnny Depp in *The Tourist*, eher wie Pierre Richard in *Der große Blonde mit dem schwarzen Schuh*. Die unbeholfene Variante. So gesehen würde demnächst mit Verwicklungen zu rechnen sein, hoffentlich keine, in denen Waffen eine Rolle spielten. Lindner war schließlich Politiker. Da konnten Verwechslungen schon mal gefährlich werden.

Ich sah der Stewardess nach, und obwohl es natürlich albern war, hoffte ich, dass später keine Fotos gemacht würden, vielleicht für das monatlich erscheinende Kundenmagazin der Fluggesellschaft. Ich sah den Artikel schon vor mir. Eine Doppelseite, links ein großes Bild von der Stewardess und mir. Die Bildunterschrift könnte lauten: *Christian Lindner im angeregten Gespräch mit unseren Flugbegleitern.* Besser wäre noch: *Auch Christian Lindner schätzt den Service an Bord – hier mit einer unserer naturgeilen Flugbegleiterschlampen.* Es wäre die richtige Mischung. Politiker und nymphomanische Stewardessen. Berlusconi-Stil gewissermaßen. Werbewirksamer ging es nicht.

Glücklicherweise kehrte die Stewardess ohne einen Fotografen zurück. Ich atmete auf. Sie reichte mir Stift und Zettel, ich erkundigte mich nach ihrem Namen und notierte einen vierzeiligen Text. Dann unterschrieb ich mit »Christian Lindner«. Kurz hatte ich das Gefühl, als hätte ich aufgegeben.

Aber dann fielen mir die Möglichkeiten ein.

Ich mag es nicht, wie sich der Mann gibt, wie er in Talkshows auftritt. Ich mag ihn nicht.

Aber jetzt war ich *er.*

Ich könnte mich jetzt danebenbenehmen, dachte ich, und zwar richtig. Ich könnte eine Flasche Wodka bestellen, direkt aus der Flasche trinken und im gemütlichen Plauderton erzählen, dass die Programme von FDP und NPD eigentlich gar nicht so verschieden wären. Ich könnte der Stewardess lautstark ein Spontansexangebot machen. Lindner ist ja bekanntlich verheiratet. Ich könnte ihn demontieren, dachte ich. Ich könnte ihn demontieren, und zwar jetzt, sofort.

Ich überlegte kurz, bevor ich der Stewardess den Zettel

reichte. Sie nickte lächelnd. Dann fragte ich sie in einem Ton, der möglichst unverbindlich klingen sollte: »Waren Sie eigentlich schon mal in Dresden?«

Unrockbar

Es gibt scheinbar harmlose Dinge, die das Date mit einer Frau schnell kippen lassen können. Beispielsweise, wenn man in einem Restaurant sitzt und plötzlich ein Bekannter an den Tisch tritt. Normalerweise begrüßt man sich herzlich und macht ein wenig Smalltalk, bevor man sich verabschiedet, dann wendet man sich wieder seiner Gesprächspartnerin zu. Mit einem Lächeln.

So sollte es eigentlich sein.

Das kann aber auch anders ausgehen, wenn zum Beispiel diese Art von Bekannten an den Tisch tritt, denen Berührungsängste fremd sind und auch ein gewisses Einfühlungsvermögen. Jemand, der ansatzlos das Gespräch an sich reißt, unser Schweigen als Einverständnis versteht, sich dazuzusetzen, während er der Kellnerin ein Zeichen gibt.

Ein Horror-Szenario. Es ist eine Erfahrung, die ich glücklicherweise nie machen musste – bis zu diesem Nachmittag im vergangenen Frühling. Während eines Dates mit Johanna.

Wir hatten uns auf dem Geburtstag eines Freundes kennengelernt. Seitdem telefonierten wir teilweise stundenlang und trafen uns immer häufiger. An diesem Nachmittag fuhren wir nach Friedrichshagen, einem Stadtteil von Köpenick, wo ich aufgewachsen bin. Es war Sonntag, und obwohl es Frühling war, war die Bölschestraße in ein strahlendes Sommernachmittagslicht getaucht, das die Fassaden der restaurierten Gründerzeitgebäude schöner erscheinen ließ, als ich sie in Erinnerung hatte. Ich sah zu Johanna hinüber, die meine Hand ergriffen hatte. Sie lächelte. Mein Blick fiel auf unser Spiegelbild in einem der Schaufenster. Ich sah ein verliebtes Paar. Es war alles so selbstverständlich, unsere zufälligen Berührungen, wie wir miteinander umgingen.

»Es ist richtig schön hier«, sagte Johanna.

»Ja«, sagte ich, weil ich auch spürte, dass das hier gerade einer dieser perfekten Augenblicke war. Einer dieser Augenblicke, um die es im Leben wirklich geht. Das sollte sich bald ändern, aber das ahnte ich natürlich noch nicht.

»Oh, ein Biergarten«, rief Johanna, als wir hinter der Bürgerbräu-Brauerei in den Weg einbogen, der zum Spreetunnel führte. »Wollen wir uns da kurz reinsetzen?«

»Klar«, sagte ich und nickte. Johanna setzte sich auf eine der Bierbänke. Ich ging zum Ausschank, bestellte zwei Alster und blickte zu ihr. Sie saß auf der Bierbank und sah aus wie ein Engel, irgendwie verloren, aber auf eine schöne Art. Sie lächelte, als ich an den Tisch trat und die Gläser abstellte. Ich setzte mich, und wir stießen an.

»Auf diesen Abend«, sagte Johanna.

Auf uns, dachte ich und hätte es auch fast gesagt, aber plötzlich brach eine Männerstimme in diese angenehme, fast perfekte Stimmung. Es war eine laute und raue Stimme, und es war eine Stimme, die meinen Namen rief.

Es war die Stimme von Hendrick.

Wir hatten uns seit einiger Zeit nicht gesehen, und ich ertappte mich bei dem Gedanken, dass sich das Schicksal für unser Wiedersehen ruhig noch ein paar Tage hätte Zeit lassen können.

Ich sollte vielleicht erklären, was ich für ein Verhältnis zu meinem Heimatbezirk habe. Köpenick ist ein Berliner Stadtteil, dessen Alltag auf einem eher kleinstädtischen Niveau stattfindet. Für Kinder ist es sicherlich schön, dort aufzuwachsen, aber als Teenager begriff ich, dass Köpenick nicht unbedingt zu meinen Vorstellungen passte. Das Leben fand woanders statt. Hendrick gehört zu den Menschen, die geblieben sind.

»Mensch, Micha!«, rief Hendrick. Sein Kopf leuchtete. Als er mir zuwinkte, sah man einen dunklen Fleck, der sich unter seiner rechten Achsel ausbreitete. Er hielt ein leeres Bierglas in der linken Hand, das offensichtlich nicht sein erstes war. Ich berührte das Display meines Handys, das vor mir auf der Tischplatte lag. Es war vierzehn Uhr.

»Hendrick«, sagte ich.

»Ick wollte mir grade 'n Bier hol'n«, sagte Hendrick. »Und plötzlich denk ick: Momentchen, den Kollegen kennste doch.«

Sein Lachen dröhnte durch den Biergarten. Ich blickte zu Johanna und ertappte mich bei dem Gedanken, dass sich hier gerade zwei Welten berührten, die sich eigentlich nicht berühren *durften*. Aber Johanna lächelte, und mit ihrem Lächeln schien alles zu stimmen.

»Ick bin Henne«, sagte Hendrick.

»Johanna«, sagte ich schnell, als müsste ich sie retten. Als sich die beiden die Hand gaben, begann Hendrick plötzlich zu singen, was mich nun wirklich überforderte.

»Joana«, intonierte Hendrick, *»geboren um Liebe zu geben, verbotene Träume erleben.«*

O Gott, dachte ich. Was passierte hier gerade? Es war irgendwie surreal, auf eine peinliche Art. Ich starrte verzweifelt auf die Hände der beiden, die immer noch ineinanderlagen, und wünschte mich weg. Ganz schnell. Mit Johanna.

Und dann – ja, dann – passierte etwas vollkommen Unerwartetes: Johanna stimmte in Hendricks Gesang ein.

»*Ohne Fragen an den Morgen*«, sangen sie.

Mein Blick hielt sich verzweifelt an ihren Händen fest. Offenbar hatte Hendrick gerade das Eis gebrochen. Mit einem Roland-Kaiser-Lied. Ich war mir nicht sicher, ob das ein gutes oder ein schlechtes Zeichen war. Zumindest schien fehlende Humorkompatibilität nicht ihr Problem zu sein. Ich fühlte mich, als wäre ich in eine Volksmusiksendung geraten. Es war nur zu hoffen, dass nicht gleich Achim Mentzel um die Ecke tanzte.

»Roland Kaiser«, sagte Hendrick überflüssigerweise. »Joanna. Vastehste?«

»Ich versteh schon«, sagte ich.

»Ist doch lustig«, Johanna warf mir einen aufmunternden Blick zu, der mir vorzuwerfen schien, dass ich mich nicht entspannte.

Als ich Hendrick die Hand geben wollte, um mich zu verabschieden, sagte er mit einem Blick auf sein geleertes Bier: »So, ick hol mir jetzt erst mal 'n Bier – bin gleich wieda da.«

»Jut«, sagte ich matt. »Bis gleich.« Offensichtlich hatte ich es nicht mehr in der Hand.

Eine halbe Stunde später setzte Hendrick sein Bier ab und sagte: »Ick war ja letztens bei Union jewesen.«

»Ach?«, sagte ich. »Und, wie war's?« Ich hoffte, Johanna nahm nicht an, er würde von der CDU sprechen. Immerhin war sie schon vor zwei Jahren aus Hamburg nach Berlin gezogen.

»War richtich jut jewesen«, sagte Hendrick.

»Ich war ja nie so ein Fußball-Fan. Weißt du ja«, erwiderte ich.

»Ick weeß, aber Union, dit is ja nicht nur Fußball«, sagte Hendrick, und jetzt klang er wirklich, als würde er über die CDU reden.

»Der 1. FC Union«, sagte ich erklärend zu Johanna.

»Hab ich mir schon gedacht.« Sie lachte.

Das war der Moment, in dem etwas mit Hendrick passierte. Ich sah es in seinem Blick. Er musterte Johanna aufmerksam, bevor er ihr eine Frage stellte. Es war nicht irgendeine Frage, es war gewissermaßen die Grundsatzfrage.

»Biste eijentlich Ossi oder Wessi?«, fragte er.

Gott, dachte ich. Ich war wieder da. In Ost-Berlin, vor zwanzig Jahren. Ich fühlte mich wie ein Zeitreisender. Zwanzig Minuten fährt man mit der S-Bahn vom Alexanderplatz bis nach Köpenick. Für jede Minute ein Jahr. So gesehen war Johanna die Frau aus der Zukunft.

»Ich komm aus Hamburg«, hörte ich die Frau aus der Zukunft sagen.

»Hamburg«, wiederholte Hendrick, der wirklich einige Momente brauchte, um das zu verarbeiten. Vielleicht überlegte er, ob es auch ein Hamburg in Sachsen-Anhalt oder Thüringen gab. Dann schien er eine Entscheidung getroffen zu haben. »Aber sympathisch«, stellte er fest. »Eijentlich red ick ja nich mit solche Leute.«

Ich starrte durch ihn hindurch. Mit solchen Leuten? Was war mit dem Mann los? Sie war kein NPD-Mitglied, sie kam aus Hamburg.

»Und warum nicht?«, fragte Johanna und lachte wieder. Ich sah zu ihr hinüber, mit ihrem Lachen schien alles zu stimmen. Immer noch. Sie verstand es wohl als eine Art Kompliment, und so war es ja auch gemeint.

»Na ja«, sagte Hendrick und holte tief Luft, man sah ihm förmlich an, wie er innerlich ausholte.

»Das würde jetzt wohl ein bisschen zu weit führen«, sagte ich schnell, obwohl klar war, dass das zu gar nichts führen würde, außer zu den Klassikern ostdeutscher Stammtischthemen. Und das wollte ich ihr nun wirklich nicht zumuten. Mir fiel auf, dass Hendrick mir einen »Wieso redest du eigentlich wie ein Westler«-Blick zuwarf, aber ich konnte mich auch täuschen.

»So, ick will euch jetzt nich weiter uffhalten.« Hendrick erhob sich schwerfällig von der Bank. »Ick wünsch euch noch 'n schönen Abend.«

»Gut, dann würd ich sagen, bis bald«, erwiderte ich dankbar.

»Jenau, bis zum nächsten Mal. Tschüssi.« Hendrick machte eine verunglückte Verbeugung und verschwand. Er wankte.

»Der ist ja lustig«, erklärte Johanna, als er außer Hörweite war.

»Ja«, sagte ich, blickte in mein Alsterglas, als könnte ich dort die verlorengegangene Stimmung finden. Diese perfekte Stimmung vor Hendricks Zugriff, die aufblühende Verliebtheit, das Unverfängliche.

Weil Hendrick das Thema ja nun einmal angeschnitten hatte, sprachen wir noch ein bisschen von früher. Ich erzählte ihr, dass ich vierzehn war, als die Mauer fiel, und dass ich mir von den 100 DM Begrüßungsgeld, die damals jedem DDR-Bürger geschenkt wurden, *Ärzte*-Platten gekauft hatte, damit wir langsam wieder in der Gegenwart ankamen. *Die Ärzte* waren eine gute Brücke.

»Ich hab die *Ärzte* ja nie so gemocht«, sagte Johanna. »Die waren mir immer irgendwie zu hart.«

Ich überlegte, sie zu fragen, welche Bands sie denn so mochte, doch dann fiel mir ihre Roland-Kaiser-Rezitation ein, und ich war mir nicht mehr so sicher, ob ich es wissen wollte. Aber es war zu spät. Johanna war schon weiter.

»Ich höre irgendwie alles gern«, sagte sie. »Ich will mich da gar nicht einschränken. R&B, Pop, Schlager, eigentlich alles, was melodisch ist.« Ich nickte stumm, während das Wort »Schlager« in meinem Kopf immer größer wurde. »Also was ich nicht so gern höre, ist Gangster-Rap, und mit Electro werd ich auch nicht warm«, fuhr Johanna fort. »Aber ansonsten hör ich alles. Find ich auch schade, wenn man sagt: Ich hör nur das und das. Da denk ich dann: Wenn du so engstirnig bist, dann hast du auch keine Ahnung von Musik.«

Aha, dachte ich und hätte ihr fast erzählt, dass es ein Lied der *Ärzte* namens »*Unrockbar*« gibt, das davon handelt, wie gefährlich unvereinbarer Musikgeschmack für eine Beziehung sein kann, aber Johanna kam mir zuvor.

»Ich mag Alexander Marcus«, sagte sie. »Der ist lustig.«

Ich nickte hilflos. Alexander Marcus ist ein Musiker, der Schlagermusik mit elektronischen Elementen verbindet, als lustig gilt und dessen Videoaufrufe bei YouTube im Millionenbereich liegen. Das ist auch eines dieser Dinge, die ich nie verstehen werde. Diese Art von Humor. Ich könnte niemals ausgelassen zu Schlagerliedern tanzen. »Man muss sich wohl nur darauf einlassen«, sagte ich und hoffte, dass Johanna nicht fragen würde, welche Bands ich mochte. Ihre Namen hätten ihr wahrscheinlich sowieso nichts gesagt. Das würde ich später erzählen. Wenn wir uns besser kannten.

Dann sagte Johanna: »Und Heinz-Rudolf Kunze, den mag ich auch. Kennst du den?«

Es stand offenbar schlimmer um sie, als ich gedacht hatte.

»Ich könnte ihm jetzt kein Lied zuordnen«, sagte ich vorsichtig.

»Muss ich dir mal vorspielen. Gefällt dir bestimmt.«

»Bestimmt«, nickte ich, weil es so einfacher war.

Als wir unsere Gläser geleert hatten, erhoben wir uns und gingen zum Müggelsee. Johanna legte ihren Arm um meine Hüfte, schmiegte sich an mich – und ich konnte nur noch an ihren Musikgeschmack denken.

Die Namen der Bands würden nicht genügen, dachte ich. Ich würde einiges erklären müssen. Es gab viel zu besprechen.

Mit den *Ärzten* würde ich anfangen.

Nachbarschaftsliebe in Prenzlauer Berg

Als ich am vergangenen Mittwoch meinen Freund Markus besuchte, musste ich mein Prenzlauer-Berg-Bild korrigieren. Obwohl »korrigieren« das falsche Wort ist. Sagen wir es emotionaler: Ich habe einen Traum beerdigt.

Es begann Anfang der neunziger Jahre, als ich mit Markus stundenlang durch Prenzlauer Berg streifte, mit dem Gefühl, dass sich da etwas abspielte hinter den bröckelnden Fassaden. Etwas Besonderes, Aufregendes – und vor allem Cooles: die Szene. Wir konnten sie zwar nicht so richtig greifen, aber wir hätten gern mitgemacht.

Diese Zeit hat uns geprägt. Wenn ich mir meine Zukunft vorstellte, kamen darin immer Altbauwohnungen in Prenzlauer Berg vor, hohe Decken und Flügeltüren, und natürlich die Frau, die ich liebte. Ein Leben, wie es sein könnte. Ein Schritt in die richtige Richtung. Unser Traum. Ich wohne immer noch in Friedrichshain, aber Markus hat ihn vor ziemlich genau einem Jahr verwirklicht. Ich weiß natürlich, dass es inzwischen in Prenzlauer Berg nicht mehr so viele bröckelnde Fassaden gibt, außer beispielsweise an einem Haus in der Oderberger Straße, das es offenbar in einen Berlin-Reiseführer geschafft hat. Ich habe häufig Touristengruppen davorstehen sehen.

»So sah hier früher alles aus«, sagt der Gruppenleiter, während staunend Fotos gemacht werden. Für Touristen ist dieses Haus eine Attraktion.

Für mich ist es einer der wenigen Anhaltspunkte für das aufregende Gefühl, das ich als Siebzehnjähriger mit dem Prenzlauer Berg verband. Ein Gefühl, das womöglich viele Bewohner dazu brachte, hierherzuziehen – neben den günstigen Immobilienpreisen natürlich. Aber dann lief etwas schief: Die Zugezogenen machten eine Kleinstadt in Baden-Württemberg aus dieser Gegend – ohne es so richtig mitzubekommen. Sie haben die Provinz in die Innenstadt von Berlin befördert. So gesehen sind die Bewohner vom Kollwitzplatz in die Gegenden zurückgekehrt, aus denen sie einmal geflohen sind, weil sie es dort nicht mehr aushielten. Sie sind praktisch gar nicht weg. Nur die Kulisse ist anders.

Ich weiß das, aber was es wirklich bedeutet, ahnte ich bisher nicht. Denn etwas zu wissen reicht häufig nicht aus, man muss es verinnerlichen. Und man verinnerlicht Dinge meistens erst, wenn sie einen direkt betreffen.

Letzten Mittwoch bekam ich das Gefühl, dass diese Sache auch mich betraf.

Ich hatte Markus seit einem guten Jahr nicht gesehen, weil es uns wie den meisten unserer Freunde von früher ging. Wir telefonierten selten, trafen uns kaum noch, wir ließen es auslaufen, ohne darüber nachzudenken. Wir waren mit uns selbst beschäftigt und richteten uns in einem Leben ein, in dem der andere nicht mehr vorkam. Wir führten parallele Leben. Das ist schade, aber leider nicht ungewöhnlich.

Aber manchmal fragt man sich, ob das wirklich so sein muss. Vielleicht rief ich Markus deshalb vor einer Woche an, um mich mit ihm zu verabreden.

Als er die Wohnungstür öffnete, warf ich ihm einen erschrockenen Blick zu. Er sah traurig aus, müde, irgendwie ausgelaugt.

»Alles in Ordnung?«, fragte ich.

»Ja, ja, alles in Ordnung.« Markus nickte müde, bevor er mich hereinbat.

Im Wohnzimmer saß Susanne, die ebenfalls müde wirkte. Auf dem Tisch vor ihr stand eine geöffnete Flasche Rotwein, die bereits zur Hälfte geleert war.

»Michael«, sagte sie und umarmte mich abwesend. Ich hörte, wie Markus in der Küche die nächste Flasche entkorkte. Offensichtlich hatten wir uns heute Abend einiges vorgenommen. Ich hoffte, dass zwischen den beiden alles in Ordnung war. Ich gab Susanne die Flasche Rotwein, die ich mitgebracht hatte. Es war kein originelles Geschenk, aber so wie es aussah, war es ein passendes. Ich hatte alles richtig gemacht.

Markus betrat das Zimmer, wir setzten uns und stießen an.

»Und, wie geht's euch?«, fragte ich.

»Na ja«, sagte Markus.

Er wirkte, als wolle er noch etwas hinzufügen, schwieg aber nach einem Seitenblick zu Susanne.

»Eigentlich will ich gar nicht drüber reden«, sagte sie resolut.

Weil ich weiß, was es bedeutet, wenn Frauen sagen, dass sie unter keinen Umständen über etwas reden wollen, ahnte ich, dass wir darüber reden würden, und zwar sehr ausgiebig. Spätestens wenn die zweite Flasche geleert war.

Aber ich hatte Susanne unterschätzt, sie brauchte nur zwei Gläser – also ungefähr zehn Minuten –, bevor sie ihre Geschichte erzählte. Eine Geschichte, die ihre Beziehung inzwischen sehr belastet. Es ist nur zu hoffen, dass sie nicht an ihr zerbricht.

Es begann ungefähr einen Monat nach ihrem Einzug

in Prenzlauer Berg. Eine Nachbarin, die Susanne bisher nur unverbindlich gegrüßt hatte, wies sie im Treppenhaus darauf hin, dass es rücksichtsvoller wäre, wenn sie nach zehn Uhr abends nicht mehr mit ihrem Freund schlafen würde. Die Frau gab ihr diesen Hinweis in einem sehr hellhörigen Hausflur. Sie hätte ihre Bitte auch aus dem Fenster auf die belebte Straße hinunterrufen können, es hätte keinen Unterschied gemacht. Susanne war wie vor den Kopf gestoßen. Sie wusste nicht, was sie darauf erwidern sollte.

»Das Quietschen des Bettgestelles ist doch immer sehr laut«, imitierte Susanne mit hoher Stimme ihre Nachbarin, während sie sich Wein nachschenkte. »Sie und ihr Mann gingen immer schon um zehn ins Bett, hat sie gesagt. Da wäre es doch taktvoll, wenn wir unser Liebesleben vorverlegen könnten.«

»Vorverlegen?«, sagte ich ungläubig.

Susanne lachte bitter, Markus sah sie verständnisvoll an.

»Scheißfreundlich«, rief Susanne, nachdem sie den ersten Schluck getrunken hatte »Scheißfreundlich hat sie mich angesehen. Diese Schlampe. Nur weil sie keinen Sex mehr hat, muss sie das doch nicht an uns auslassen.«

Markus nickte schweigend.

»Ihr Mann hat sich wahrscheinlich einen runtergeholt, als wir Sex hatten«, sagte Susanne.

»Na ja.« Markus machte eine abwehrende Geste.

»Doch«, rief Susanne. »Der hat gedacht, sie schläft schon, und sie lag neben ihm, hat sich schlafend gestellt – und hat das Schuppern gehört. Ein Schuppern wie ein Vorwurf, wie ereignislos ihr Leben ist.«

Ich vergaß zu nicken, weil ich versuchte, das Bild ihres onanierenden Nachbarn nicht zuzulassen.

Noch an demselben Abend hatte das Weintrinken angefangen. Susanne brauchte zwei Flaschen Wein, bis sie begriff, wie angemessen auf die Taktlosigkeit ihrer Nachbarin zu reagieren war. Sie holte den Staubsauger aus der Kammer, zog High Heels an und saugte eine halbe Stunde lang immer wieder resolut aufstampfend Staub, in dem Zimmer, über dem sie das Schlafzimmer ihrer Nachbarn vermutete. Es war ein Uhr morgens.

Als Susanne im Spätverkauf neuen Wein holte, gestand mir Markus, er habe sich sogar ein bisschen gewundert, dass sie sich nicht schminkte oder ein Abendkleid anzog, um es offizieller zu machen. Sie hatte ihren Nachbarn schließlich gerade den Krieg erklärt. Er hatte hilflos zugesehen und am nächsten Morgen das Bett abgebaut. Jetzt lag der Lattenrost auf dem Boden und zerschrammte das Parkett, das er beim Einzug verlegt hatte.

Seit dieser Nacht war er nicht mehr in der Lage, ungezwungen mit Susanne zu schlafen. Bei jedem Geräusch, das der Lattenrost auf dem Boden machte, hatte er das Bild seines onanierenden Nachbarn im Kopf. Er wurde es nicht mehr los.

Sie schliefen seltener miteinander, und wenn es doch einmal dazu kam, empfand er es als unwürdig. Er konnte sich nicht mehr fallen lassen. Sie stritten sich öfter als früher. Einmal hatte Susanne ihm ins Gesicht gebrüllt, sie wolle »endlich mal wieder gefickt werden«, ein Satz, der es in einen der Briefe ihrer Nachbarn schaffte.

»Briefe?«, fragte ich.

»Ja, die Briefe«, sagte Markus bedeutungsschwanger.

»Welche Briefe denn?«

Zwei Minuten später lagen die Kopien der Beschwerdebriefe vor mir, die ihre Nachbarn im Laufe der Monate an die Hausverwaltung geschickt hatten. Offenbar hatte sich die ganze Hausgemeinschaft gegen sie verbündet. Gegen die einzigen im Haus, die in Berlin geboren und aufgewachsen waren. Ich nahm einen der Briefe und überflog ihn mit einem irritierten Lächeln. Es war unglaublich. In ihnen zeichneten die Nachbarn meiner Freunde das Bild eines zerrütteten Paares, das offensichtlich sozialgestört war und ein nicht unerhebliches Alkoholproblem hatte.

Susanne und Markus waren offenbar zum Hobby ihrer Nachbarn geworden, ein Feindbild, auf das man sich einigen konnte. Eine Gemeinsamkeit. Wahrscheinlich traf sich die Nachbarschaft einmal in der Woche zum Kaffee, um neue Strategien zu entwerfen, wie Markus und Susanne am glaubwürdigsten zu denunzieren waren. Das Ganze besaß sogar eine soziale Funktion. Die Hausgemeinschaft rückte enger zusammen. So hatte das Dritte Reich ja auch funktioniert. So gesehen hatte es Nazideutschland wegen Leuten wie den Nachbarn meiner Freunde gegeben. Vielleicht sollte Markus sie darauf hinweisen, wenn er ihnen das nächste Mal begegnete.

Seit einiger Zeit hielt er die Briefe vor Susanne geheim, erzählte mir mein Freund.

»Susanne ist doch so unberechenbar«, sagte er.

Er war jetzt Mitglied beim Mieterverein. Manchmal hatte er den Impuls, sich an den Nachbarn zu rächen, sie waren immerhin gerade dabei, seine Beziehung zu zerstören. Aber er wusste nicht, wie. Mit High Heels konnte er ja kaum durch die Wohnung tanzen. An manchen Abenden hörte er ein wenig lauter Musik, das war schon mal ein Anfang. Vielleicht sollte er Susanne vorschlagen wegzuziehen, nach Pankow oder Weißensee, schließlich war auch die Wohnungsmiete eine Zumutung.

Ich schüttelte fassungslos den Kopf. Zum achten Mal in den letzten zehn Minuten. Ihre Nachbarn waren eine tragische Konstante im Leben meiner Freunde. Susanne und Markus waren von Spießern umgeben.

»Manchmal frage ich mich, warum solche Leute überhaupt nach Prenzlauer Berg gezogen sind«, sagte Susanne zwei Stunden später. »Oder überhaupt nach Berlin. Die denken doch in den provinziellen Maßstäben ihrer Heimatorte.«

»Maßstäbe, die hier ja eigentlich nicht gelten«, ergänzte ich.

Markus ließ den Brief, den er seit zehn Minuten in der Hand gehalten hatte, achtlos auf den Tisch gleiten, dann schenkte er sich Wein nach.

»So, ich werd dann mal«, sagte ich und klatschte in die Hände. Die beiden sahen mich an, als würde ich sie zurücklassen. Als ich aufstand, merkte ich, wie betrunken ich war. Ich wankte schon. Wir umarmten uns zum Abschied.

»Viel Glück«, sagte ich betroffen.

Die beiden lachten bitter. Vielleicht würde Markus Susanne von seinen Umzugsplänen erzählen, wenn sie allein waren. Ein Umzug würde ihrer Beziehung guttun, dachte ich. Zumindest dem, was von ihrer Beziehung übrig war.

Als ich über den menschenleeren Kollwitzplatz lief, dachte ich daran, was Markus noch erzählt hatte. Dass ihn oft das Gefühl beschlich, außerhalb der Zeit zu sein, wenn er hier durch die Straßen lief. Dass hier alles langsamer abzulaufen schien. In Zeitlupe. Die flanierenden Mütter mit ihren Kinderwagen, die Touristenbusse, die langsam die Kollwitzstraße hinunterfahren, die Gesprächsfetzen in sehr weichen, viel zu gemütlichen Dialekten. Er lebte hier, er war gewissermaßen einer von ihnen, aber er spürte, dass hier Leben geführt wurden, die parallel zu seinem

Leben verliefen. Es gab keine Schnittmenge. Seine Nachbarn waren das beste Beispiel. Und daran lag es wohl,
dass er sich fremd fühlte – als Berliner mitten in Berlin,
in seiner eigenen Stadt. In einer Gegend, die Opfer ihres
eigenen Mythos geworden war.

Und dann, als ich mir an der Danziger Straße ein Taxi
heranwinkte, spürte ich es: Ich hatte mein Prenzlauer-
Berg-Bild korrigiert.

Oder sagen wir es so: Ich hatte meinen Traum beerdigt.

Fatale Fehler beim ersten Date

Es ist schon erstaunlich, wie ähnlich sich die meisten ersten Dates sind. Sie laufen nach den gleichen Schemata ab, nach dem gleichen Muster. Es ist alles so vorhersehbar. Als hätte jemand ein Regelwerk verfasst, nach dem sich alle richten.

Bei manchen Menschen denke ich, es gibt tatsächlich eine To-do-Liste, die sie im Laufe des Abends abarbeiten. Sie stellen Fragen, die beiläufig in das Gespräch eingeflochten werden. Fragen, deren Ziel die Suche nach Gemeinsamkeiten ist, nach vermeintlichen Schnittmengen zweier Leben.

Und da fangen die Missverständnisse schon an. Bei dem Wort »vermeintlich«.

Es gibt »Gemeinsamkeiten«, in denen ich nicht unbedingt die Basis für eine Beziehung sehen würde, beispielsweise Musikgeschmäcker oder Sternzeichen. Allerdings habe ich festgestellt, dass man Menschen anhand ihrer Fragen nach eventuellen Gemeinsamkeiten ziemlich gut beurteilen kann, es ist ein ungewollter, aber sehr aufschlussreicher Nebeneffekt. Man erkennt an den Fragen, wie sie ihre Welt sortieren.

Letzte Woche ist es wieder passiert, als mich eine Frau namens Sophia während eines Dates in einer Bar in der Torstraße fragte: »Hund oder Katze?«

Ich muss dazu sagen, dass sie die Frage sehr unvermittelt stellte, genau genommen zu unvermittelt, darum benötigte ich einige Sekunden, um überhaupt zu verstehen, was sie meinte. Ganz kurz nahm ich an, es ginge um Sternzeichen, nach denen Frauen ja häufig die Welt ordnen.

Ich überlegte einen Moment, ob im chinesischen Horoskop Hunde oder Katzen vorkommen. Ich weiß, dass es Hasen, Schweine und Ratten gibt, aber dann verlässt mich schon meine Allgemeinbildung. Und sicherlich gibt es noch andere, unbekanntere astrologische Entwürfe, mit anderen, überraschenden Tierkreiszeichen.

Ich fühlte mich ein wenig überfordert, und man sah es mir wohl auch an. Darum sagte Sophia mit beruhigender Stimme: »Ich meine, ob du ein Hunde- oder Katzentyp bist.«

»Ah«, sagte ich und lächelte. Jetzt musste ich Zeit schinden, denn es gibt Themen, mit denen ich mich bisher nur unzureichend auseinandergesetzt habe. Die Frage, ob ich ein Hunde- oder vielleicht doch eher ein Katzentyp bin, gehört dazu.

Ich bin Katzenallergiker, und ich verstehe die Menschen nicht, die in der Großstadt Hunde halten. Ich habe einen Nachbarn, der in seiner Zwei-Zimmer-Wohnung zwei ausgewachsene Bernhardiner hält. Manchmal begegne ich ihm, wenn er mit seinen Hunden Gassi geht. Ich grüße ihn knapp und werfe den Tieren einen mitleidigen Blick zu, aber ich glaube nicht, dass sie das aufmuntert. Hunde brauchen einen Garten, Bewegung, sie dürfen nicht in einer Wohnung gefangen sein, in der sie eigentlich nur herumliegen können. Ich empfinde Städtebewohner, die Hunde halten, nicht als Tierfreunde. Sie sind Egoisten.

Ich weiß, dass manche Frauen sich in einem bestimmten Alter einen Hund zulegen. Sich einen Hund zu kaufen stellt klar, dass man erst mal keine Kinder haben wird. Erst mal. Es ist ein »erst mal«, das niemanden zu einer Entscheidung zwingt. Ein »erst mal«, das irgendwann womöglich zu einem »niemals« wird.

»Ich bin Katzenallergiker«, sagte ich vorsichtig.

»O Gott«, schnaubte Sophia. Ich war offensichtlich untragbar. Ich passte nicht in ihre Welt, und vielleicht war das auch ganz gut so.

Mir fiel auf, dass mich ihre Reaktion an das »O Gott« von Frauen erinnerte, die erfahren, welches Sternzeichen ich bin. Ich bin im Sternzeichen Fische geboren, was ebenfalls untragbar zu sein scheint. Mein Aszendent ist Waage, was mich irgendwie rehabilitiert, obwohl ich keine Ahnung habe, wie oder warum. Und offen gestanden ist mir das auch egal.

Nicht wenige Frauen erklären sich die Welt über Sternzeichen. Innerhalb gewisser Grenzen ist das ja auch in Ordnung, allerdings gibt es auch Frauen, die das ein wenig zu sehr verinnerlicht haben. Mit einer von ihnen hatte ich im Frühling ein Date. Sie ist im Sternzeichen Jungfrau geboren.

»Das passt«, sagte sie, nachdem sie mich darüber aufgeklärt hatte. »Leider.«

»Leider?«, fragte ich.

»Jungfrau gilt als ein sehr langweiliges Sternzeichen«, erklärte sie. »Ordnungsliebe, Pflichtbewusstsein, Sparsamkeit und Zuverlässigkeit gelten als ›positive‹ Eigenschaften einer Jungfrau.«

»A-ha«, sagte ich.

Dann sagte sie hilflos: »Durchschnittlicher geht es nicht.« Sie schwieg einen Moment, bevor sie fortfuhr. »Ich bin ein sehr langweiliger Mensch. Mein Sternzeichen holt mich immer wieder ein.«

»Mhm.« Ich machte eine beruhigende Geste, die wohl vor allem mir selber galt.

Wie soll ich es sagen, es gibt einfach Dinge, die man bei einem ersten Date nicht macht. Zum Beispiel sollte man unangenehme Themen aussparen. Es ist nicht vorteilhaft, über Geldprobleme oder Krankheiten zu sprechen. Man darf nicht leidend wirken. Jetzt wurde mir klar, dass diese Aufzählung auch Sternzeichen beinhalten kann.

Es gibt viele Artikel, die sich mit den Fehlern, die man bei einem ersten Date so machen kann, beschäftigen. Wenn ich diese Ratgebertexte lese, bin ich immer irritiert, weil sie sich offenbar ausschließlich an Menschen mit schwerwiegenden Selbstwahrnehmungs- und vor allem Selbstbewusstseinsstörungen richten. Beispielsweise an Männer, denen man den Hinweis geben muss, bei einem ersten Date nicht mit der Vielzahl ihrer Exfreundinnen zu prahlen, die Frau keinesfalls mit der eigenen Mutter zu vergleichen, und ihr nicht nach zwanzig Minuten die große Liebe zu gestehen, nachdem man erzählt hat, von wie vielen Frauen man schon verlassen wurde.

Als sehr schwerwiegender Fehler gilt auch, bei einem ersten Date vom Expartner zu sprechen. Das klingt schlüssig, man möchte ja nicht das Gefühl haben, mit seinem Vorgänger verglichen zu werden.

Daran musste ich denken, als ich mich Anfang des Jahres mit einer Frau namens Linda traf, denn Linda redete ausschließlich von ihren Exfreunden. Erschwerend kam hinzu, dass Linda zu den Menschen gehört, die gar nicht erst nach eventuellen Gemeinsamkeiten suchen. Sie setzen sie voraus.

Linda erzählte mir, dass sie zu jedem ihrer Expartner sehr engen Kontakt pflegte, beunruhigend war nur, dass sie über ihre Exfreunde sprach, als würde *ich* sie bereits

seit Jahren kennen. Ich habe ja schon gewisse Schwierigkeiten damit, wenn jemand, mit dem ich mich unterhalte,
Namen mir unbekannter Menschen erwähnt, als müsste
ich sie kennen. Aber das hier war schlimmer, denn Linda
sprach nicht nur über sie, als würde ich sie kennen, sie
sprach über sie, als würde ich mich seit Jahren sehr gut
mit ihnen verstehen. Als wären wir die besten Freunde.
Es war schon ziemlich vereinnahmend. Ich sagte nichts
dazu, und wahrscheinlich hätte ich ohnehin keine Chance gehabt, mich einzubringen. Linda machte nämlich
noch einen Fehler, den man bei einem ersten Date vermeiden sollte: Ohne Punkt und Komma zu reden. Ich will
es mal so formulieren, es war ein Fehler, den sie sehr gut
beherrschte. Sie brauchte keine Antworten. Sie brauchte
Stichworte für ihren nächsten Monolog. Ich fragte mich
gerade, inwieweit es ihre Sympathien für mich beeinflussen würde, wenn ich ihr erzählte, dass ich zu keiner
meiner Exfreundinnen mehr Kontakt hatte, als etwas
Überraschendes passierte. Linda bezog mich in unsere
»Unterhaltung« ein.

»Alles in Ordnung?«, fragte sie.

Vielleicht war ihr ja aufgefallen, dass ich in der letzten
halben Stunde nichts gesagt hatte. Ich hatte nur genickt,
gelächelt und eine knappe Flasche Wein getrunken.

Ich betrachtete mein Weißweinglas.

Wenn betrunken »*alles in Ordnung*« bedeutet, ist alles
in Ordnung, dachte ich.

»Ja, klar«, sagte ich und schenkte mir Wein nach.

Sie nickte und erzählte von einem Martin, der vor einem Jahr Vater geworden war, noch einer dieser Namen,
die ich nicht einordnen konnte. Ich fragte nicht nach. Vorsichtshalber.

Es war unser erstes Date, und so wie es aussah auch

unser letztes. Ich würde die Flasche Wein noch leeren, so lange musste ich durchhalten, wenn ich an die Preise hier dachte.

Aber wie kam ich hier am besten raus? Ich dachte darüber nach, Linda zu erzählen, dass ich schwul wäre, aber dann fielen mir die Ratgeber-Artikel ein, in denen Fehler aufgezählt wurden, die man bei einem ersten Date machen kann. Fehler, die man auch zu einem Programm umdefinieren konnte.

Ich würde sie ausprobieren, dachte ich. Ich würde sie zweckentfremden und sie als Programm sehen. Ich trank einen Schluck Wein und spürte, dass ich bereit war.

Ich entschied mich für den schwerwiegenden Fehler, den auch Linda beging. Ich würde von meiner Exfreundin reden. Wenn man so wollte, würde ich ihr den Spiegel vorhalten. Mal sehen, was passiert, dachte ich und unterbrach Linda.

Ich erzählte, dass meine Exfreundin die Frau wäre, mit der ich immer noch alle Frauen verglich, und erklärte, dass ich noch nicht bereit wäre, Gefühle zuzulassen. Linda warf mir einen fassungslosen Blick zu. Mein Plan schien zu funktionieren, aber ich hatte das Gefühl, dass noch irgendetwas fehlte, um meine Exfreundin zum abschließenden Thema unserer Unterhaltung zu machen. Ein letzter Tropfen, der das Fass zum Überlaufen brachte.

Glücklicherweise kam mir Linda zu Hilfe.

»Wie lange ist das denn jetzt her?«, fragte sie.

›Sagen wir fünf Jahre?‹, dachte ich. ›Ach nein, wir wollen großzügig sein, sagen wir acht.‹

Dann sagte ich ernst: »Zwölf Jahre.«

Ihrem Ausdruck nach zu urteilen war genau das der Moment, der mich in ihren Augen zu einem dieser Menschen mit schwerwiegenden Selbstwahrnehmungs- und vor allem Selbstbewusstseinsstörungen machte, für die Artikel mit Namen wie »Die 20 schlimmsten Fehler beim ersten Date« geschrieben werden.

»In der vergleichenden Phase hat man eigentlich keine Dates«, bemerkte Linda nach einer Pause, wahrscheinlich nur, um überhaupt etwas zu sagen.

»Ich weiß«, sagte ich mit brüchiger Stimme. Dann leerte ich ebenfalls mein Glas.

»Ich zahl die Rechnung«, erklärte ich und gab dem Kellner ein Zeichen.

»Nein«, sagte Linda deutlich. »Danke.«

Wir zahlten getrennt. Als wir auf der Straße vor dem Restaurant standen, zündete ich mir eine Zigarette an und inhalierte genussvoll, bevor ich sagte: »Also, ich muss hier lang.«

»Und ich hier lang«, sagte Linda schnell und wies in die entgegengesetzte Richtung. Das war unsere Verabschiedung. Sie machte eine resolute Handbewegung und lief schnell die Straße hinunter. Es sah aus, als ergriffe sie die Flucht. Offenbar hatte ich alles richtig gemacht. Ich würde sie wohl nie wiedersehen.

Ich sah ihr einige Sekunden nach, dann schnippte ich die angerauchte Zigarette in weitem Bogen in die Nacht, weil es gerade irgendwie passte.

Dann zündete ich mir sofort eine neue an und lief langsam die Französische Straße hinunter.

Doppelhaushälftenbesitzerprobleme

Es gibt Momente, in denen man begreift, wie weit sich Leben voneinander entfernen können. Wenn man beispielsweise ehemalige Mitschüler trifft, die man seit Jahren nicht gesehen und mit denen man sich einmal ziemlich gut verstanden hat. Leute, die Geschichten aus einem Leben erzählen, das mit dem eigenen nicht viel zu tun hat, und mit denen man – wenn man ganz offen ist – eigentlich auch nicht in Zusammenhang gebracht werden möchte. Es ist natürlich naiv zu erwarten, man ginge vergleichbare Wege, weil man zusammen gestartet ist. Aber irgendwie geht man davon aus. Wenn man dann feststellt, dass man inzwischen parallele Leben führt, ohne Berührungspunkte, kann das sehr ernüchternd sein.

Wahrscheinlich besuche ich aus diesen Gründen keine Klassentreffen. Ich fürchte, den Zauber kaputtzumachen, der auf meinen Kindheitserinnerungen liegt. Es ist wie mit den Filmen, die ich als Kind so mochte: *Asterix*, die Filme mit Bud Spencer und Terence Hill oder diese Filmreihe mit Gérard Depardieu und Pierre Richard, nach der ich als Kind praktisch süchtig war. Auch auf diesen Filmen liegt der Zauber meiner Kindheit. Als ich vor einiger Zeit in der Videothek den Film *Das Krokodil und sein Nilpferd* auslieh, reichten zehn Minuten, um den Zauber aufzulösen. Als Kind fand ich den Film wirklich lustig. Er scheint für Zwölfjährige gedreht worden zu sein. Wenn ich Einladungen zu Klassentreffen bekomme, habe ich ein ähnliches Gefühl. Es ist ein bisschen so, wie wenn man sich alte Fotos ansieht. Man hofft, sie würden etwas in einem auslösen, aber da ist nichts mehr.

Darum sind Momente, in denen ich Menschen aus meiner Vergangenheit wiedertreffe, häufig mit einem melancholischen Gefühl verbunden. Manchmal ist es jedoch schlimmer. Wesentlich schlimmer sogar. Ich war letztens bei McDonald's.

Ich bin eher selten bei McDonald's, und ich war nicht dort, um etwas zu essen, sondern weil ich dringend auf die Toilette musste. Als ich von den Toiletten zurückkehrte, spürte ich, dass hier irgendetwas nicht passte. Mein Gefühl ähnelte einem Déjà-vu, doch dann begriff ich, dass der Auslöser kein Bild, sondern ein Lachen war. Ein Frauenlachen, das nicht hierherpasste. Es war ein Lachen aus meiner Vergangenheit. Das Lachen von Monique. Das Lachen meiner ersten großen Liebe. Bei McDonald's!

Ich blieb stehen und blickte mich um. Als ich die Frau mit Moniques Lachen entdeckte, spürte ich, wie sich etwas in mir verspannte. Ich war nicht einmal mehr sicher, ob sie es überhaupt war. Die Frau mit Moniques Lachen passte nicht zu meinen Erinnerungen. Sie gehörte zu einer fünfköpfigen Familie. Das war schon ziemlich beunruhigend. Noch beunruhigender war, dass alle Familienmitglieder die gleichen Jacken trugen. Auch die Kinder. Es waren sehr rote Jacken.

Vorsichtshalber sah ich mich noch einmal um, vielleicht hatte ich das Lachen ja der falschen Person zugeordnet. Ich begriff, dass ich mich nicht getäuscht hatte.

Monique. Meine Jugendliebe. Ich hätte sie nicht erkannt, wenn wir uns zufällig auf der Straße begegnet wären. Als ich sie jedoch länger beobachtete, erkannte ich sie an ihren Gesten. Die Monique meiner Vergangenheit schimmerte sozusagen immer mal wieder durch. Ich überlegte, ob ich einfach weitergehen sollte. Vielleicht war es besser, die Erinnerungen an unsere gemeinsame Zeit zu bewahren. Aber eigentlich war es dafür jetzt schon zu spät. Die Bilder aus meiner Erinnerung begannen bereits, sich aufzulösen, sie passten sich gewissermaßen an.

Monique ist drei Jahre jünger als ich, wirkte aber wie gelebte fünfzig, was eventuell auch an ihrer Jacke lag. Oder an ihrer Frisur. Gott. Was hatte sie mit ihrer Frisur gemacht? Sie war zu einer Frau geworden, nach der sich die Männer nicht mehr umdrehen. Vielleicht kam es ja in ihrem Leben auch nicht mehr darauf an. Es gab andere, konkretere Probleme. Wahrscheinlich Doppelhaushälftenbesitzerprobleme.

Ich spürte einen leichten inneren Widerstand und brauchte auch einige Sekunden, um ihn zu überwinden, bevor ich entschlossen zu der Frau ging.

Ich trat an den Tisch und fragte: »Monique?«

Die Frau wandte sich zu mir und musterte mich mit einer gewissen Skepsis. Ein letztes Mal hoffte ich, mich getäuscht haben, aber dann glätteten sich ihre Züge.

»Mensch, Micha! Is denn dit die Möglichkeit?«, rief sie.

Sie war es, und wenn man so wollte, war sie es auch wieder nicht. Ihre Stimme hatte sich verändert. Sie war bestimmter geworden und auch lauter. Vermutlich lag es daran, dass sie Mutter war. Ich erinnerte mich auch nicht mehr daran, dass sie so stark berlinert hatte. Wir begrüßten uns mit einer Umarmung, die mir irgendwie unpassend erschien. Irgendwie unangemessen vertraut. Moniques Kinder sahen mich neugierig an.

»Dit is Jens.« Sie wies auf den Mann, der mit am Tisch saß.

Ach?, dachte ich, und Jens sagte herzlich: »Tachchen! Na, wie jeht's? Allet im grünen Bereich?«

»Wenn man so will«, erwiderte ich vorsichtig.

Jens' Haut war sehr braun, allerdings tendierte seine Bräune ins Rötliche. Es war also keine Urlaubsbräune. Unter seiner roten Jacke trug er ein Ed-Hardy-Sweatshirt, was mich eigentlich nicht überraschte. Die dicke, silberne Kette erschreckte mich dann doch, obwohl sie irgendwie zu seiner rötlichen Bräune passte. Jens war, wenn man so wollte, in der Lage, mich zu überraschen, obwohl wir uns noch gar nicht kannten.

Er erinnerte mich an die Männer, die früher in den großen Pausen und nach Schulschluss mit ihren Autos vor der Schule parkten und an denen die Mädchen meines Alters wesentlich interessierter waren als an mir. Oft drehten sie die Autoradios auf, um die Mädchen zu beeindrucken. Autoradios, aus denen ausschließlich *Depeche Mode* schallte. Das habe ich nie verstanden. Es gibt Dinge, die man einfach nicht macht, um cool zu wirken. In seinem Auto mit voller Lautstärke *Depeche Mode* zu hören, gehört dazu. Hätten sie *Pur* oder *BAP* gehört, hätten sie wohl eine ähnliche Wirkung erzielt. Mein Verhältnis zu *Depeche Mode* hatte diese Zeit nachhaltig geprägt: Ich hasste sie. Ich hasste sie, weil sie den Soundtrack zum Leben meiner Kontrahenten lieferten.

Jetzt fragte ich mich, warum ich nicht einfach vorbeigegangen war. Ich sah meine erste große Liebe fassungslos an. Scheiße, was war da passiert?

»Und, wat is aus dir jeworden?«, lachte die Frau, mit der ich zwei Jahre meines Lebens verbracht hatte. Zwei glückliche Jahre. Sie lösten sich gerade in nichts auf.

»Mensch, Micha, wir ham uns ja seit fuffzehn Jahren nich mehr jesehn!«

»Mindestens«, sagte ich, es waren schließlich Erinnerungen aus einem anderen Leben.

Ich kenne einen Mann, der bei der *Bild*-Zeitung arbeitet. Vor einigen Monaten gingen wir ins *Alexa*, ein Kaufhaus am Alexanderplatz, in dem wir bisher noch nicht gewesen waren.

»Scheiße«, hatte mein Bekannter gesagt, während sein Blick über die Passanten glitt. »So nah war ich noch nie an der Zielgruppe dran.« Ich hoffte, dass ich nicht ähnlich verzweifelt wirkte, und zwang mich zu einem Lächeln. Dann sagte ich leise: »Zielgruppe.«

»Wat?«, fragte Monique.

»Ach, nicht so wichtig«, sagte ich schnell.

»Und wie steht's mit der Liebe?«, fragte Monique. »Biste vaheiratet?«

Sollte ich meine Geschichte erzählen? Sollte ich ihr erzählen, dass es mir lieber war, abzuwarten, bis ich meiner Traumfrau begegnete? Ich würde ausholen müssen. Abgesehen davon würde sie es wohl nicht verstehen. Sie würde nicht einmal nachvollziehen können, dass ich noch nie verheiratet war. Und ich war mir nicht sicher, ob ich mich einem Menschen wie Jens so weit öffnen wollte.

»Ist gerade ein bisschen kompliziert«, sagte ich, »aber das ist eine lange Geschichte.«

»Die Liebe und der Suff, dit regt den Menschen uff«, lachte Jens, der in der Familie offenbar für die philosophischen Bemerkungen zuständig war.

Ich lächelte höflich und überlegte, welcher Beruf zu Jens passen würde. Ich tippte auf Polizist. In diesem Moment wies Monique bemerkenswert brachial ihre Kinder zurecht. Es war schon fast ein Pöbeln. Jens achtete nicht darauf. Diese Art der Erziehung schien in dieser Familie nicht unüblich zu sein. Der Mann hatte Monique offensichtlich sozialisiert. Ich begriff, dass ein Mensch wie Jens und ich durch Monique eine Gemeinsamkeit hatten. Es gab eine Verbindung. Hoffentlich kam dem Mann kein ähnlicher Gedanke. Er würde mir wahrscheinlich mit Verschwörermiene mitteilen, dass wir ja als »Lochbrüder« praktisch verwandt wären. Ich dachte an meinen Bekannten von der *Bild*-Zeitung. Die erste Liebe meines Lebens war meine Verbindung zu seiner Zielgruppe. Das kam hier alles viel zu nah an mich heran.

»Und wie heißt das Geburtstagskind?«, fragte ich, auch um Monique irgendwie zurückzuhalten oder sie zumindest zu besänftigen. Das kleine Mädchen sah mich mit großen Augen an. Dann sagte sie schüchtern: »Chantal.«

Chantal? Ach du Scheiße!

»Ah«, sagte ich betroffen. »Schöner Name.«

Es war schon erschreckend, wie sich die Klischees manchmal bestätigten. Das arme Mädchen tat mir jetzt schon leid. Ich war auf ihrer Seite. Ich spürte, wie sich etwas in mir zusammenzog. Ich musste hier weg. Schnell weg von diesen Leuten.

»War wirklich schön, dich mal wiederzusehen«, verabschiedete ich mich hastig von Monique und warf Chantal einen letzten aufmunternden Blick zu, der besagen sollte, dass sie nicht allein war. Dann verließ ich das Fastfood-Restaurant, ohne mich noch einmal umzudrehen.

Als ich die Straße betrat, hatte ich das Gefühl, wieder im Leben anzukommen. Im wirklichen Leben. Einem Leben, das meine erste große Liebe wahrscheinlich genauso wenig erstrebenswert fand wie ich ihres.

Soziopathen, Verzweifelte und Sexsüchtige

Letzten Dienstag erwähnte meine Freundin Bettina beiläufig, sie habe sich vor einigen Wochen auf einem Dating-Portal angemeldet. Dort habe sie einen Mann kennengelernt, mit dem sie sich inzwischen regelmäßig traf.

»Ein Dating-Portal?« Ich warf ihr einen entsetzten Blick zu. Bettina ist eine attraktive Frau, sie ist nicht verzweifelt, hat kein ernstzunehmendes psychisches Problem, und ich würde sie auch nicht als hemmungslose Nymphomanin bezeichnen. Irgendetwas passte für mich hier überhaupt nicht zusammen.

Natürlich werden jetzt einige einwenden, dass dies Klischees sind, aber irgendwie hat man ja doch im Kopf, dass auf solchen Portalen eher Verzweifelte, Soziopathen und Sexsüchtige zu finden sind als attraktive, gutverdienende Bildungsbürger, deren Leben mit der Arbeit, Freunden und Italienischkursen für Fortgeschrittene so ausgefüllt ist, dass ihnen einfach keine Zeit bleibt, um die Liebe ihres Lebens zu finden.

Als aufgeklärter Mensch sollte man nicht Opfer solcher Legendenbildungen werden. Vielleicht habe ich nur deshalb so negative Bilder im Kopf, weil Geschichten einfach erzählenswerter sind, in denen Psychopathen und Sexsüchtige vorkommen. Insofern sind es solche Geschichten, die sich verbreiten, und auch ich kann mich ihrer Wirkung nicht entziehen.

Vor einigen Jahren unterhielt ich mich auf einer zweistündigen Zugfahrt mit einem Psychologen darüber,
warum es mir so schwerfällt, die richtige Frau zu treffen.
Wir hatten uns im Zug kennengelernt, er erzählte, dass er
sich auf Paartherapien spezialisiert habe, und im Laufe
unserer Unterhaltung fiel mir auf, dass sein Tonfall irgendwie professioneller wurde. Unser Gespräch war ganz
unbemerkt in eine Therapiesitzung übergegangen. Er
stellte mir mit sanfter Stimme Fragen. Seine Blicke beru-
higten mich, während er mich analysierte. Um mich nicht
zu sehr in Selbstzweifel zu stürzen, verzichtete er wohl
auf eine tiefenpsychologische Deutung, und erklärte mir,
dass ich mich einfach an den falschen Orten aufhielt, um
Frauen kennenzulernen. Er riet mir, unter anderen Umständen Frauen zu treffen.

»Wo denn?«, fragte ich hilflos.

Er zählte einige Möglichkeiten auf, um dann nach einer
Kunstpause, die womöglich ein Zögern war, vorzuschlagen: »Oder ... du probierst es mal auf einem Dating-Portal.«

»Ein Dating-Portal«, wiederholte ich, und ich glaube,
jetzt klang ich noch hilfloser.

Er nickte sanft.

Ich muss dazu sagen, dass meine Skepsis gar nicht so
sehr mit der Furcht vor psychisch hochgradig gestörten
Nutzern zusammenhing. Es war harmloser: Ich dachte an
Ted Mosby, den Protagonisten der US-amerikanischen
Sitcom *How I Met Your Mother*. Die dramaturgische Klammer, die diese Serie umschließt, ist die Schilderung eines
Vaters, der seinen Kindern berichtet, wie er ihre Mutter
kennengelernt hat. Er braucht neun Staffeln, um die Geschichte zu erzählen. Im wahren Leben wäre dieser Er-
zählumfang natürlich anstrengend, aber wenn mich meine Kinder irgendwann mit leuchtenden Augen nach den

originellen und aufsehenerregenden Umständen fragen, unter denen ich ihre Mutter kennengelernt habe, möchte ich sie nicht enttäuschen.

Mein Freund Oliver hat seine Freundin beispielsweise während eines Urlaubs in Kapstadt kennengelernt. Sie stellten fest, dass sie in Berlin nur einige Straßen voneinander entfernt wohnten. Nach ihrer Rückkehr trafen sie sich ein paarmal und verliebten sich ineinander. Das ist eine Geschichte, die man gern erzählt. Eine Jet-Setter-Geschichte. Sie klingt international. Sie hat etwas Weltgewandtes. Wenn Oliver und seine Freundin später ihren Kindern von den Umständen ihrer ersten Begegnung erzählen, wird ihre Geschichte mit Sätzen wie »Damals in Kapstadt« beginnen. Und das klingt irgendwie besser als »Damals bei Friendscout24«.

Ihre erste Begegnung war von so vielen Zufällen abhängig, dass sie etwas Schicksalhaftes umgibt. Milan Kundera hat in seinem Roman *Die unerträgliche Leichtigkeit des Seins* die Liebe zwischen zwei Menschen daran gemessen, wie viele Zufälle nötig waren, damit sie sich überhaupt begegneten. Diese These ist natürlich nicht beweisbar, aber es ist eine schöne Vorstellung. Oliver und seine Freundin sind vor einiger Zeit Eltern geworden.

Verglichen damit erinnert die Suchfunktion eines Dating-Portals, die nach Haarfarbe, Alter, Figur und Entfernung von der eigenen Postleitzahl filtert, eher an eine Fleischtheke, an der man mit den Worten »Wat nehm ick denn heute?« die Sorte Wurst auswählt, die einem am besten schmeckt. An Fleischtheken gibt es für Zufälle wenig Spielraum. Und für Schicksal wohl auch.

»Dit is allet Schicksal«, sagte Bettina, als ich ihr von meinem Vorbehalt erzählte. »Der eene trifft sich so, der andere so. Und außerdem«, sie machte eine elegante Kunstpause, »außerdem haben wir uns ja total romantische Nachrichten geschrieben, bevor wir uns getroffen haben.«

Total romantische Nachrichten also. Ich nickte interessiert.

Allerdings ist es mit der Romantik ja so eine Sache, sie kann schnell ins Kitschige, oft sogar ins Peinliche übergehen, ohne dass man es selbst bemerkt. Darum hat Bettina ein Word-Dokument angelegt, in dem sie die – nun gut, sagen wir mal – originellsten E-Mails, die ihr geschrieben werden, sammelt. Hin und wieder schickt sie mir einen der Texte, und was soll ich sagen, auf Dating-Portalen scheinen sich wirklich nur ausgesprochen romantische Männer zu bewegen.

Männer, die in der Lage sind, E-Mails wie diese zu verfassen: »*Umwerfend schöne, hinreißend attraktive Bettina, hast du nicht Lust, einen lieben und attraktiven Klavierspieler kennenzulernen, der dein Herz erobern möchte? Vielleicht darf ich dich in eine Pianobar auf eine Karaffe Rotwein einladen und ein paar Lieder für dich spielen? Was sagst du? Hörst du mir zu, wenn ich für dich spiele?*«

Jetzt ist es wohl Zeit für eine Kunstpause. Atmen wir tief durch.

Vielleicht möchte sich die eine oder andere Leserin verschämt eine Träne von der Wange wischen. Und auch wenn die Träne verschwunden ist, dürfte sich ein wohliges Gefühl noch einige Minuten halten. Als wäre man gerade sanft mit vielen kleinen, roten, flaumigen Plüschherzen beschossen worden. Man fühlt sich verletzlich, auf angenehme Art. Und jetzt – ich weiß, das ist etwas unfair – werde ich dieses Gefühl noch intensivieren. »*Hallo, wusstest du, dass dein Profilbild total schön und inspirierend ist? Als du geboren wurdest, hat es bestimmt geregnet – der Himmel muss geweint haben, als er einen Stern verlor.*«

Romantik pur. Ich frage mich, wie ein Mensch im wahren Leben ist, der fähig ist, solche Zeilen zu verfassen. Welche Ausstrahlung hat er? Welche Aura umgibt ihn?

Nun ja.

Wir wissen alle, dass es eine gewisse Diskrepanz zwischen der Selbstdarstellung in einem Online-Portal und dem Menschen dahinter geben kann, also zwischen dem Menschen, für den man gehalten werden möchte, und dem Menschen, der man ist. Diese Diskrepanz wird aufgehoben, wenn man sich im realen Leben begegnet, bei einem ersten Date vielleicht.

Meine Bekannte Rebecca hat das Anfang des Sommers erlebt. Mit Sebastian. Wie bei Bettina begann alles mit romantischen Nachrichten. Doch irgendwann möchte man mehr als nur Nachrichten austauschen, man möchte die Beziehung auf eine neue Ebene heben. Also schlug Sebastian ein gemeinsames Picknick vor. Ein Vorschlag, der gut zu seinen romantischen Nachrichten passte. Alles schien sich zusammenzufügen, und Rebecca sagte begeistert zu.

Dann erklärte Sebastian, dass er sie um 7.30 Uhr abholen würde. Morgens. An einem Sonntag. Nun gut, das war eigenartig, aber Rebecca dachte an die vielen romantischen Nachrichten und entschied nach kurzem Überlegen, das Wort »eigenartig« durch den Begriff »originell« zu ersetzen.

Am nächsten Sonntagmorgen um kurz vor acht machte sie es sich auf dem Beifahrersitz von Sebastians Wagen bequem und blickte aus dem Fenster. Die Fassaden restaurierter Altbauten glitten vorbei. Die Straßen des Scheunenviertels waren in das angenehme Licht eines beginnenden Sommertages getaucht, und Rebecca stellte überrascht fest: Alles stimmte.

»Richtung Grunewald«, hatte Sebastian mit einem vieldeutigen Lächeln gesagt, als sie eingestiegen war.

Ach, an den Arsch der Welt?, hatte sie gedacht, aber sie lächelte, weil Sebastian wirkte, als hätte er für ihren gemeinsamen Tag einen Plan gemacht. Einen Plan, der ihnen helfen würde, den Alltag hinter sich zu lassen. Und bisher schien das ja auch sehr gut zu funktionieren. Sie lehnte sich zurück, schloss die Augen und genoss die Wärme der Sonnenstrahlen auf ihrer Haut.

Dann erzählte Sebastian, dass seine Eltern Anfang des Jahres gestorben waren. Im Abstand von drei Monaten. Rebecca öffnete die Augen, sah zu Sebastian hinüber und spürte, dass die Leichtigkeit dieses perfekten Sommermorgens gerade irgendwie verschwunden war. Sie war sich nicht sicher, ob Todesfälle naher Verwandter ein angemessenes Thema waren – bei einem ersten Date.

»Krebs«, sagte Sebastian.

Krebs. Scheiße!

»Wie tragisch«, sagte Rebecca, aber sie traf irgendwie nicht den richtigen Ton. Es klang nicht echt. Eigentlich wollte sie »Tut mir leid« sagen, aber das klang so austauschbar, wie aus einem dieser amerikanischen Filme, die sie oft sah. Um noch irgendetwas zu retten, versuchte sie, ihm einen betroffenen Blick zuzuwerfen, aber Sebastian achtete auf die Straße.

Sie schwiegen einige Minuten. Dann sagte Sebastian, dass der Friedhof, auf dem seine Eltern beerdigt seien, fast auf ihrem Weg liegen würde. »Da können wir doch gleich noch frische Blumen aufs Grab legen.« Er lächelte zu ihr hinüber. »Ist auch kein großer Umweg.«

Wir?, dachte Rebecca hilflos.

Sie wusste nicht, was sie darauf erwidern sollte. Sie stand gewissermaßen mit dem Rücken zur Wand. Sie lächelte ein Stewardessenlächeln. Ein routiniertes, festgetackertes Lächeln. Das Ende aller Emotion. Sebastian schien das als ein »Ja« zu deuten. Sie hielten vor einem Blumengeschäft, in dem er einen großen Strauß weißer Tulpen kaufte. Als er zurückkehrte, öffnete er die Beifahrertür und gab Rebecca den Strauß. Dann schloss er behutsam die Tür. Es war ein bisschen so, als würden sie zu einer Beerdigung fahren. Als sie vor dem Friedhof aus dem Wagen stiegen, sagte Rebecca, sie fände es irgendwie unangemessen, ihn zum Grab zu begleiten. Sebastian nickte verständnisvoll. Dann zog er eine der Tulpen aus dem großen Strauß und gab sie ihr. Rebecca blickte entsetzt auf die Blume in ihrer Hand. Auch das erschien ihr ziemlich unangemessen, aber irgendwie war es ja auch konsequent.

Ein erstes Date. Zumindest war es originell, auf eine besorgniserregende Art zwar, aber dennoch originell. Ich weiß nicht, ob es Rebecca aufgefallen ist, aber ihre erste Begegnung beinhaltete die drei großen literarischen Themen: das Leben, die Liebe und den Tod. So gesehen war sie perfekt. Ich habe Rebecca nicht darauf hingewiesen.

Tja.

Die Diskrepanz zwischen der Wirklichkeit und ihrer überzeichneten Darstellung ist das Hinterhältige an Dating-Portalen. Allerdings ist sie nicht die einzige Gefahr, deren man sich bewusst sein muss. Dating-Portale können auch sehr heimtückisch sein, wenn man ein sparsamer Mensch ist.

Ich weiß das, weil ich einen Mann kenne, der ein *sehr* sparsamer Mensch ist. Er heißt Benjamin und hat sich vor ungefähr drei Jahren bei einem Dating-Portal angemeldet, das ihm von einem Kollegen empfohlen worden war. Nach einigem Zögern schloss er ein Jahresabonnement ab. Die monatlichen Beiträge waren relativ gesehen am günstigsten, und das Argument, dass die wenigsten innerhalb von nur vier Wochen die Frau ihres Lebens finden, überzeugte sogar seinen Geiz. Er zahlte 40,- Euro im Monat – ein Preis, der ihm physischen Schmerz zuzufügen zu schien, wenn er ihn erwähnte.

Als er ungefähr eine Woche Mitglied war, geschah etwas Unerwartetes. Formulieren wir es mal folgendermaßen: Das Schicksal meldete sich zu Wort.

Er lernte Susanna kennen.

Sie trafen sich, sie verstanden sich, alles griff ineinander, die Dinge entwickelten sich ganz natürlich, es hätte perfekt sein können. Allerdings gab es da ein Problem: Sein Abonnement lief noch elf Monate. Das waren 440,- Euro. Er wollte sie nicht verschwenden. Er war einfach zu geizig. Eine Eigenschaft, die aus jedem Menschen das Hässlichste herausholt.

Benjamin blieb aktives Mitglied des Dating-Portals. Obwohl er mit Susanna zusammen war, traf er sich in den folgenden elf Monaten mit 28 Frauen, mit elf von ihnen ging er ins Bett. Die arme Susanna blieb die Konstante dieser elf Monate. Möglicherweise lag es daran, dass sie ungefähr ein Jahr später zusammenzogen, wahrscheinlich ist jedoch, dass sein Abonnement ausgelaufen war. Nun ja. Ich bin gespannt, was er seinen Kindern erzählt, wenn sie ihn nach den Umständen der ersten Begegnung mit ihrer Mutter fragen.

Was soll ich sagen, es sind solche Erlebnisse, die mir meine Unvoreingenommenheit gegenüber den Nutzern von Dating-Portalen geraubt haben. Aber ich weiß, es gibt auch andere Beispiele. Es gibt sie natürlich. Die Charmanten, die Sensiblen, die Coolen und die Treuen. Sie sind da draußen, irgendwo. Es sind eben nur nicht so viele.

Wie im wirklichen Leben.

Wer ist denn Malte?

Es mag naiv erscheinen, aber manchmal fällt es mir schwer zu begreifen, was Menschen einander antun, wenn Beziehungen auseinandergehen. Wie Menschen sich zueinander verhalten, die jahrelang zusammen waren, die in einer gemeinsamen Wohnung gelebt und eine gemeinsame Zukunft geplant haben. Plötzlich zählt das alles nicht mehr. Wenn ich erlebe, wie sich manche Paare trennen, bin ich mir offen gestanden nicht so sicher, was sie da über die Jahre kultiviert haben. Mit Liebe scheint es nicht allzu viel zu tun zu haben. Manchmal denke ich, dass die Art, wie sich Paare trennen, mehr über ihre Beziehung aussagt als die Beziehung selbst, auch wenn sie Jahre gedauert hat. Wenn man diesen Gedanken auf die letzte Beziehung meines Freundes Alexander anwendet, kann man schon zu sehr aussagekräftigen Schlüssen kommen. Kürzlich hat Alexander nämlich über Facebook erfahren, dass er nicht mehr mit seiner Freundin zusammen ist. Sie hatte ihren Beziehungsstatus am Abend zuvor auf »Single« umgestellt.

Er sah es am nächsten Morgen, und es traf ihn mit voller Wucht. Es war wie ein Schlag in die Magengegend, auch weil es ihn sehr unvorbereitet traf. Dann sah er die Kommentare. Das machte es nicht unbedingt besser.

Es gab 79. Bisher.

Alexander starrte fassungslos auf den Bildschirm. Die

Diskussion war in vollem Gange, und sie handelte von ihm. Ihr gemeinsamer Bekanntenkreis führte ein Gespräch, das sie eigentlich zu zweit hätten führen sollen, in der Öffentlichkeit. Das war irritierend. Noch irritierender war allerdings, dass er sich nicht in der Person erkannte, die da diskutiert, analysiert und ausgewertet wurde. Sie schienen über jemand anderen zu reden. Über einen Fremden. Und so, wie es aussah, schien dieser Fremde ein ziemlicher Arsch zu sein.

Auch seine Freundin nahm teil, sie hatte jeden dritten Kommentar verfasst. So gesehen war sie die Moderatorin. Sie moderierte gewissermaßen seinen Untergang. Er überlegte einen Moment lang wütend, sich einzubringen, um auch etwas dazu zu sagen, um seine Perspektive zu schildern, aber er ahnte, dass er es damit nur noch schlimmer machen würde. Er hätte keine Chance.

Sie schienen ihn zu hassen. Das war frustrierend, und zwar in verschiedener Hinsicht. Alexander hatte angenommen, dass er sich mit ihren Freunden immer gut verstanden hatte. Aber er hatte ja auch gedacht, dass sie eigentlich sehr gut zusammenpassten, dass ihre Beziehung funktionierte. Sie hatte schließlich drei Jahre gehalten.

Mit der Trennung brach ein ganzer Bekanntenkreis weg, durch diese Trennung wurde praktisch sein Sozialleben dekonstruiert, und so wie es aussah, schienen sich auch Freunde, die *er* in die Beziehung eingebracht hatte, gegen ihn zu stellen.

Er rief seine Freundin an, die ja jetzt seine Exfreundin war. Sie ging nie ans Telefon. Wahrscheinlich hatte sie seine Nummer in ihren Handykontakten inzwischen unter dem Namen »Nicht rangehen« gespeichert.

Diese Inanspruchnahme von Internetdiensten ist natürlich ein harter Weg, um seinem Partner zu zeigen, dass die Beziehung nicht ganz so funktioniert hat, wie er vielleicht angenommen hat.

Die Exfreundin meines Bekannten Christoph beendete ihre Beziehung mit einem einzigen Satz – allerdings ohne es mitzubekommen.

Es war ein Satz, der an einem harmonischen Samstagmorgen beim Frühstück fiel. Auch Christoph traf es sehr unerwartet. Er blätterte gerade in der Immobilienbeilage der *Berliner Zeitung*. Das machte er jedes Wochenende, obwohl er mit seiner Wohnung nicht unzufrieden war. Und obwohl er wusste, dass in den Immobilienbeilagen von Zeitungen nur Wohnungen angeboten werden, die eigentlich keiner haben wollte, weil sie entweder zu teuer waren oder »interessant« geschnitten, wie es in der Rhetorik von Maklern heißt. Trotzdem blätterte er jedes Wochenende aufmerksam im »Immobilien-Magazin«. Es gab ihm ein gutes Gefühl. Ein Gefühl, das zu einem Frühstück am Samstagmorgen passte. Vermutlich lag es an diesem Gefühl, dass er die Idee, die in seinem Kopf gerade Gestalt annahm, nicht dachte, sondern aussprach.

»In einer Woche haben wir den ersten«, sagte er beiläufig. »Was hältst du davon, wenn wir zusammenziehen? Wenn wir jetzt unsere Wohnungen kündigen, haben wir noch drei Monate Zeit. Das reicht doch, um was Passendes zu finden.«

Nicole blickte auf, und er sah in ihrem Blick, dass er seinen Vorschlag wohl doch besser hätte denken sollen. Sie sagte nach einer langen und sehr stillen Pause, dass ein Umzug ja ziemlich teuer wäre. Die Umzugsfirma, die Kaution, unter Umständen sogar Maklerkosten. Dann sagte sie: »Ich bin einfach noch nicht bereit, so viel Geld in unsere Beziehung zu investieren.«

Das war der Moment, in dem Christoph den Schlag in

der Magengegend spürte, aber er versuchte so verständnisvoll wie möglich zu nicken. Als er sich Kaffee nachschenkte, fiel ihm auf, dass seine Hand zitterte. Nach dem ersten Schluck hatte er seit einem halben Jahr zum ersten Mal das Bedürfnis, eine zu rauchen. Er stand auf, nahm die Schachtel Zigaretten, die er in einer Schublade aufbewahrte, und stellte einen Aschenbecher auf die aufgeschlagene Immobilienbeilage, die auf dem Küchentisch lag. Er setzte sich und zündete sich eine Zigarette an, ohne den gequälten Blick zu beachten, den Nicole ihm zuwarf, die sich als Nichtraucherin verstand, weil sie nur rauchte, wenn sie Alkohol trank. Er zog an der Zigarette. Er war ganz ruhig, denn in ihm reifte ein Plan.

Als er aufgeraucht hatte, zündete er sich sofort die nächste Zigarette an. Er warf einen Blick auf die Uhr, die über der Küchentür hing, und sagte, er müsse noch in die Firma, drückte die angerauchte Zigarette aus und ging ins Badezimmer, um zu duschen. Als er das Bad verlassen wollte, stellte er fest, dass er die Badezimmertür gegen seine Gewohnheit abgeschlossen hatte. Sein Unterbewusstsein hatte offenbar bereits eine Entscheidung getroffen.

Sie verabschiedeten sich mit einem flüchtigen Kuss, bevor er die Wohnung verließ. Sie hatte keine Ahnung, was auf sie zukam. Es war das letzte Mal, dass sie ihn sah.

Er ignorierte ihre Anrufe. Nach einer Woche schrieb er ihr eine SMS, und sie verabredeten sich in seiner Wohnung. Er suchte Nicoles Sachen zusammen und packte sie in drei große Lidl-Tüten, die er nur zu diesem Zweck gekauft hatte.

An dem Tag, an dem er mit Nicole verabredet war, wurde ich eine handelnde Person in dieser Geschichte, und – so viel kann ich schon jetzt verraten – ich spielte keine Rolle, die mir angenehm war.

Ich freute mich wirklich, als Christoph mich anrief und fragte, ob ich am morgigen Nachmittag Zeit hätte.

»Klar«, sagte ich, denn wir hatten uns schon einige Wochen nicht mehr gesehen.

Wir trafen uns in einem Café in der Nähe seiner Wohnung. Nachdem wir bestellt hatten, umriss Christoph seine persönliche Situation. Ich nickte verständnisvoll, obwohl sein Verhalten für mich nach einer Kurzschlussreaktion klang. Irgendwie überzogen. Bevor ich jedoch etwas dazu sagen konnte, erklärte er: »Also, wir sind um vier bei mir verabredet.«

»Um vier?« Ich sah auf die Uhr. Jetzt war es halb vier, und ich begann zu begreifen, was der eigentliche Grund unseres Treffens war.

»Sag jetzt bitte nicht, dass ich da mitkommen soll!«

»Nein, nein, nein.« Christoph machte eine beruhigende Geste. »Ich wollte fragen, ob *du* für mich hingehen kannst.«

»Wie bitte?« Ich fragte mich, warum Christoph eine Geste machte, die beruhigend wirken sollte. Ich sollte ihn vertreten. Da hätte eine demütige Geste ja wohl eher gepasst.

»Das ist ja wohl ein Scherz«, sagte ich. Christoph sah mich ernst an. Es war kein Scherz. Es war eine Zumutung. »Aber ich hab die Frau doch noch nie gesehen«, wandte ich hilflos ein. »Ich kenn sie doch gar nicht.«

Es war der Griff nach dem letzten Strohhalm. Ich verfehlte ihn. Zehn Minuten später stimmte ich zu. Als Christoph mir seinen Wohnungsschlüssel gab, erklärte er mit einer Geste in Richtung meines Milchkaffees: »Ich zahl auch die Rechnung.«

Ich warf ihm einen Blick zu, der erzählen sollte, dass Schweigen jetzt die vernünftigere Variante war. Dann verließ ich das Café und begab mich zu einer der traurigsten Begegnungen meines Lebens.

Nicole war pünktlich. Und sie war unruhig. Ihr Blick war angespannt, als hätte sie sich viel vorgenommen. Sie brauchte einen Moment, um zu realisieren, dass ich nicht Christoph war. Es war der Moment, in dem ihre Gesichtszüge entglitten. Vielleicht nahm sie an, er hätte seinen Anwalt dazugebeten.

»Hi«, sagte ich in meiner Unsicherheit ein bisschen zu euphorisch, konnte aber den Schwung nicht mehr abbremsen, den ich genommen hatte, was dazu führte, dass ich meinen nächsten Satz fast sang.

»Ich bin der Michaeheeeel«, sang ich, während Nicole mir einen entsetzten Blick zuwarf. Um noch irgendetwas zu retten, bat ich sie mit einer entschlossenen Handbewegung herein.

Unser Treffen war nur kurz. Auf dem Küchentisch standen die vollgepackten *Lidl*-Tüten. Nicole schwieg. Sie stellte sich nicht einmal vor. Das war nachvollziehbar, sie hatte schließlich angenommen, sich mit Christoph zu treffen, um ernsthaft über ihre Beziehung zu sprechen. Stattdessen empfing sie in seiner Wohnung ein Fremder, der ihr drei vollgepackte *Lidl*-Tüten überreichte, und in dessen Blicken sie las, dass er sich in ihrer Beziehung besser auskannte als sie.

Sie tat mir leid. Das war kein fairer Weg, eine Beziehung zu beenden. Ich weiß nicht, was die beiden zusammengehalten hatte. Liebe schien es ja offensichtlich nicht zu sein, sonst hätte Christophs verletztes Ego ihn nicht dazu gebracht, sich so zu verhalten. Es war der Moment, in dem ich mir sicher war, dass die Art, wie Paare sich trennen, mehr über ihre Beziehung aussagt als die Beziehung selbst.

Aber es ist natürlich eine gute Frage, wie man sich am fairsten trennt. Trennungen sind in den meisten Fällen mit Verletzung verbunden, auch oder gerade wenn man sich wirklich geliebt hat. Die Frage muss also im Grunde genommen lauten: Wie verletzt man jemanden am fairsten?

Das Fairste ist natürlich ein Gespräch. Der Sinn des Gesprächs ist ja die Trennung. Es geht also darum, dem Partner verständlich zu machen, dass es nicht mehr funktioniert – auch wenn er sich ändern würde. Man braucht Argumente. »Du bläst zu selten« gehört nicht dazu. Man braucht schlüssige Argumente.

Meinem Freund Andreas ist das einmal passiert. Andreas sah das anfangs anders, aber rückblickend betrachtet war es das perfekte Trennungsgespräch: dramaturgisch perfekt inszeniert. Das musste es auch sein, denn Andreas und seine Freundin Eileen wohnten seit einem Jahr zusammen, und sie wollte schließlich, dass er schnell auszog.

Es begann mit einem einleitenden Satz, sozusagen der Ouvertüre. Ein Satz, der auch mir aus schmerzvoller Erfahrung bekannt ist.

»Ich weiß nicht, was ich will«, sagte Eileen.

Ich weiß nicht, was ich will!

Scheiße, ging es Andreas durch den Kopf. Er sah seine Freundin schweigend an und konnte aus irgendeinem Grund nur daran denken, dass sie als Hauptmieterin eingetragen war. So gesehen war das hier gerade der Rauswurf. Er schämte sich vor sich selbst, dass er so pragmatisch war. Wahrscheinlich verdiente er es, rausgeworfen zu werden. Und Gott hatte Eileen geschickt, um ihm das deutlich zu machen.

Dann fiel der Name Malte zum ersten Mal. Er gehörte zu dem Satz: »Malte sieht das genauso.«

Offenbar hatte Gott nicht nur Eileen geschickt.

»Wer ist denn Malte?«, fragte Andreas. Das war eine gute Frage, allerdings war er nicht sicher, ob er die Antwort hören wollte. Eileen sah ihn an, als wäre sie dankbar, dass er das Thema ansprach. Es war der Moment, in dem die Unruhe aus ihrem Blick verschwand, der Moment, in dem aus ihren betroffenen Sätzen gutgemeinte Sätze wurden. Und es war der Moment, ab dem sie von Andreas in der Vergangenheit sprach.

Etwas zog sich in ihm zusammen. Er begriff, dass sie gelogen hatte. Sie wusste genau, was sie wollte. Sie war weiter als er. Sie hatte das Kapitel Andreas abgeschlossen. Offensichtlich saß er gerade seiner Exfreundin gegenüber. Er dachte an den Wodka, der im Eisfach lag.

Sie sagte, sie habe das Gefühl, ihn nie richtig gekannt zu haben, das sei bei Malte ganz anders, bei dem könne sie sich fallen lassen. Eileen sprach über den Mann, als wäre er ein guter gemeinsamer Freund, mit dem sie beide viel verbanden. Malte schien in ihrem Leben bereits gegenwärtiger zu sein als er. Da war dieses Leuchten in ihren Augen und das Lächeln, das durchbrach, wenn sie den Namen erwähnte. Obwohl sie über ihre Beziehung sprachen, hatte Andreas das Gefühl, sie würden nur noch über Malte reden. Eileen setzte alles, was zwischen ihnen schiefgelaufen war, in einen Malte-Zusammenhang.

Sie sagte, sie sei sicher, dass er sie nie geliebt habe. Er war nicht in sie verliebt gewesen, sondern in die Vorstellung von Liebe, in seine Idee von ihrer gemeinsamen Zukunft. All das habe nichts mit ihr zu tun. Sie sei nur eine geeignete Projektionsfläche. Obwohl sie sich das einmal anders gewünscht habe. Sie habe in ihrer Beziehung immer das Gefühl gehabt, mit einem Single zusammen zu sein. Habe nie gewusst, wer er wirklich war.

Es waren Sätze, die eigentlich nicht zu ihr passten, dachte Andreas. Aber sie klangen, als hätte Eileen sie schon oft ausgesprochen – sie hatten diesen Rhythmus. Vermutlich war sie zusammen mit Malte zu diesen Schlüssen gekommen.

Dann sagte Eileen, dass ihre Eltern bereits nach den ersten Monaten ihrer gemeinsamen Jahre begonnen hatten, mögliche Nachfolger für Andreas zu suchen. Sie machten ihr fortwährend Vorschläge, welche Männer gut zu ihr passen würden. Sie waren offenbar nie auf seiner Seite gewesen. Es traf ihn ziemlich hart. Denn er hatte Eileen ja geliebt, und er hatte auch angenommen, ihr das gezeigt zu haben. Aber er hatte ja auch angenommen, sich gut mit ihren Eltern zu verstehen. Dann sagte Eileen, dass sie erst einmal bei Malte wohnen würde, bis Andreas eine neue Wohnung gefunden hätte. Er begriff, dass es zwecklos war, um sie zu kämpfen. Er sah sie hilflos an. Aber was sollte er auch sagen. Es war ja alles gesagt. *Sie* hatte alles gesagt. Er konnte nichts mehr hinzufügen, weil es nichts mehr zu sagen gab. Er begriff, dass sie inzwischen ein Leben führte, in dem er nicht mehr vorkam. Sie hatte ihn in ihre Vergangenheit einsortiert, ihn gewissermaßen abgelegt. In die Schublade mit dem Etikett »Männer an meiner Seite, die ich nie gekannt habe«. Als sie sich ihren Mantel anzog, ließ sie noch ein paar gutgemeinte Sätze fallen. Einer von ihnen war: »Wir können natürlich Freunde bleiben.«

Natürlich, dachte er. Das sagten sie ja immer. Und vermutlich meinte sie es sogar ernst. Sie meinte solche Dinge ja immer ernst. Wahrscheinlich würde sie gleich sagen, dass er sich mit Malte bestimmt sehr gut verstehen würde. Gott sei Dank sagte sie es nicht.

Sie verließ die Wohnung. Er war allein, und jetzt fühlte er sich auch so. Er trat ans Fenster und sah ihr nach, bis sie an der nächsten Kreuzung abbog. Glücklicherweise war Malte nicht zu sehen. Es wäre nicht gut gewesen, zu beobachten, wie Eileen unten vorm Haus einen Mann umarmte, der auf sie gewartet hatte, ihn küsste und sich eng umschlungen mit ihm entfernte in ein Leben, in dem Andreas keine Rolle mehr spielte. Er überlegte kurz, ihr zu folgen, aber das erschien ihm dann doch zu armselig. Er konnte nichts mehr retten, er konnte es nur noch schlimmer machen.

Andreas ist ein Freund von mir, aber objektiv gesehen hat Eileen alles richtig gemacht, oder sagen wir so: Eileen und Malte in beratender Funktion haben alles richtig gemacht. Es war alles drin. Ihre Argumentation war so schlüssig, dass Andreas letztendlich begriff, dass es keinen Sinn mehr haben würde, um sie zu kämpfen. Sie nahm ihm die Hoffnung.

Sie hat alles richtig gemacht, und trotzdem frage ich mich, was Eileens Art, sich von Andreas zu trennen, über ihre Beziehung aussagt.

Ist das Liebe, oder kann das weg?

Ich kenne einen Mann in meinem Alter, der mich mit einem gequälten Ausdruck ansieht, wenn ich ihn frage, wie es seiner Freundin geht.

»Was soll man da sagen«, antwortet er, und es klingt wie: »Können wir nicht einfach mal über etwas Vernünftiges reden? Über Fußball vielleicht?« Dann wechselt er schnell das Thema.

Er weicht aus.

Man darf das jetzt nicht falsch verstehen, es ist nicht so, dass er unter seiner Beziehung leidet. Die Frau ist kein Monster. Es liegt an ihm. Er spricht ungern über seine Freundin, denn soweit ich das einschätzen kann, gehört er zu den Menschen, die ihre momentane Beziehung als Übergangslösung ansehen. Vielleicht spricht Erik ungern über seine Freundin, weil er annimmt, dass ein Gespräch über sie eine mögliche Perspektive mit ihr mit einschließt. Und davor fürchtet er sich.

Man muss dazu sagen, dass Claudia gar nicht geplant war, Eriks ursprünglicher Ansatz sah keine Frau vor. Als sich seine letzte Freundin vor ungefähr drei Jahren von ihm trennte, beschloss er, nicht mehr zu suchen. Er wollte abwarten. Auf die Richtige warten.

»Wenn man sucht, klappt's doch sowieso nie«, sagte er. Aber dann kam Claudia irgendwie dazwischen. Erik war nicht in sie verliebt, er verstand ihre Beziehung eher als eine andere Art des Abwartens. Das war nicht unbedingt fair, aber er war nicht so allein.

Und darum ging es wohl. Nicht so allein zu sein.

Tja.

Mit dem Alleinsein ist es ja so eine Sache. In einer Szene des Films *Heat* wird Neil McCauley, der von Robert De Niro gespielt wird, gefragt, ob er einsam ist. McCauly erwidert knapp: »Ich bin allein, ich bin nicht einsam.«

In dieser Szene ist mir der Mann sehr nah, denn er spricht von der Freiheit des Alleinseins. Eine Freiheit, die sehr verführerisch sein kann. Man muss keine Kompromisse machen, man muss auf niemanden Rücksicht nehmen. Man muss nur aufpassen, dass man sich nicht zu sehr in ihr einrichtet.

Es ist allerdings eine Freiheit, die vielen Menschen fremd ist, weil sie nicht zwischen Alleinsein und Einsamkeit unterscheiden. Sie empfinden diese Freiheit als Last. Sie müssen immer von Menschen umgeben sein, um nicht mit sich allein zu sein. Es fällt ihnen schwer, sich mit sich selbst zu beschäftigen, was vielleicht auch daran liegt, dass das schnell langweilig wird.

Anfang des Jahres habe ich mich mit einer Frau getroffen, die mir erzählt hat, dass sie in den vergangenen vierzehn Jahren einen Monat lang Single war – aufgerundet. Sie war neunundzwanzig. Seit sie fünfzehn war, sprang sie von einer Beziehung in die nächste. Sie kam nie zur Ruhe. Offen gestanden fand ich das ein wenig beängstigend, denn unser Treffen war ein Date.

»Seit wann bist du eigentlich wieder Single?«, fragte ich so beiläufig wie möglich.

»Warte mal.« Sie schien kurz nachzudenken. »Ja, seit letztem Donnerstag.«

Seit letzten Donnerstag? Das war jetzt fünf Tage her.

Fünf Tage sind keine lange Zeit. Nach einer Trennung sollte man sich Zeit nehmen, bevor man sich auf eine neue Beziehung einlässt. Man braucht Zeit, um seine Gefühle zu sortieren, um abzuschließen. Aber sie sah das anders. Ich sah es an ihrem Blick, der jetzt irgendwie fiebrig wirkte. Der Countdown lief.

»Fünf Tage!«, hämmerte es wahrscheinlich gerade in ihrem Kopf. »Verdammte Scheiße, jetzt sind es schon fünf Tage.«

Wenn ich mit einer Frau wie ihr zusammen wäre, würde ich mich irgendwie austauschbar fühlen. Als hätte sie beschlossen, sich in mich zu verlieben. Als wäre es keine Liebe, sondern eine Frage der Gewohnheit.

Ich weiß aus eigener Erfahrung nur zu gut, wie schwer es fällt, sich einzugestehen, dass aus einer Verliebtheit die Gewohnheit geworden ist, in einer Beziehung zu leben. Es ist der Schlüsselmoment in Beziehungen. Wenn die anfängliche Verliebtheit vorbei ist, wird aus ihr Liebe oder Gewohnheit. Und weil es einfacher ist, festzuhalten als loszulassen, können solche Beziehungen trotzdem jahrelang funktionieren. Manche Beziehungen halten unter diesen Voraussetzungen ein Leben lang.

Denn vielen geht es gar nicht um ein Gefühl, es geht ihnen um einen Zustand. Sie wollen in einer Beziehung sein. Sie wollen nicht allein sein. Ich glaube, dass viele Beziehungen so funktionieren. Sie sind eine lange Gewohnheit. Manchmal glaube ich, dass solche Beziehungen sogar am ehesten Bestand haben. Die Ansprüche sind nicht so hoch.

Vor einigen Jahren habe ich eine Frau namens Bianca während eines gemeinsamen Abendessens gefragt, ob sie ihren Freund liebe. Bianca dachte einen Moment nach, bevor sie die Frage beantwortete. »Ich denke, schon.«

Ich denke, schon. Aha.

»Ich denke, schon« ist keine Antwort, mit der man eine funktionierende Beziehung beschreibt. »Ich denke schon« gibt einem die Möglichkeit, die Reste einer Beziehung zu umschreiben. Biancas Antwort überraschte mich nicht. Ich habe ihren Freund nie kennengelernt, aber nach ihren Schilderungen war er ein emotionaler Grobmotoriker. Wenn er über seine Gefühle zu ihr sprach, klang es, als würde er über die Gefühle eines gemeinsamen Bekannten sprechen, erzählte sie. Das klang schon sehr hart. Wenn ich meine Freundin mit solchen Sätzen charakterisieren würde, würde ich von unserer Beziehung in der Vergangenheit sprechen. Allerdings wäre das auch der Fall, wenn ich meine Gefühle für sie mit »Ich denke schon« beschreiben würde.

Aber für Bianca war es ein »Ich denke, schon«, in dem sie sich auskannte. Etwas Sicheres. »Bringt er dich zum Lachen?«, fragte ich, weil ich den Eindruck hatte, dass es irgendwie passte. Die Frage stellt George Clooney Julia Roberts in dem Film *Ocean's Eleven*. Julia Roberts entgegnet: »*Manchmal* bringt er mich zum Lachen«, und irgendwie hatte ich auch von Bianca diese Antwort erwartet. Aber sie sah mich nur verständnislos an.

Dann sagte sie: »Wir ergänzen uns.«

Tja. »Wir ergänzen uns« klingt wie »Ich denke, schon«.

Aber sie verstanden sich ja gut, sagte sie. Als sie vor zwei Jahren drauf und dran war, ihn zu verlassen, hatte er sie gebeten, sich nicht während der Prüfungsphase seines Studiums von ihm zu trennen. Sie war darauf eingegangen. Genau genommen umschrieb auch diese Bitte ihre Beziehung ziemlich gut. Und leider passte auch ihre Reaktion dazu.

Ihr Freund tat mir irgendwie leid, sogar mehr als sie selbst. Wahrscheinlich liebte er sie. Auf seine Art liebte er sie. Das war es wohl, was sie zusammenhielt. Andere Beziehungen halten aus belangloseren Gründen ein Leben lang, und so wie es aussah, würde auch Biancas Beziehung ein Leben lang halten.

Es war eine vernünftige Beziehung. In der Rechtssprache gibt es den Begriff »Bedarfsgemeinschaft«, und besser kann man es wohl nicht zusammenfassen. Auch weil die juristische Rhetorik ohne Emotionen auskommen muss.

So kann man auch leben, dachte ich, und daran lag es wohl, dass ich sie fragte, ob sie sich vorstellen könnte, Kinder mit ihrem Freund zu haben.

»Ich bin neunundzwanzig Jahre alt«, rief sie entrüstet. »Ich höre die Uhr noch nicht ticken.«

Ab einem gewissen Alter werden Frauen natürlich pragmatischer, und zwar, wenn sie die biologische Uhr ticken hören. Wenn sie beschließen, dass der Mann, mit dem sie gerade zusammen sind, der Vater ihrer Kinder sein wird, weil sie inzwischen in dem richtigen Alter sind.

Als ich letztens meinen ehemaligen Kollegen Marco fragte, wie es seiner Freundin ginge, erwiderte er irgendwie abwesend: »Ja, gut.« Dann sagte er nach einem kurzen Zögern: »Wir hatten ja letztens ein interessantes Gespräch – zum Thema Kinder.«

»Ah«, machte ich.

Marco nickte vielsagend. Dann sagte er hilflos: »Sie hat mir ein Ultimatum gestellt. Sie ist jetzt einunddreißig, mit dreiunddreißig will sie Mutter sein. Sie hat mir drei Monate Zeit gegeben, mich zu entscheiden.«

»Wie bitte?«, fragte ich.

»Ich weiß nicht mal, ob ich überhaupt Kinder will«, sagte Marco. »Also, ich hab keine Zeit für Kinder. Ich arbeite so viel, dass ich verlernt habe, mit meiner Freizeit umzugehen. Kennst du das? Also, ich weiß nicht. Kinder. Da musst du dein ganzes Leben umstellen, und weißt du, wie so ein Familienleben aussieht? Du buchst einmal im Jahr einen zweiwöchigen Spanienurlaub, mietest ein Ferienhaus am Arsch der Welt und hast dann etwas, worauf du dich das ganze Jahr freuen kannst.«

Alles klar, dachte ich. Das klang nach einem klassischen Zielkonflikt. »Du willst also keine Kinder?«, fragte ich.

»Vielleicht mit siebenundachtzig. Dann werd ich mit einer Fünfundzwanzigjährigen einen Sohn zeugen, und bevor ich ein paar Jahre später sterbe, bin ich meiner biologischen Verantwortung gerecht geworden.«

Oh, dachte ich. Er hat keine Ahnung von Frauen, weil er keine Ahnung von Gefühlen hat.

»Hast du ihr das so gesagt?«, fragte ich.

»Na ja«, wand sich Marco. »Also nicht mit diesen Worten.«

»Und was ist in drei Monaten, dann trennt ihr euch, oder was?«

»Ach Scheiße, ich weiß ja, dass sie mich liebt, aber was bedeutet das schon. Es ist eine Altersfrage. Es ist ein Zufall, dass wir gerade jetzt zusammen sind. Das hat nichts mit mir zu tun. Ich bin eben im richtigen Moment da. Wäre sie jetzt mit einem anderen zusammen, würde sie von *ihm* ein Kind wollen. Es geht doch gar nicht um mich. Wenn wir uns trennen, sucht sie sich einen anderen und ist dann eben ein halbes Jahr später schwanger.«

Ich war mir nicht sicher, welcher Gesichtsausdruck jetzt angemessen war. Ich versuchte es mit einem zweifelnden Lächeln. Dann wechselte ich schnell das Thema.

Marco würde in drei Monaten wieder Single sein, was vielleicht das Beste war, das seiner Freundin passieren konnte. Er befand sich also ebenfalls in einer Übergangsphase. Wie Erik.

An einem anderen Abend habe ich gelernt, dass auch eine abwartende Beziehung eine Gefahr birgt. Die Gefahr, sich in diesem Zustand einzurichten. Erik und ich trafen uns um 19.30 Uhr in der *Goldfischbar* in Friedrichshain. Er bestellte einen Mai Tai, ich einen Gin Tonic. Erik war vollkommen fertig. Claudia hatte ihn verlassen. Sie war sein Kompromiss der letzten Jahre, sie war seine Über-gangslösung, und jetzt war sie weg.

Unglücklicherweise hatte er sich im Laufe der Jahre an ihre Beziehung gewöhnt. Eine Gewohnheit, die ihm jetzt den Boden unter den Füßen wegzog. Sie waren drei Jah-re zusammen gewesen. Erik schüttete mir sein Herz aus, während er drei Mai Tai trank. Ein Mai Tai ist ein wirk-lich harter Cocktail, aber Erik hatte das nötig. Wir redeten sechs Stunden lang, aber letztlich lassen sich diese sechs Stunden wohl folgendermaßen zusammenfassen: Erik wollte seine Gewohnheiten nicht ändern. Er wollte zu ih-nen zurückkehren, in einen Kompromiss, in den er nicht mehr zurückkonnte.

Jetzt ging es erst einmal darum, dass er wieder bei sich selbst ankam. So lange konnte das ja nicht dauern. Es würde ihm ein paar Wochen lang schlechtgehen, oder ein paar Monate, und irgendwann würde es aufhören, wenn es gut lief, von einem auf den anderen Tag. Ich sah ihn traurig an, bevor ich dem Barkeeper mit der Hand ein Zeichen gab und die Rechnung verlangte.

Wenn man zu viele Kompromisse macht, muss man aufpassen. Sonst stellt man irgendwann fest, dass das ganze Leben zu einem Kompromiss geworden ist.

Aber wie gesagt, so kann man auch leben.

Es geht.

Irgendwie geht ja schließlich alles.

Weil da niemals etwas war

Ich finde es immer wieder erstaunlich, wie gut man anderen Ratschläge geben kann, wenn sie unglücklich verliebt sind, und wie hilflos man ist, wenn es einen selbst betrifft. Das ist natürlich einfach zu erklären. Wenn man unglücklich verliebt ist, fehlt der nötige Abstand, um die Dinge objektiv beurteilen zu können. Man steckt zu sehr drin.

Darum treffe ich mich seit einigen Monaten ziemlich oft mit Martin, um mit ihm sehr lange und sensible Gespräche zu führen.

Denn Martin ist unglücklich verliebt, in Jessica.

Ich habe Jessica nie getroffen, aber inzwischen glaube ich, dass ich sie auch nicht unbedingt treffen möchte. Ich bin nicht mehr in der Lage, mich ihr unvoreingenommen zu nähern, oder sagen wir es so: Ich hasse sie, weil sie mir seit zwei Monaten meine Abende versaut.

Martin begegnete ihr im letzten Sommer. Jessica hatte damals einen Freund, aber so wie es aussah, würde ihre Beziehung bald zerbrechen, denn es war eine unglückliche Beziehung. Jessica war in der Trennungsphase, nach ihren Erzählungen zu urteilen bereits seit einem halben Jahr. Jessica brauchte nur noch einen Auslöser für die endgültige Entscheidung, sich zu trennen. Sie brauchte Hilfe. Diese Hilfe lernte sie auf einer Geburtstagsfeier kennen. Es war eine Hilfe, die Martin hieß.

Nun ja.

Martin tat das, was ihr Freund eigentlich hätte tun müssen: Er war für Jessica da. Er redete mit ihr, stundenlang besprach er ihre Beziehung mit ihr, und dann verliebte er sich in sie. Ihre Gespräche und die viele Zeit, die sie miteinander verbrachten, gaben ihm das Gefühl, sie würden im gleichen Rhythmus leben. Als Jessica ihren Freund verließ, zerfiel das, was Martin für ihre gemeinsame Welt hielt, wieder. Ich bezweifle, dass er es überhaupt mitbekam. Er hatte ihr geholfen, sich von ihrem Freund zu lösen. Mehr war da nicht.

Das war jetzt drei Monate her.

Es gibt einen wunderbaren Song von Farin Urlaub, der *Niemals* heißt und von Martin und Jessica handelt. Es ist ihr Lied. Der Refrain lautet: »Doch mir ist klar, dass da niemals etwas sein wird, weil da niemals etwas war.« Besser lässt sich ihre Beziehung nicht zusammenfassen. Ich bin nur nicht sicher, ob Martin das weiß. Zum einen, weil der Protagonist in Urlaubs Lied schon weiter ist als Martin, er hat schließlich erkannt, dass seine Liebe aussichtslos ist – und zum anderen, weil Jessica Sätze sagte wie: »Ich würde so gern mit dir zusammenkommen. Aber nicht jetzt. *Noch* nicht.«

Ein »noch« impliziert Hoffnung, wo keine Hoffnung zu finden ist.

Man muss die Textzeilen aus dem Farin-Urlaub-Song für Martins Situation ein wenig modifizieren. Nicht allzu sehr, es ist nur ein Wort: »Doch mir ist *nicht* klar, dass da niemals etwas sein wird, weil da niemals etwas war.«

Tja.

Man sagt ja, dass man sich keine Sorgen machen soll, wenn sich Freunde nicht melden, meistens bedeutet es, dass es ihnen gutgeht. Wenn das zutrifft, steht es um Martin sehr schlecht. Wir telefonieren sehr oft, und es kommt vor, dass wir uns viermal in der Woche treffen, um über Jessica zu reden. Langsam spüre ich, dass ich mich nicht mehr mit dieser Frau beschäftigen möchte, die ich nicht kenne und die ich auch nicht kennenlernen möchte, weil sie mir nicht sympathisch ist. Inzwischen nimmt sie durch die Gespräche mit Martin viel Raum in meinem Leben ein, wie ein Partygast, den man nie einlädt und der trotzdem immer da ist und sich danebenbenimmt.

Die Frau wird mir lästig.

Ich kann in meinem Urteil schon ziemlich hart sein, wenn es um Probleme dieser Art geht. Ich glaube, dass man sich immer fragen sollte, ob es einem mit oder ohne die Frau bessergeht, nach der man sich sehnt. Ob sie einem guttut. Das klingt einfach und auch schlüssig, aber so einfach ist es dann doch nicht.

Denn mit Ratschlägen ist es ja so eine Sache. Wenn man unglücklich verliebt ist, unterhält man sich nicht mit seinen Freunden über die unerfüllte Liebe, damit sie einem Argumente dagegen liefern. Man will bestätigt werden. Sie sollen einem Hoffnung geben. Und weil ich nicht sicher war, ob Martin bereit für diese Wahrheit war, hielt ich mich ihm gegenüber noch zurück – bis gestern.

Als wir uns gestern Abend trafen, um auszuwerten, warum Jessica die SMS, die er ihr am Morgen geschickt hatte, immer noch nicht beantwortet hatte, spürte ich, dass es so weit war. Es war Zeit für die Wahrheit.

Ich nahm mir vor, behutsam zu beginnen.

»Was reizt dich eigentlich an der Frau?«, fragte ich.

Martin sah mich an und schwieg ratlos. Er wusste es nicht. Das war der Moment, in dem ich begriff, dass seine Gefühle gekippt waren. Es ging nicht mehr um Jessica, es ging nur noch darum, dass sie »ja« sagte. Selbst wenn sie sich für ihn entschied, würde er nicht aus Liebe mit ihr zusammenkommen, die hatte sie in den letzten drei Monaten zerstört. Er würde aus Genugtuung mit ihr zusammenkommen. Das wäre alles, und das ist ja nicht unbedingt die beste Voraussetzung für eine Beziehung.

»Es ist ihre Unerreichbarkeit, die dich reizt«, sagte ich. »Mehr nicht. Eigentlich geht's doch nur noch um dein verletztes Ego.«

»Na ja«, sagte Martin langsam und schüttelte hilflos den Kopf.

»Und außerdem spielt die Frau doch nur mit dir.«

Martin machte eine abwehrende Geste: »Sie spielt nicht mit mir, sie weiß einfach nicht, was sie will«, sagte er mit entschiedenem Tonfall.

»Ach ja«, lachte ich. »Stimmt ja.«

Ich weiß nicht, was ich will. Ein Satz, der diplomatisch umschreibt, dass man einfach nicht interessiert ist, und mit dem man den anderen in Reichweite hält. Schließlich verletzt es nicht gerade unsere Eitelkeit, begehrt zu werden.

»Also, ich kenne Jessica ja nicht«, sagte ich. »Aber wenn eine Frau sich nicht meldet, ist sie in der Regel nicht interessiert. Eine Frau, die es dir schwermacht, steht einfach nicht auf dich. Und Jessica will einfach nicht. Die gibt dir keine Abfuhr, weil sie sich geschmeichelt fühlt. Viele Frauen sind so. *Das* bedeutet »Ich weiß nicht, was ich will«.

Martin wackelte unsicher mit dem Kopf.

»Sobald du anfängst zu grübeln«, sagte ich, »und dich nicht traust, sie anzurufen, weil sie sowieso nicht zurückruft, kannst du's vergessen. Da kannst du nächtelang spekulieren oder Strategien aufstellen, wie du dich am geschicktesten verhältst – es bringt einfach nichts. Denk nicht mehr drüber nach, und interpretier nicht tausend Dinge in diesen einen Satz hinein.«

Puh, dachte ich. Ich hatte gerade eine kleine emotionale Rede gehalten.

Martin machte eine entschuldigende Geste und sagte mit einem Lächeln: »Ich bin eben ein Romantiker.«

»Ja, du bist ein Romantiker«, lachte ich, »in der kurzen Phase, bevor er zum Besessenen wird.«

»Klar«, sagte Martin und lachte ebenfalls.

Wir hatten die Situation aufgelöst, wir waren dem Problem mit Humor ausgewichen. Ich hatte mich getäuscht. Martin war noch nicht so weit. Wenn wir uns verabschiedeten, würde er einen anderen Freund anrufen, damit der ihm neue Hoffnung gab. Ich war nicht mehr der richtige Ansprechpartner.

Warum einfach, wenn es auch kompliziert geht? Es gibt so viele Regeln, die man beim Kennenlernen beachten muss. Manchmal habe ich das Gefühl, wir haben uns in einem Regelnetz verfangen. Es ist ein Spiel. Ein Spiel, dessen Regeln man zwar kennt, das man aber trotzdem nicht beherrscht.

Zwei Menschen begegnen sich, sind sich sympathisch und finden sich attraktiv. Sie kommen zusammen. Das klingt einfach. Es ist allerdings das Einfache, das schwer zu machen ist, denn wir können irgendwie nicht aus unserer Haut, warum auch immer.

Ich kenne da ein sehr gutes Beispiel.

Denn wenn ich heute an die Gespräche mit Martin denke, fällt mir ein, dass ich einen Mann kenne, der gut zu Jessica passen würde. Ein Mann, dessen Einstellung mit Jessicas Verhalten harmoniert.

Dieser Mann bin ich.

In meinem Freundeskreis gelte ich als ein Mann, dessen Interesse an Frauen von Kleinigkeiten entschieden wird.

»Du siehst immer nur die Fehler«, werfen mir meine Freunde in regelmäßigen Abständen vor. »Du musst dich auch mal auf eine Frau einlassen«, sagen sie, und sie haben in gewisser Weise recht. Allerdings ist das ein Missverständnis. Es sind nicht die Kleinigkeiten, die mich stören. Die Kleinigkeiten sind nur ein Vorwand.

Vor ungefähr einem Jahr traf ich mich mit meiner guten Freundin Anna, weil ich seit einiger Zeit unglücklich in eine Frau verliebt war, deren Haltung Jessicas »Ich weiß nicht, was ich will« sehr ähnlich war. Es war gewissermaßen eine gespiegelte Variante der Unterhaltung, die ich mit Martin geführt habe. Und genau wie Martin wollte ich Zuspruch, ich wollte, dass Anna mir Hoffnung gab. Allerdings war auch sie inzwischen an jenem Punkt, an dem ich gestern in der Unterhaltung mit Martin ankam. Wir hatten einfach schon zu viel Zeit damit verbracht, über die Geschichte zu reden. Wir bewegten uns seit Wochen im Kreis.

Es reichte.

»Bei eurem ersten Date hat sie dir doch gesagt, dass sie ein gestörtes Verhältnis zu Männern hat«, erinnerte mich Anna.

Ich nickte.

»Tja«, sagte sie: »Du hättest ihr glauben sollen. Die Frau hat 'ne Macke.«

Ich nickte, obwohl ich irgendwie das Gefühl hatte, dass unser Gespräch gerade in eine Richtung lief, in der nicht allzu viel Hoffnung zu erkennen war. Aber es wurde noch schlimmer.

»Das ist generell die Gefahr, die ich bei dir sehe«, erklärte Anna. »Du bist ein extremer Jäger, du willst erobern, und sobald du deine Beute erlegt hast, verlierst du das Interesse. Du bist kein Sammler, du bist nur Jäger: Du willst auf

Granit beißen, genau das reizt dich. Ich glaube, du kannst gar nicht verliebt sein, ohne dass da Leid im Spiel ist.«

Das ist natürlich dramatisch formuliert, aber was soll ich sagen, Anna hatte recht. Ich verliebe mich fast ausschließlich in Frauen, die außer Reichweite sind. Ich spreche nicht von Attraktivität, eher vom falschen Zeitpunkt. Frauen, die in einer Beziehung sind oder die noch nicht bereit für eine Beziehung sind, weil sie eine schwere Trennung hinter sich haben. Diese Dinge. Je unerreichbarer Frauen sind, desto interessanter werden sie für mich. Ich muss das Gefühl haben, um eine Frau zu kämpfen. Ich brauche ein gewisses Maß an Leid.

»Das wird für dich immer ein Problem sein«, erklärte Anna. »Sobald du eine Frau triffst, um die du nicht kämpfen musst, bist du gelangweilt.«

»Na ja«, sagte ich langsam und schüttelte hilflos den Kopf.

Das war die Wahrheit, aber offensichtlich war ich noch nicht dafür bereit. Ich befand mich noch in der erkenntnisresistenten Phase. Anna war nicht mehr die richtige Ansprechpartnerin für mich.

»Weißt du, was ich dir gönnen würde?«, sagte sie, als wir uns zum Abschied umarmten. »Dass du dich mal in eine Frau verliebst, obwohl du merkst, dass da kein Widerstand ist. Aber du verliebst dich nur in Frauen, die das kultivieren.«

Ich nickte mechanisch, ich war ja schließlich von einem konkreteren Problem abgelenkt: Ich überlegte bereits, welchen meiner Freunde ich anrufen könnte, um mit ihm über meine unglückliche Liebe zu reden.

Wer mir neue Hoffnung geben könnte.

Wie gesagt, solange es einen nicht selbst betrifft, gibt man die souveränsten Ratschläge in Liebesdingen. Aber sobald es einen betrifft, wird man zu einem anderen Menschen, zu einem unbedarften, naiven und hilflosen Teenager, der seinen Gefühlen gnadenlos ausgeliefert ist. Auch mit Ende dreißig.

Es ist schon erstaunlich.

Es ist nie zu spät für eine glückliche Kindheit

Am letzten Mittwoch war ich zu einem Abendessen in der Wohnung eines Freundes eingeladen, der vor drei Jahren Vater geworden ist. Ich war nicht der einzige Gast. Wir waren zu neunt, oder sagen wir so, die anderen waren zu acht, und ich war auch noch da.

Wir waren in einem Alter, aber das heißt ja nichts, wir sprachen irgendwie nicht dieselbe Sprache. Das lag wohl auch daran, dass abgesehen von mir nur Paare anwesend waren, oder, um es präziser zu sagen: Ich war von Eltern umgeben.

Das hier war kein Pärchen-Abend, es war ein Elternabend.

Unter solchen Umständen sind die Themen ja schon vorgegeben. Themen, bei denen ich nur in Ausnahmefällen mitreden kann. Mir fehlen schließlich gewisse Erfahrungswerte.

Obwohl ich als kommunikativer Mensch gelte, gibt es Gespräche, in denen ich ab einem gewissen Punkt nur noch der Schweiger bin. Dieser Punkt war bereits erreicht, als der erste Gang serviert wurde. Ich beteiligte mich mit verständnisvollen Blicken an der Unterhaltung, diese Art verständnisvoller Blicke, in die sich auch Zustimmung mischt.

Es ging um Waffelnachmittage, musikalische Früherziehung in französischer Sprache und internationale

Schulen in Berlin. Julia, die Freundin unseres Gastgebers, erzählte, sie habe die Kita ihres Kindes beim Gesundheitsamt angezeigt, weil einige Eltern vermuteten, dass alle Kinder mit demselben Waschlappen gewaschen wurden.

»Morgen macht sich das Amt ein genaues Bild von der Situation«, sagte Julia bestimmt.

Sie war mir nie sehr sympathisch gewesen, aber ich spürte, dass sie mir gerade noch unsympathischer wurde. Ich blickte in die Runde, alle nickten zustimmend. Ich war hier offensichtlich auf der falschen Party.

In der darauffolgenden Stunde fiel mir auf, dass es einen Begriff gab, der in den Gesprächen meiner Tischnachbarn am häufigsten fiel, und zwar das Wort »hochbegabt«. Das hatte gute Gründe. Es war das meistbenutzte Wort des Abends, weil es offenbar auf die Kinder aller Anwesenden zutraf.

Ein Lehrer hat mir einmal erzählt, dass dieser Begriff ein gutes Argument ehrgeiziger Eltern ist, Lehrer für schlechte Leistungen ihrer Kinder verantwortlich zu machen.

»Wenn ein Kind früher mit schlechten Zensuren nach Hause gekommen ist, hatte es ein Problem«, erklärte er. »Heute hat der Lehrer ein Problem.«

Ich überlegte, mich mit diesem Denkanstoß in die Diskussion einzubringen, entschied mich jedoch dagegen. Ich hätte keine Chance gehabt. Ein Gedanke, der mich irgendwie beunruhigte.

Dann wurde die Situation noch ein wenig beunruhigender.

Das lag an meinem Tischnachbarn, der Frank hieß. Neben ihm saß seine Frau Ariane, die wie er sehr bestimmt sprach. Glücklicherweise nicht mit mir, eine fünfminütiges Gespräch mit der Frau hätte mich wahrscheinlich vollkommen eingeschüchtert.

Die beiden waren die Eltern von Jonas, und sie waren *sehr* ehrgeizige Eltern. Frank hatte mir gerade mit eindringlicher Stimme erklärt, dass er Wert darauf legte, dass Jonas seine Dissertation in englischer Sprache verfasste.

»Psychologie«, sagte er.

Ariane nickte zustimmend und fügte hinzu: »Die Karriere beginnt ja schon im Vorschulalter. Stichwort: bilingualer Kindergarten.«

»Ah«, sagte ich vorsichtig, denn das war der Moment, in dem ich meinen verständnisvollen Blick gern in einem Spiegel überprüft hätte. Ich war mir nämlich nicht so sicher, ob die Fassungslosigkeit mir ins Gesicht geschrieben stand. Vorsichtshalber senkte ich meinen Blick und betrachtete aufmerksam meine Hände. Das war die nachdenkliche Geste. Die beste Geste, um Zeit zu schinden.

Man muss dazu sagen, dass der Junge fünf Jahre alt ist. Fünf Jahre! Und seine Eltern planen bereits seine Doktorarbeit.

Das klang nicht unbedingt nach einer glücklichen Kindheit. Es blieb nur zu hoffen, dass Jonas nicht an den Erwartungen seiner Eltern zerbrach. Frank und Ariane hatten einen Plan entworfen, und sie wollten ihn durchziehen, ohne Rücksicht auf Verluste. Wenn sie nicht gerade dabei gewesen wären, das Leben ihres Sohnes zu versauen, hätte ich womöglich Mitleid für sie empfunden.

Vielleicht sollte ich mit Mozart anfangen. Wolfgang Amadeus Mozart war ja, nachdem er von seinem ehrgeizigen Vater jahrelang geradezu dressiert wurde, mit fünfunddreißig Jahren gestorben. Mir fiel ein, dass Michael Jackson, dessen familiäre Situation der von Mozart nicht unähnlich war, immerhin die fünfzig geschafft hatte. Die Halbwertszeit hatte sich offenbar erhöht. Unter Umständen lief bei Jonas ja alles gut, und er wurde sechzig. Aber so wie es aussah, würden es wohl unglückliche sechzig Jahre sein.

Ich konnte mir lebhaft vorstellen, dass Frank und Ariane genauso auffällig mit ihrem Kind sprachen wie manche Eltern, die man in der Innenstadt beobachten kann: Sie sprechen mit ihren Kindern wie mit Erwachsenen, auch wenn sie noch im Vorschulalter sind. Das erinnert mich immer an die Serie *Dawson's Creek*, in der Sechzehnjährige Gespräche führten, als hätten sie einen Doktor in Philosophie und einen zweiten in Psychologie. Sicherlich war das Franks Ideal.

Ich kam mir vor wie in einer dieser amerikanischen Komödien. Nur dass niemand lachte. Ich überlegte einen Moment lang, dem Mann ins Gesicht zu schreien, dass er als Mensch und Vater versagte, damit er endlich aufwachte.

Was wäre, wenn sie den Jungen auf eine Waldorf-Schule schicken würden? Ich bin mir zwar nicht sicher, was von dem Waldorf-Konzept zu halten ist, aber dort würde der Junge lernen, seinen Namen zu tanzen, und womöglich hatte das ja auch eine therapeutische Wirkung auf seine Eltern.

Frank ist einundvierzig Jahre alt, zwei Jahre älter als seine Frau. Manchmal denke ich, mit dem Kinderkriegen ist es wie mit der Suche nach einem Partner. Mit wachsendem Alter wachsen auch die Ansprüche, und die Kompromisslosigkeit schwindet. Für viele Eltern ist ihr Nachwuchs heute eine Art Projekt. Man hat sich Regeln aufgestellt. Man hat einen Plan, von dem man nicht abweicht. Alles muss möglichst perfekt sein. Wie bei der Suche nach einer Traumfrau, die es ja so nicht gibt. Aber im Gegensatz zu einer idealisierten Traumfrau ist das eigene Kind eben echt.

Ich saß an dem großen Tisch in der Wohnung meines Freundes, und die Worte »hochbegabt« und »bilingual« wirbelten in meinem Kopf herum, so dass mir fast ein bisschen schwindelig wurde.

Als ich eine Hand an meinem Arm spürte, zuckte ich zusammen. Es war die Hand unserer Gastgeberin.

»Willst du Paul mal sehen?«, fragte sie.

»Klar«, sagte ich zögernd. »Gern.«

Ich erhob mich und folgte ihr.

Erst jetzt fiel mir auf, dass ich ihren Sohn bisher noch gar nicht gesehen hatte. Das Einzige, was ich von ihm kannte, war sein Name.

Ich meine, Paul ist ja ein schöner Name, aber Paul Poschmann?

Das klang wie die tragische Figur in einer deutschen Soap Opera, wie die Rolle des ewigen Verlierers, dem man ansah, dass lange niemand mehr zärtlich zu ihm war. Paul Poschmann reimte sich auf »Den lassen die Frauen nicht ran«.

Paul würde in einigen Jahren zur Schule kommen und dort von seinen Mitschülern ausgelacht werden. Wenn er von der Art her nach seiner Mutter kam, würden sie ihn auch noch verprügeln. Er hätte keine Chance. Er hatte verloren. Schon jetzt. Dabei war er noch nicht mal drei Jahre alt. Er würde der Außenseiter sein, der Verlierer, mit dem niemand etwas zu tun haben wollte. Und er würde seine Eltern für diesen Namen hassen.

Paule Poschmann, du wirst sie hassen, dachte ich, als ich Julia durch den langen Flur folgte. Ich verstand diesen Hass schon jetzt. Ich war auf seiner Seite. Und bei dieser katastrophalen Prognose war Paul ja praktisch darauf angewiesen, dass jemand auf seiner Seite war.

Kurz spielte ich mit dem Gedanken, mich als Patenonkel anzubieten, aber das hätte wohl ein bisschen zu weit geführt.

Im Kinderzimmer lag Paul in seinem Bett und schlief. Julia beugte sich zu ihm hinunter und küsste ihn auf die Stirn. Sie wirkte gerade sehr verletzbar. Sie passte überhaupt nicht zu der bestimmten Frau, die die Kita ihres Sohnes beim Gesundheitsamt angezeigt hatte. Ganz kurz hatte ich das Gefühl, sie nie wirklich gekannt zu haben. Ich betrachtete die beiden mit einem merkwürdigen, schwer zu beschreibenden Gefühl. Es war eine Mischung aus Melancholie und Aufbruchsstimmung, was ja eigentlich gar nicht zusammenpasst – eine Ahnung, wie es sein könnte, selbst Vater zu sein.

Ich wollte etwas sagen, aber Julia legte lächelnd einen Finger auf ihren Mund und schob mich behutsam aus dem Zimmer.

Als ich das Wohnzimmer betrat, hallte das Gefühl noch in mir nach. Wie nach einem guten Film, den man im Kino gesehen hat. Nach einem dieser Filme, bei denen man sich noch den Abspann ansieht. In solchen Momenten will man nicht reden. Man will für sich sein.

Ich verabschiedete mich schnell.

Als ich auf die Straße trat, hatte es zu schneien begonnen. Ich lief die Dircksenstraße hinunter und genoss den kleinen Rest der Stimmung, den ich aus dem Kinderzimmer mitgenommen hatte, während ich versuchte, die anderen zu vergessen. Ihre Gespräche, ihre Bestimmtheit, ihren Ehrgeiz, der an Besessenheit grenzte.

Und was soll ich sagen, es funktionierte. Ich hatte wieder dieses vage Bild meiner Traumfrau und unserer ungeborenen Kinder vor Augen, ein ideales Bild, in dem alles passte.

Vielleicht lag es ja an dem Schnee, der immer dichter

fiel. Oder an Julia, die gerade im Kinderzimmer ihres Sohnes zu einem anderen Menschen geworden war. An der
Hoffnung, die ich mit diesem Bild verband.

Ossimiliert

Kürzlich hat sich eine Frau, die in Berlin-Charlottenburg aufgewachsen ist, während unseres zweiten Dates darüber beklagt, dass sich die Gesichter neuer Bekanntschaften aufhellen, wenn sie erzählt, dass sie in Berlin lebt. »In Ostberlin?«, fragen sie begeistert. »Nein, in Charlottenburg«, erwidert sie und senkt ihren Blick, weil sie schon weiß, was jetzt kommt. Wenn sie den Blick wieder hebt, sind aus den euphorischen Gesichtern enttäuschte Gesichter geworden.

»Nicht aus dem Osten? Schade eigentlich«, besagen die Blicke ihrer Gesprächspartner, und dann stellen sie ausweichende Höflichkeitsfragen.

»Nein, in Charlottenburg«, imitierte sie sich traurig. »Das ist ein Gesprächs-Killer.«

Ich sah sie mitfühlend an und dachte an Stefanie, die vor zehn Jahren von Hamburg nach Berlin gezogen ist und inzwischen in Friedrichshain wohnt. Als wir uns vor einigen Wochen trafen, war sie sehr gut gelaunt. Sie lachte viel und sie sah glücklich aus.

»Inzwischen bin ich ossimiliert«, erklärte sie. Sie klang stolz.

Ossimiliert?, dachte ich verwirrt, aber dann sah ich ihre leuchtenden Augen, und plötzlich begriff ich es: Sie hatte das Gefühl, angekommen zu sein. Dazuzugehören. Sie hatte ein Heimatgefühl.

Bisher kannte ich dieses Phänomen nur vom Fußball. Es gibt zwei erwähnenswerte Vereine in der Stadt, den Westberliner Verein *Hertha BSC* und den *1. FC Union* aus dem Ostteil der Stadt.

Merkwürdigerweise kenne ich viele Zugezogene, die schon *Union*-Fans sind, wenn die Umzugskartons noch unausgepackt in den frisch bezogenen Berliner Wohnungen stehen. Die Hymne des Vereins wird von Nina Hagen gesungen. In einer Zeile heißt es: »Wir lassen uns nicht vom Westen kaufen.«

Ich kenne einen Rechtsanwalt aus München, der *Union- und Bayern-München*-Fan ist. Ein bemerkenswerter Spagat, vor allem, wenn man bedenkt, wofür die Vereine mit ihren Philosophien stehen. Ich weiß nicht, ob er bei der Union-Hymne textsicher ist, aber darum geht es auch gar nicht. Es geht darum, authentisch zu wirken.

Im Stadion an der Alten Försterei hängt ein Werbebanner des Berliner Clubs »Weekend«, obwohl es auszuschließen ist, dass die klassische *Union*-Klientel häufig in dem Club anzutreffen ist. Schon wegen der Preise. Aber vielleicht gibt es dem Ulmer Besitzer des »Weekend« das Gefühl, angekommen zu sein. Dazuzugehören. Ossimiliert zu sein.

Vor einigen Jahren überraschte mich Robert de Niro, als er auf einer Pressekonferenz im Rahmen der Berlinale im leichten Plauderton erwähnte, dass er mit Anfang zwanzig durch die DDR nach Ostberlin getrampt sei. Das muss man sich mal vorstellen. Robert de Niro. Im Trabant. Als Backpacker, irgendwo in Sachsen.

De Niros Geschichte überraschte nicht nur mich, auch die anwesenden Journalisten waren sprachlos. Der Westberliner *Tagesspiegel* brachte gleich eine Art Gegendarstellung, in der er zu beweisen versuchte, dass De Niro irgendetwas verwechselt hatte. Wahrscheinlich hat der *Tagesspiegel* recht. Sicherlich sogar. Aber darum geht es nicht. Es geht nicht um Fakten, es geht darum, wie Robert De Niro sich erinnern möchte. Wie er sich sehen möchte. Ein führender Charakterdarsteller des amerikanischen Films – mit seinem ganz persönlichen ostdeutschen Abenteuer.

De Niro und die DDR – ein Gedanke, an den ich mich erst mal gewöhnen musste. Das war ein Bruch. Das passte nicht zusammen. Und auch an den Gedanken, dass Quentin Tarantino einige Szenen von *Inglourious Basterds* in Sebnitz gedreht hatte, musste ich mich erst mal gewöhnen. Sebnitz ist ein sächsischer Ort, der zu DDR-Zeiten für die Herstellung von Plastikblumen bekannt war. Jetzt wird mein Sebnitz-Bild durch Brad Pitt, Christoph Waltz und Daniel Brühl vervollständigt, was schon irgendwie verwirrend ist.

Als ich jung war, faszinierte mich der Beruf Location Scout. Jemand, der die Welt bereist und nach den passenden Drehorten für Filme sucht. Kurz nach der Wende war es ein Beruf, den ich gern ausgeübt hätte. Das habe ich mir oft vorgestellt, den Alltag eines Location Scouts in Hollywood, die vielen exotischen Orte, die ich bereisen würde. Auf Sebnitz wäre ich nie gekommen.

Inzwischen erscheint es sogar folgerichtig, vor allem wenn man die Dinge aus der internationalen Perspektive betrachtet, beispielsweise aus der Hollywood-Perspektive.

Der Gegenspieler von Bruce Willis im dritten Teil der *Stirb langsam*-Reihe ist ein ehemaliger Offizier der Nationalen Volksarmee, gespielt von Jeremy Irons, einem Oscar-Gewinner und einem der gefragtesten britischen Charakterdarsteller. Eigentlich sollte Sean Connery diese Rolle übernehmen, der lehnte jedoch ab, weil er keinen so diabolischen Charakter spielen wollte wie einen Offizier der NVA. Inzwischen hat sich allerdings auch das Verhältnis zu den Sicherheitsorganen der DDR geändert, in dem Film *Unknown Identity* verkörpert Bruno Ganz einen ehemaligen Agenten der Staatssicherheit – und zwar als Sympathieträger. Offenbar hat sich vieles geändert. Die Ostdeutschen scheinen aus der Los-Angeles-Perspektive die interessanteren Deutschen zu sein. Und wenn man sich ansieht, wie Zugezogene aus der aufregenden Ostberliner Szene-Gegend Prenzlauer Berg eine langweilige Kleinstadtidylle gemacht haben, kann man die Filmemacher aus Hollywood irgendwie verstehen.

Letzten Sommer habe ich mich mit einer Frau getroffen, die ich sehr mochte. Ilona. Sie ist in Stuttgart aufgewachsen und stellte mir viele Fragen nach meiner Kindheit in Ostberlin. Nach der DDR. Der Osten war einer der weißen Flecken auf ihrer inneren Karte, eine unbekannte Welt. Sie fand es »faszinierend«, dass ich hier aufgewachsen bin, und der interessierte Blick, mit dem sie mich ansah, kam mir bekannt vor. Es war ein »Wie-war-denn-das-damals-eigentlich-für-euch«-Blick. Möglicherweise bin ich auch ein Wochenende mit ihr nach Köpenick gefahren, damit sie diesen Blick verlor.

»War bestimmt schön, hier aufzuwachsen«, sagte Ilona, als wir die Bölschestraße hinunterliefen, und es klang ein bisschen, als müsste sie sich an den Gedanken gewöhnen, dass im Osten überhaupt glückliche Kindheiten möglich waren.

Ich nickte und dachte daran, dass ich in letzter Zeit häufig auf meine Kindheit in Ostberlin angesprochen wurde. Vielleicht rührt das Interesse daran, dass die meisten die DDR nur aus Erzählungen oder Filmen kennen: Sie stellen sich den damaligen Alltag viel aufregender vor, als er war.

Ihre Fragen fallen ähnlich aus wie die Blicke, die diese Fragen begleiten. Für sie bin ich ein Zeitzeuge. Ein Zeitzeuge, der nur ein paar Jahre älter ist als sie selbst. Ein Zeitzeuge, der interessante und aufregende Geschichten zu erzählen hat. Ich bin mir nur nicht sicher, ob ich der richtige Zeitzeuge bin. Ich kann nicht mit den Geschichten dienen, die von mir erwartet werden.

So gesehen bin ich kein guter Ostdeutscher.

Ich bin sehr behütet aufgewachsen, den Begriff Staatssicherheit habe ich erst nach der Wende kennengelernt. Ich könnte erzählen, dass ich die alten Männer, die das Land regierten, nie so richtig ernst genommen habe, was vielleicht auch an ihrer Rhetorik lag und daran, dass sie ihre Reden so offensichtlich vom Blatt ablasen. Auch den Staatsbürgerkundeunterricht habe ich nicht ernst genommen. Ich war dankbar, weil sich durch ihn mein Zensurendurchschnitt verbesserte, aber das würde ich lieber nicht erwähnen.

Manchmal stelle ich mir vor, wie Ilona ihrem Stuttgarter Freundeskreises erzählt, dass damals gar nicht alles schlecht gewesen sei im Osten. Mit einem Insider-Blick, dem Blick eines Menschen, der ein bisschen mehr verstanden hat

Es gibt zwei Tage in den letzten zwanzig Jahren, die sich in das Bewusstsein der Bevölkerung eingebrannt haben. Die meisten wissen ganz genau, was sie an diesen Tagen gemacht haben: Am 9. November 1989 und am 11. September 2001. 2001 habe ich in Köln gelebt. Am Morgen des 11. September ging ich ins Büro, obwohl ich mich krank fühlte. Mittags ging ich nach Hause, um mich auszuschlafen. Dort schaltete ich den Fernseher ein und sah die brennenden Türme des World Trade Centers. Einen kurzen Moment lang wunderte ich mich, dass sie an einem Dienstagmittag im öffentlich-rechtlichen Fernsehen einen Action-Film brachten, der eigentlich ins Abendprogramm passte, dann hörte ich die belegte Stimme von Ulrich Wickert sagen: »Jetzt sehen Sie den zweiten Turm des World Trade Centers einstürzen.« Hollywood war in die Realität eingebrochen. Einen Tag lang saß ich bestürzt und gebannt vor dem Fernseher. Um drei Uhr morgens schaltete ich ab.

Beim 9. November 1989 verlässt mich meine Erinnerung. Wahrscheinlich saß ich vor dem Fernseher oder lag schon im Bett. Ich war vierzehn Jahre alt. Meine Eltern haben keine Widerstandsbiographien, und wir wohnten in einem Stadtteil von Köpenick, der praktisch im Wald liegt. Selbst wenn ich zur Bornholmer Straße gewollt hätte, ich wäre nie da weggekommen. Ich war im Herbst 1989 auf ein paar Demonstrationen, weil sie ein willkommener Anlass waren, die Schule zu schwänzen. Aber das konnte ich niemandem erzählen. Man würde es nicht verstehen. Die meisten Leute erwarten Widerstandsbiographien, selbst von denen, die damals Kinder waren.

Dabei kamen die wahren Herausforderungen für die Ostdeutschen erst nach der Wende. Die Wende riss die Generation meiner Eltern aus ihren Leben. Sie musste sich mit Anfang vierzig neu erfinden. Die Wende war ein Bruch, von dem sich viele nicht erholt haben, und weil Verlierergeschichten die erzählenswerteren Geschichten sind, haben sie das Klischee des grauen, unzufriedenen und mürrischen Ostdeutschen geformt. Des Wendeverlierers. Ein Klischee, das auch mein Denken beeinflusst hat. Aber man kann das auch anders sehen.

Die Rolle des Ostmenschen ist keine unangenehme Rolle. Es ist die Rolle des interessanteren Deutschen. Er war da, wo die Dinge passierten. Er hat die interessantere Biographie. Immer noch. Ich musste wohl nur noch lernen, diese Rolle richtig zu spielen. Ich musste sie verinnerlichen.

Und am letzten Wochenende war es dann so weit, als ich mich mit einer Augsburgerin auf einer Geburtstagsfeier unterhielt. Ich war so weit. Ich war der einzige Berliner auf der Feier, und ihr war mein Dialekt aufgefallen.

»Bist du ein richtiger Berliner?«, fragte sie ungläubig, weil gebürtige Berliner auf Feiern in der Berliner Mitte inzwischen sehr ungewöhnlich sind.

»Kommst du wirklich aus Berlin?«, fragte sie noch einmal.

Und dann – ja, dann – passierte es.

»Aus Ostberlin«, sagte ich selbstbewusst, und dann, nach einer kurzen Pause, wiederholte ich die Worte noch einmal in einem sehr nachdenklichen Tonfall.

Es war wie in der Literatur, in der richtigen, ernstzunehmenden Literatur, in der es um die Dinge geht, die *hinter* dem liegen, was erzählt wird. Und es funktionierte. In den Augen der Augsburgerin leuchtete aufrichtiges Interesse.

Ganz kurz wünschte ich, Robert De Niro wäre jetzt hier. Unsere Blicke hätten sich in stillem Einverständnis getroffen. Er hätte mir aufmunternd zugenickt, denn ich hatte alles richtig gemacht.

Ach, Robert, dachte ich dankbar.

Offenbar hatte ich meine Rolle gefunden.

»Ich nehm auch die Häßlichere«

Es gibt verschiedene Arten, in Clubs Frauen kennenzulernen, verschiedene Taktiken. Leider sind für mich die
meisten nicht hilfreich. Ich bin kein guter Stratege, was
vielleicht daran liegt, dass ich ein schüchterner Mensch
bin. Ich bin einfach nicht der Typ, der in Clubs Frauen anspricht. Darum gehe ich inzwischen auch immer seltener
in Clubs, ich gehe lieber auf Privatpartys. Dort ergeben
sich Gespräche ganz natürlich.

Ohne diesen Druck.

Aus diesen Gründen ist es für mich immer ein wenig
quälend, mit den Strategen meines Bekanntenkreises auszugehen. Vor allem, wenn ich daran denke, wie sich die
Dinge entwickeln können, wenn man mit ihnen ausgeht.

Einer dieser Strategen ist Sascha. Sobald wir einen Club
betreten, hat er diesen Blick. Ein Blick, der mich immer
irgendwie an diese Einstellungen in den Terminator-Fil-
men erinnert, die zeigen, wie der Terminator seine Um-
welt wahrnimmt.

Sascha scannt.

Dann beginnt er die ersten Vorschläge zu machen. Er
bevorzugt es nämlich, gemeinsam Frauen anzusprechen.
Leider. Er nennt das die »Tag-Team-Action«. Diese Art des
Kennenlernens ist mir offen gestanden immer ein wenig
unangenehm. Saschas Strategie birgt nämlich eine nicht
unwesentliche Gefahr: Sie ist immer mit einem Kompro-

miss verbunden. Meistens lernt man zwei Frauen nur wegen *einer* der beiden kennen, nämlich wegen der Frau, an der beide Männer interessiert sind. Einer der Männer wird also ungewollt zum *Wing-Man*. Man redet mit der einen, damit der Freund den Freiraum hat, die andere ungestört kennenzulernen. Sagen wir es so, ich bin meistens der Wing-Man.

Da Sascha weiß, wie ich zu dieser Vorgehensweise stehe, hatte er seine übliche Strategie für mich ein wenig variiert.

»Zeig mir zwei, von denen dir eine gefällt«, sagte er vor einigen Monaten am Ende einer langen Party-Nacht im *Berghain*, während sein Blick durch die Bar glitt. »Ich sprech sie an, und du kommst später dazu. Ich nehm auch die Hässlichere.«

Oh, wie unangenehm, dachte ich und verzog schmerzhaft das Gesicht, obwohl dieser Weg natürlich seine Vorteile hatte. Wir würden uns nicht auf Saschas Geschmack verlassen müssen, der offen gestanden ziemlich wahllos sein konnte, vor allem, wenn er so betrunken war.

Nachdem ich ihn davon überzeugt hatte, dass sein Vorschlag, sich vor der Damentoilette zu postieren, weil dort alle anwesenden Frauen vorbeikamen, würdelos war, beschloss Sascha, mir Zeit zu geben, und ging erst mal zur Bar.

Ich sah mich um. Hier gab es keine Frauen, die mich interessierten.

Sascha kehrte von der Bar zurück und reichte mir einen Wodka Red Bull, obwohl mein Glas noch nicht einmal zur Hälfte geleert war. Ich warf einen hilflosen Blick auf die beiden Gläser in meinen Händen,

»Der ist doch nicht mehr frisch«, sagte Sascha.

Das ergab Sinn, dachte ich. Zumindest aus der Perspektive von jemandem, der in seinem Zustand war.

Wir stellten uns an die Tanzfläche, und er erkundigte sich ungeduldig, welche Frauen er denn nun ansprechen solle. Ich sagte, dass es mir wegen der Lichtverhältnisse schwerfiel, überhaupt Gesichter zu erkennen. Sascha sah mich an, als hätte ich gerade mit ihm Schluss gemacht. Dann gab ich nach.

»Hast du eigentlich schon eine gesehen, die *dir* gefällt?«, fragte ich und überließ uns Saschas Geschmack.

Wie ich bereits erwähnt habe, ist diese Art des Kennenlernens meistens mit einem Kompromiss verbunden. Es gab allerdings auch andere Szenarien, wie ich an diesem Abend feststellen musste. Eine halbe Stunde später fand ich mich in Gegenwart von zwei Kompromissen wieder.

Zwei Kompromisse, die Katja und Sandra hießen.

Die Kompromisse sahen mich gleichgültig an. Damit gab es zumindest schon mal eine Gemeinsamkeit. Vielleicht konnte man ja darauf aufbauen.

»Hallo«, sagte ich zögernd.

Dann gab ich den Schweiger. Katja und Sandra wirkten, als wären sie an dem Gespräch genauso interessiert wie ich. Aber Sascha redete irgendwie alle Zweifel weg.

Ich brachte mich dann allerdings doch noch in das Gespräch ein, und damit hätte ich es beinahe versaut. Als die Frauen in einem Nebensatz erwähnten, dass sie Wirtschaftskommunikation studierten, fragte ich fassungslos: »Wie bitte? Ihr habt Abitur?«

Das war ein Fehler.

Dabei meinte ich das nicht einmal geringschätzig. Ich wollte niemanden verletzen. Es war der erste Satz, der seit unserer Begrüßung über meine Lippen kam. Sascha warf mir einen strafenden Blick zu. Die Frauen sahen mich an wie Rentner, die während eines Kaffeekränzchens kurz eingenickt sind, und dann aufwachen, weil ihnen jemand mit erhobener Stimme eine Frage gestellt hat. Die nicht wissen, worum es geht. Es war dieser Moment, in dem mir auffiel, dass sie zu den Menschen gehörten, denen man ansieht, wenn sie nachdenken.

Ich sagte schnell, dass ich einen Drink bräuchte, und ging zur Bar.

Als ich zurückkehrte, sah ich Sascha auf die Frauen einreden. Er war offensichtlich in die Angriffsphase übergegangen. In dieser Phase entzieht sich aus irgendeinem Grund seinem Verständnis, dass es »nein« bedeutet, wenn eine Frau schon mehrere Male ziemlich ungeduldig »nein« gesagt hat. Sascha machte weiter. Ohne Rücksicht auf Verluste. Als er bemerkte, dass ich von der Bar zurückgekehrt war, entschuldigte er sich bei Katja und Sandra und trat mit triumphierendem Blick auf mich zu.

Manöverkritik.

»Und, wie läuft's?«, fragte ich.

»Gut. Sehr gut sogar. Das ist jetzt die entscheidende Phase des Abends«, sagte er mit Verschwörermiene. »Jetzt ist es Zeit für den Klassiker.«

»Für den Klassiker?«, fragte ich vorsichtig. »Für welchen Klassiker denn?«

Sascha warf mir einen vielsagenden Blick zu. Dann sagte er nur ein Wort. Er sagte: »Nötigung.«

In diesem Moment bekam ich eine Ahnung, welche Dinge Sascha durch den Kopf gehen müssen, wenn er abends in seinem Bett liegt und nicht einschlafen kann. Nach dem Gesichtsausdruck der Frauen zu urteilen, war Sascha über das Stadium der Nötigung bereits seit einiger Zeit hinaus. Aber möglicherweise gab es ja verschiedene Stufen.

»Das klingt jetzt vielleicht ein bisschen merkwürdig«, sagte er mit beruhigender Stimme, als ich eine abwehrende Geste machte. Er legte seine Hand auf meine Schulter und sagte eindringlich: »Aber es funktioniert.«

Nun gut. Er schien Erfahrungswerte mit dieser Vorgehensweise zu haben. Insofern war er hier der Experte. Der Experte wandte sich ab und ging zu den Frauen zurück. Er ging sehr selbstbewusst. So gingen Männer, wenn sie die Dinge geregelt hatten.

Wenn man so will, hat es dann auch funktioniert. Als die Frauen gehen wollten, bot Sascha ihnen an, sich ein Taxi mit uns zu teilen. Aus einem Grund, den ich nicht wirklich verstand, stimmten sie zu. Wir gingen zur Garderobe um unsere Jacken zu holen.

Im Taxi fragte Sascha die Frauen, ob wir nicht noch auf einen Kaffee mit in die Wohnung kommen dürften. Sandra sagte, dass sie keinen Kaffee trinken würde und deshalb auch keinen dahätte. Sascha antwortete nicht. Aber er hatte noch nicht aufgegeben, denn als der Wagen hielt und die Frauen aussteigen wollten, wurde er plötzlich sehr durstig.

»Ich brauch jetzt unbedingt ein Leitungswasser«, sagte er verzweifelt.

Offensichtlicher ging es nicht. Ich wand mich peinlich berührt auf dem Beifahrersitz. Es war mir jetzt schon unangenehm. Die Frauen zögerten. Dann stimmten sie zu. Sascha hatte es geschafft. Ich war mir allerdings nicht sicher, ob ich mich darüber freuen sollte.

Sandra lebte in einer Einzimmerwohnung, in der es irgendwie dumpf roch. Sie schien lange nicht gelüftet zu haben. Die Frauen gingen mit Sascha in die Küche, um sich etwas zu essen zu machen. Ich ging ins Wohnzimmer. Als ich die drei großen Käfige sah, die sich unter dem Fenster befanden, verstand ich, warum die Luft hier so schwer war. Sandra besaß Haustiere. Viele Haustiere.

Zu viele Haustiere. Es gab Meerschweinchen, Kaninchen, vier Kanarienvögel und eine Schildkröte. Sandra schien nicht gern allein zu sein.

Ich bin aus irgendeinem Grund Frauen gegenüber voreingenommen, die Meerschweinchen besitzen. Über den Charakter von Frauen, die Schildkröten halten, habe ich noch nicht nachgedacht, aber ich glaube, da bin ich sogar noch voreingenommener. Was machte ich hier? Ich hatte das Gefühl, auf der falschen Party zu sein.

Ich hob meinen Blick von den Käfigen, als Sascha den Raum betrat.

»Pass auf, wir machen jetzt die Massage-Nummer«, sagte er. »Die kommt immer gut. Wir ziehen uns jetzt einfach aus und legen uns ins Bett. Dann massieren wir sie. Dann läuft alles von ganz allein. Wichtig ist nur, dass wir nackt sind, wenn sie wiederkommen. Wir müssen uns aber beeilen. Los, zieh dich aus.«

Nackt?, dachte ich, sah an mir hinunter und versuchte einen kurzen Moment lang, diese Vorstellung zuzulassen, obwohl ich die Wohnung jetzt sehr gern verlassen hätte. Erschreckenderweise funktionierte es. Nicht nur, weil es in mir gewisse Ängste auslöste, nackt neben einem so stark behaarten Mann wie Sascha in einem Bett zu liegen. Ich war mir nicht sicher, wie Katja und Sandra reagieren würden, wenn sie das Zimmer betraten und sahen, dass sich in dem Doppelbett zwei nackte Männer rekelten.

Mir kam der Gedanke, dass es die Situation vielleicht ein wenig auflockerte, wenn wir die vielen Tiere mit ins Bett nahmen, zumindest die kuscheligen. Aber auch wenn das eine reizvolle Vorstellung war, würde es möglicherweise nicht allzu viel bringen. Wir würden wie Experten für artübergreifende Erotik wirken. Wahrscheinlich sogar ohne die Tiere. Irgendwie fiel mir auch keine elegante Überleitung zur »Massage-Nummer« ein. Es war wohl eher davon auszugehen, dass Katja und Sandra aus der Wohnung flüchten würden, um die Nachbarn zu alarmieren. Ich sah das Sondereinsatzkommando schon die Wohnung stürmen.

Ich musste hier raus. Das lief hier gerade alles in die falsche Richtung.

Ich war hier in eine Geschichte geraten, die beim nächsten lustigen Abend erzählt würde. Und ich war ehrlich gesagt nicht sicher, ob ich in dieser Geschichte vorkommen wollte.

Dann begann Sascha sich auszuziehen.

Als er nackt auf dem Bett lag, sagte ich, dass ich jetzt gehen würde. Ich konnte das nicht. Ich war müde. Ich wollte hier weg. Es war unangenehm und auf eine verstörende Weise grotesk. Sascha starrte mich entgeistert an. Als ich die Wohnung verließ, hörte ich aus der Küche das Lachen der Frauen. Bald würde dieses ausgelassene Lachen nicht mehr zu hören sein. Spätestens wenn sie das Wohnzimmer betraten.

Ich verabschiedete mich nicht von ihnen.

Als ich den Hauseingang verließ, war die menschenleere Straße in das Licht der aufgehenden Sonne getaucht. Es war sehr still. Ich blieb stehen, atmete tief ein und genoss die Stille, denn – auch wenn das jetzt pathetisch klingt – es war irgendwie, als würde ich in eine Welt voll Reinheit und Anmut eintauchen. Nach dieser Nacht.

Perspektivwechsel

Als ich vorletzten Freitag auf einer Party im Club *Cookies* in Berlin-Mitte war, zeigte mein Freund Sebastian auf einen Mann, der einige Meter von uns entfernt an der Bar stand, und sagte verächtlich: »Kiek mal, der Typ dahinten. Unsympathisch. Sehr unsympathisch.«

»Ach?«, fragte ich. »Wer ist denn das?«

»Nico heißt der«, sagte Sebastian mit gequältem Gesichtsausdruck. Es war nur ein kurzer Satz. Ein Satz allerdings, der alles entschied. Ich blickte mit einem skeptischen Blick zu Nico und spürte, dass ich den Mann festgelegt hatte.

Unsympathisch, dachte ich. *Sehr unsympathisch.*

Ein paar Stunden später stand ich zufällig neben Nico an der Bar. Während wir auf die Getränke warteten, kamen wir ins Gespräch, und als wir unsere Gläser geleert hatten, unterhielten wir uns immer noch. Ehrlich gesagt war Nico gar nicht so unsympathisch, wie ich angenommen hatte. Er sagte sogar ziemlich kluge Dinge, wie ich fand. Aber ich spürte eine Distanz, einen Zweifel, der nicht verschwand. Es ist schon erstaunlich, wie schwer es einem fallen kann, vorgefertigte Meinungen über jemanden zu überwinden.

In dem Film *Out of Sight* spielt George Clooney einen Bankräuber, der bei der Flucht aus dem Gefängnis eine Polizistin (Jennifer Lopez) als Geisel nimmt. Sie liegen zusammen in einem Kofferraum eines Wagens und unterhalten sich während der langen Fahrt über Filme. Nachdem er sie freigelassen hat, gehört sie zu der Spezialeinheit, die ihn jagt. Clooney ist der Gejagte, Lopez die Jägerin. Unvereinbarer geht es nicht. Aber beide haben in diesem Kofferraum gespürt, dass da etwas zwischen ihnen war. Sie treffen sich in einem Hotel und vergessen die äußeren Umstände eine Nacht lang. Sie begegnen sich außerhalb ihrer Rollen, als Menschen. Ein schöner Gedanke. Es ist die beste Liebesszene, die ich je in einem Film gesehen habe.

Vielleicht lag es an dieser Liebesszene, dass ich mich früher manchmal gefragt habe, wie sich die Dinge entwickelt hätten, wenn ich manche Menschen unter anderen Voraussetzungen kennengelernt hätte, unter anderen Umständen. Wenn gewissermaßen die Rollen anders besetzt worden wären.

Seit letztem Februar weiß ich es.

Es war allerdings nicht ganz so wie bei Jennifer Lopez und George Clooney, um es hier einmal sehr vorsichtig auszudrücken.

Ungefähr vier Monate vor meinem letzten Geburtstag traf ich mich mit meinem ehemaligen Kollegen Markus zum Mittagessen. Wir sehen uns nicht so oft, drei- oder viermal im Jahr. Als wir noch zusammenarbeiteten, verstanden wir uns ziemlich gut, und als ich die Firma verließ, waren wir sicher, uns auch weiterhin häufig zu sehen. Inzwischen sehe ich das etwas differenzierter. Ich mag Markus, aber unsere gelegentlichen Treffen waren für mich immer ein bisschen quälend, vor allem seit er mit seiner Freundin zusammen war.

Leider fanden unsere Treffen aus irgendeinem Grund immer dann statt, wenn Markus sich kürzlich mit seiner Freundin gestritten hatte. Das konnte natürlich Zufall sein, aber bei unserer vierten Begegnung drängte sich mir der Gedanke förmlich auf, dass das dann doch einige Zufälle zu viel waren.

Eigentlich war ich schon nach unserem ersten Gespräch ziemlich gut über den Zustand seiner Beziehung informiert. Genau genommen sogar zu gut. Mehr Gespräche wären nicht mehr nötig gewesen. Leider hat sich das dann irgendwie verselbständigt. Irgendwann war ich die Vertrauensperson des leidenden Markus, sein Ventil. Er brauchte einen Zuhörer. Vielleicht konnte er ja in seinem Alltag mit niemandem darüber reden, weil seine Freunde auch ihre Freunde waren.

»Eigentlich will ich gar nicht drüber reden«, erklärte Markus, als wir uns setzten. Ein Satz, der inzwischen praktisch zu unseren Begrüßungsfloskeln gehörte. Ich warf ihm einen fragenden Blick zu, obwohl ich den Grund bereits kannte.

»Ich hatte heute Morgen ziemlichen Stress mit meiner Freundin«, sagte Markus.

Na so was, dachte ich. Wir würden also über seine Freundin reden. *Er* würde über sie reden. Wie immer.

»Und, worum ging's?«

»Ach, du weißt doch, wie das ist. Ich weiß es ja nicht einmal mehr, es gab keinen Grund – keine Ahnung, irgendwas Unwichtiges.«

Ich nickte, was sollte ich auch anderes machen. Dann begann Markus zu reden und hörte nicht mehr auf.

Markus' Freundin gehörte zu den Menschen, die Streitigkeiten für ein geeignetes Mittel halten, ihre Beziehung aufregender zu gestalten, was ja auch zu funktionieren schien – mit der Frau wurde es offensichtlich nie langweilig. Mir war auch aufgefallen, dass Markus Codewörter benutzte, wenn er über seine Beziehung sprach, wahrscheinlich um sich selbst zu beruhigen. Er nannte sie seine Prinzessin und bezeichnete ihre Beziehung als intensiv. Metaphern, die beschrieben, dass sie sich gern stritt.

»Was machst du eigentlich am Wochenende?«, fragte ich, weil er mir gerade sehr leidtat. »Wir können ja mal wieder ein Bier trinken gehen. Wie sieht's denn bei dir am Samstag aus?«

»Am Samstag«, wiederholte Markus und sah mich ratlos an. »Also das ist ein bisschen kurzfristig. Ich muss das erst mit Nina besprechen. Ich muss erst mal sehen, ob ich freikriege.«

Gott, dachte ich, und dann sagte ich es auch. Seitdem ihm Nina vorgehalten hatte, er habe mehr Spaß mit seinen Freunden als mit ihr, hatte Markus begonnen, Strategien zu entwerfen, wie er ihr am besten die seltenen Abende verkaufte, die er mit seinen Freunden verbrachte, um die Harmonie ihrer Beziehung für die nächsten Tage nicht zu gefährden. Deeskalationsstrategien schienen der Faden zu sein, der sich durch ihre Beziehung zog. Er erzählte bei jedem unserer Treffen, wie er sie entwarf und verfeinerte, mit einer Art verzweifelter Euphorie. »Ich glaub, ich geh dann lieber zu deinem Geburtstag«, Markus klang niedergeschlagen.

»Mein Geburtstag? Der ist in drei Monaten.«

»Tja, das sind die Zeitfenster, in denen ich rechne«, sagte Markus.

»Tja«, wiederholte ich betroffen.

»So ist das eben.«

»Sie ist eben deine Prinzessin«, sagte ich und überlegte kurz, Markus auszuladen, wenn er mit seiner Freundin zu meinem Geburtstag kommen wollte, obwohl ich mich für diesen Gedanken ein wenig schämte.

Markus sah mich hilflos an. Eigentlich hatten die beiden nur zwei Möglichkeiten, entweder sie trennten sich, oder sie wurde schwanger. Die Trennung wäre eine Befreiung, die Entscheidung, Eltern zu werden, eine Flucht nach vorn. Und so wie ich Markus einschätzte, würde er sich für die Flucht nach vorn entscheiden.

Ich habe ihm einmal vorgeschlagen, seiner Familie, seinem Freundeskreis – also Menschen, denen er etwas bedeutet – zu erzählen, dass er sich von seiner Freundin getrennt hätte, damit sie ihm einmal aufrichtig sagten, was sie von der Frau hielten, ohne auf seine Gefühle Rücksicht nehmen zu müssen. Markus sah mich an, als hätte ich überhaupt nichts verstanden.

»Das klingt immer viel krasser, als es ist«, sagte er beleidigt. »Du hast einen völlig falschen Eindruck. Es gibt ja auch schöne Momente.«

»Ach ja, gibt's die?«, lachte ich.

»Ist doch normal, dass man sich auch mal streitet. Wenn du wieder in einer Beziehung bist, unterhalten wir uns noch mal.«

»Klar«, sagte ich und dachte an Nina. Wenn ich mich mit Markus traf, muss ich oft an sie denken, nicht weil sie so hieß wie dessen Freundin, eher weil Markus und sie ähnliche Probleme hatten.

Mit Nina hatte ich mich einige Monate zuvor getroffen, und es hatte wie eine dieser perfekten Liebesgeschichten begonnen. Zwischen uns entwickelte sich alles wunderbar, unsere Gespräche griffen ineinander, alles ergab sich ganz natürlich. Nachdem wir bei unserem vierten Treffen zum ersten Mal miteinander geschlafen hatten, lagen wir erschöpft in meinem Bett. Es war ein angenehmer, harmonischer Moment. Alles passte. Dann begann Nina von ihrem Freund zu sprechen. Ein Freund? Das überraschte mich dann doch.

»Du hast einen Freund?«, fragte ich.

»Ja«, sagte sie. »Hab ich dir doch erzählt.«

»Also ich glaube, *daran* würd ich mich erinnern«, sagte ich und setzte mich auf.

»Na ja, es gab wohl noch nicht den richtigen Zeitpunkt.«

Ich nickte, obwohl ich fand, dass es während unserer vier Begegnungen durchaus einen gewissen Spielraum für richtige Zeitpunkte gegeben hatte. Es waren zusammengerechnet schließlich ungefähr 24 Stunden. Ein ganzer Tag.

Nina begann von ihrer Beziehung zu sprechen. Ihr Freund schien ein ziemlicher Arsch zu sein. Sie erzählte, dass er in vier Jahren noch nie *Ich liebe dich* gesagt hatte und dass er so viel arbeitete, dass sie seit zwei Jahren kein Wochenende miteinander verbracht hatten, obwohl sie zusammenwohnten. Im Grunde genommen hatten sie sich schon vor Jahren getrennt, dachte ich. Sie hatten es nur nicht mitbekommen. Ich spürte den Wunsch, sie da rauszuholen, aus dieser Beziehung, die eigentlich nur noch aus Resten einer Beziehung bestand.

Aber sie verstanden sich gut, sagte sie, und wenn sie sich von ihm trennen und sich wieder verlieben würde, würde sich ja auch die anfängliche Verliebtheit mit dem neuen Mann nach einer Weile auflösen. Alles würde alltäglich werden. So war es doch immer. Sie würde irgendwann dort ankommen, wo sie die Beziehung mit ihrem Freund beendet hatte.

Ach?, dachte ich verwarf den Gedanken, sie retten zu wollen.

Der Schauspieler Frank Giering hat einmal in einem Interview auf die Frage nach seiner Traumfrau erwidert: »Ich warte noch auf die Richtige, ich hoffe, sie war noch nicht dabei.« Das klingt schon ziemlich deprimierend. Ninas

Beziehung war nur eine Variation dieses Satzes: Sie wartete nicht mehr auf den Richtigen. Sie hatte aufgehört zu suchen. Und dass klang irgendwie noch deprimierender.

Im *Blauen Band* sah ich Markus an. Vielleicht sollte ich die beiden einander vorstellen, dachte ich. Es könnte eine therapeutische Wirkung haben. Sie würden ja praktisch in einen Spiegel sehen, wenn sie sich unterhielten. Aber zu diesem Zeitpunkt hatte ich keinen Kontakt mehr mit Nina, und ich wollte ihn auch nicht unbedingt wiederaufnehmen.

Leider habe ich zu Markus inzwischen ebenfalls keinen Kontakt mehr – und das aus guten Gründen.

Kurz vor meinem Geburtstag überraschte er mich mit einem Anruf, in dem er mir versicherte, er werde auf jeden Fall kommen.

»Schön«, sagte ich erfreut.

Dann fragte Markus, ob er seine Freundin mitbringen dürfe.

»Klar«, erwiderte ich hilflos.

»Schön!«, sagte Markus. »Ich freu mich.« Dann legten wir auf.

Tja.

Einige Leser ahnen sicherlich schon, was da auf mich zukam. Wie soll ich es am besten sagen? Vielleicht so: Es hätte keinen Sinn gemacht, die beiden einander vorzustellen. Sie kannten sich bereits.

Während ich diesen Text schreibe, spüre ich noch einmal diesen unangenehmen Schauer, der mir über den Rücken lief, als Nina und Markus die Bar betraten, in der ich meinen Geburtstag feierte. Es war ein Schock. Ein Schlag in den Magen. Ich hatte einen Moment lang das Gefühl, mich nicht mehr bewegen zu können. Ganz kurz nahm ich an, das Ziel einer Intrige zu sein. Als hätten sich Nina und Markus gegen mich abgesprochen.

Aber Markus war ahnungslos.

»Nina, das ist Michael«, sagte er gutgelaunt. »Michael, das ist Nina.«

»Hallo«, gab ich zurück und war sogar in der Lage zu lächeln. Es war unglaublich.

»Hallo«, sie lächelte ebenfalls. »Schön, dass wir uns endlich mal kennenlernen.«

»Find ich auch. Ist ja immer interessant, wenn die Namen aus den Geschichten endlich Gesichter bekommen.« Was redete ich da?

»Stimmt«, lachte sie tapfer.

Gleichzeitig verschoben sich die Wahrnehmungen. Als Markus mir Nina vorstellte, wurde aus ihm dieser gefühlskalte, beziehungsunfähige Arsch, den Nina in unseren Gesprächen beschrieben hatte, und aus Nina wurde die Prinzessin, die Streitereien für ein geeignetes Mittel hielt, ihre Beziehung aufregender zu gestalten. Es überforderte mich schon ziemlich. Mein Bild von den beiden wurde praktisch durch eine unsympathische Version ergänzt. Ich hatte ein ähnliches Gefühl wie bei Nico, der mich im *Cookies* so überrascht hatte, es war nur die umgekehrte Mechanik. Ich hatte das Gefühl, Markus nie richtig kennengelernt zu haben.

Ich lächelte tapfer. Beide hatten mir im Vertrauen von ihren Beziehungsproblemen erzählt, und beide hatten den anderen in ihren Erzählungen zu einem Menschen entstellt, zu dem mir jeglicher Zugang fehlte. Und ich kannte beide Seiten. Ich kannte das Bild, das beide voneinander hatten. Ich kannte mich in ihrer Beziehung besser aus als sie selbst. Das war kein angenehmes Gefühl.

Ich vermied es, sie anzusehen. Ich vermied es den ganzen Abend über. Unsere Blicke trafen sich nicht mehr. Wir würden weiter lächeln, weiter lachen, weiter gutgelaunt sein, denn das war eine entspannte Party unter Freunden.

Willkommen auf meinem Geburtstag, dachte ich bitter, während ich mein sorgloses Lächeln hielt.

Willkommen in meiner Welt.

»Mit wie vielen Frauen hast du eigentlich schon geschlafen?«

Es gibt Fragen, die klingen harmlos. Zunächst. Beispielsweise die: »Mit wie vielen Frauen hast du eigentlich schon geschlafen?«

Vor ziemlich genau einem Jahr wurde sie mir gestellt. Von Kristin. Es war eine lakonische Frage, unaufgeregt und nüchtern. Eine scheinbar harmlose Frage, die unter harmlosen Umständen gestellt wurde. Es ist jetzt wohl vorteilhaft, diese Umstände zu skizzieren, um die Wirkung von Kristins Frage ein wenig klarer zu umreißen.

Wir hatten gerade miteinander geschlafen und lagen erschöpft in meinem Bett. Erschöpft auf angenehme Art. Es war einer dieser Momente. Ein harmonischer, unwirklicher Moment, in dem alles verschwand – das Schöne, das Schlechte, mein Leben. Es war zwar noch irgendwie da, irgendwie vorhanden, aber es war weit weg, undeutlich und verschwommen. Ein Moment, in dem man sich verletzlich fühlt, auf eine angenehme Art. Ich gab Kristin einen sanften Kuss auf die Schulter und fragte mich, welcher Song jetzt passen würde, wenn das eine Filmszene wäre. Das mache ich manchmal. Ich begann, sie zu streicheln, betrachtete meine Hand, die behutsam über ihren Körper glitt.

Dann fragte Kristin: »Mit wie vielen Frauen hast du eigentlich schon geschlafen?«

Meine Hand kam zur Ruhe. Ich spürte, wie sich die angenehme Stimmung in mir verlor.

»Nun ja«, sagte ich vorsichtshalber, um etwas Zeit zu schinden, denn – das war mir klar – eine ehrliche Antwort konnte unser Gespräch in eine falsche Richtung laufen lassen.

Ich dachte an Anne, die diese Frage einige Monate zuvor ihrem neuen Freund wahrscheinlich genauso harmlos gestellt hatte. Ihr Freund hatte sie stolz beantwortet – ohne darüber nachzudenken.

»138«, sagte er schnell.

138!

Das war ein Fehler. Denn die 138 war in diesem intimen Szenario nicht nur eine Zahl. Sie war ein Statement. Ein Statement, das eine Botschaft enthielt, die in Annes Kopf wahrscheinlich bereits farbenprächtig und aufschlussreich von der sexuellen Vergangenheit ihres Freundes erzählte. Und das waren sicherlich keine für ihn vorteilhaften Geschichten. Ich glaube nicht, dass Annes Freund sich dessen bewusst war. Wahrscheinlich war es ihm nicht einmal klar, als ihm Anne zwei Monate später behutsam erläuterte, dass es inzwischen einen anderen gab. Einen, der besser zu ihr passte.

Nun ja.

Natürlich wird die ehrliche Antwort auf Annes Frage nicht der einzige Grund für die Trennung gewesen sein, aber vielleicht war es ein erster Schritt. Vielleicht sah Anne ihren Freund jetzt in einer leicht veränderten, für ihn sicherlich eher ungünstigen Perspektive. Der Mann war selbst schuld. Es gibt Fragen, die man einfach nicht wahrheitsgemäß beantwortet. Die harmlose Frage »Mit wie vielen Frauen hast du eigentlich geschlafen?« gehört dazu.

Annes Freund hätte lügen können, er hätte es verharmlosen können. Er hätte beispielsweise sagen können: »Ich habe den dreistelligen Bereich noch nicht erreicht.« Aber auch diese im Vagen gehaltene Notlüge hätte nicht unbedingt für ihn gesprochen.

Ich habe es Anne nicht gesagt, aber die Antwort ihres Freundes hatte einen anderen Aspekt, der mich beschäftigte. Einen logistischen Aspekt. Wie behält man den Überblick, wenn man mit mehr als hundert Frauen geschlafen hat?

Die Antwort lag klar auf der Hand. Es gab eine Liste. Es musste eine Liste geben. Annes Freund war ein Statistiker. Er hatte alles katalogisiert, wahrscheinlich sogar interpretiert, bewertet und analysiert.

Das kennt man ja aus Filmen. In der romantischen Komödie *Zweiohrküken* führt beispielsweise Nora Tschirner eine solche Liste, die Til Schweiger im Laufe der Handlung zufällig entdeckt. Weil der Film eine Komödie ist, nimmt man die Situation als Zuschauer ja auf die leichte Art, man sieht sie gewissermaßen als lösbar an. Leider ändert sich das, wenn solche Dinge in der wirklichen Welt passieren.

Genau wie Til Schweiger in *Zweiohrküken* entdeckte auch mein Bekannter Marc vor einigen Jahren die Liste seiner damaligen Freundin. Die Liste sah wahrscheinlich genauso aus wie Nora Tschirners Liste, eine sorgfältig und fein säuberlich angelegte Tabelle mit Namen, Penisgröße und Beurteilung der Fähigkeiten als Liebhaber – nach Schulnotensystem. Für Schweiger ist es eine deprimierende Erfahrung, für Marc war es noch schlimmer. Denn Marc war, obwohl er seit zwei Jahren mit seiner Freundin zusammen war, nicht der letzte Eintrag. Unter seinem Namen gab es vier weitere Einträge. Marc saß stundenlang auf dem Fußboden im Flur ihrer gemeinsamen Wohnung und starrte auf die Liste. Irgendwann stand er dann wieder auf. Den Rest kann man sich vorstellen.

Die Listen von Annes Freund, Nora Tschirner und

Marcs Freundin waren aktuelle Listen. Sie wurden auf dem neuesten Stand gehalten. Aber unter uns - sie sind die Ausnahme. Schwieriger wird es nämlich, wenn man solche Listen aus der Erinnerung schreibt, wenn man die vergangenen - sagen wir mal - zwanzig Jahre aufarbeitet. Solche Listen sehen dann ein wenig anders aus. Ich weiß das, denn ich kenne einen Mann, der eine solche Liste angelegt hat. Auch bei Sascha begann es mit dieser scheinbar harmlosen Frage, die ihm von einer Frau gestellt wurde und die er wahrheitsgemäß mit den Worten »Weeß ick nich mehr« beantwortete. Und auch diese Antwort, liebe Leser - das muss ich hier einfügen -, ist ein Fehler.

»Jenauso jut hätte die mich fragen können, wann ick zuletzt nüchtern Sex hatte«, erklärte mir Sascha einige Tage darauf, als er mir von dem Gespräch erzählte.

»Tja«, sagte ich. Zunächst klang dieser Satz ziemlich drastisch und auch sehr plakativ. Aber Sascha ist wie ich bereits seit einiger Zeit Single.

Wenn mich jemand fragt, wann ich zum letzten Mal nüchtern mit einer Frau geschlafen habe, will ich - gewissermaßen im Affekt - sofort antworten. Es liegt mir förmlich auf der Zunge, aber dann - in einem Moment der Selbstreflexion - fällt mir ein, dass es wahrscheinlich meine Exfreundin war, mit der ich zum letzten Mal nüchtern geschlafen habe. Als Single kommt man selten in Situationen, in denen man nüchtern mit Frauen schläft. Ich rede hier nicht nur von Frauen, die man in durchtanzten Club-Nächten kennenlernt, denn selbst bei einem ersten Date trinkt man ja, um ein wenig das Eis zu brechen. Saschas Aussage ist für einen Single gar nicht so unüblich.

Ich zündete mir eine Zigarette an, um Sascha die Zeit zu geben, sein emotionales Gleichgewicht wiederzugewinnen, und dachte einen Augenblick nach. Dann fiel mir etwas ein.

»Mach doch mal 'ne Liste«, schlug ich vor.

Sascha sah mich an, als hätte ich ihn gerade um einen Zungenkuss gebeten.

»Ick bin doch nich bescheuert«, rief er. »Ick mach doch keene Liste.«

Er hat dann doch eine angelegt. Es hat ein bisschen gedauert, aber als ich ihn ungefähr einen Monat nach unserem Gespräch besuchte, erwartete mich ein geöffnetes Word-Dokument auf seinem Laptop.

»So! Fertig«, sagte Sascha stolz, obwohl er auch irgendwie müde wirkte, in gewisser Weise erschöpft.

»Aha«, sagte ich.

Mein Blick glitt über die Einträge, während Sascha von den emotionalen Höhen und Tiefen der letzten Wochen berichtete. Man muss dazusagen, dass diese emotionalen Höhen und Tiefen ausschließlich mit dieser Liste zusammenhingen.

Anfangs, in einer kurzen naiven Phase, versuchte er, die Frauen in Gedanken zu zählen und zu sortieren. Er gab jedoch schnell wieder auf. Dann begann er, die Liste anzulegen. In den darauffolgenden Wochen fiel ihm immer mal wieder eine Frau ein. Es gab natürlich seine Exfreundinnen, die mit Vor- und Zunamen in der Liste auftauchten, aber die Erinnerungen an die meisten Frauen waren eher unscharf. Oft wusste er nicht einmal die Namen. Manchmal konnte er sie mit Attributen wie »Freundin von«, »Schwester von« oder »Mutter von« den Namen der Leute zuordnen, über die er sie kennengelernt hatte. Aber in den meisten Fällen unterschied er nach Partys, Clubs oder Bars, wo er sie kennengelernt hatte. Er schrieb in Klammern dazu, womit er die Nacht mit den Frauen am ehesten verband. Es gab die Schwedin, die er auf einer Silvesterparty kennengelernt hatte, und die Frau aus dem *Sophienclub*, die ihn, obwohl sie beim Sex sehr leise war, so fest biss, dass er am nächsten Morgen in der Firma mit blutunterlaufenen Abdrücken ihrer Zähne im Gesicht erschien. Es gab die, *»die oben so gut war«*, *»die Vierzigjährige mit Brille«*, *»die kleine Schwarzhaarige mit Pony«*, *»die achtzehnjährige Dresdnerin«*, *»die Lockige mit den großen, weichen Brüsten«* und Frauen, die er nur noch mit Sätzen wie *»Ich will überall in der Wohnung genommen werden«* zitierte. Von diesen Nächten hatte nur ein Satz überlebt.

Mein Blick glitt mit wachsender Fassungslosigkeit über die Liste, die sich wie das Formular einer Porno-Produktionsfirma las. Genau genommen wie das Casting-Formular einer Porno-Produktionsfirma.

Einige Tage darauf erzählte ich einem Freund von Saschas Liste. Ich bin mir bis heute nicht sicher, ob das ein Fehler war, denn obwohl mich mein Freund ungläubig ansah, spürte ich irgendwie, dass ich gerade etwas ausgelöst hatte. Ich spürte, dass es bereits begann, Wellen zu schlagen.

Es ist ja so: Selbst im Leben von Männern, die in langjährigen Beziehungen sind, gab es natürlich Phasen, über die sie mit ihren Freundinnen nie reden würden. Nennen wir sie mal die wahllosen Phasen. Es sind Phasen, in denen selten Frauen mit Vor- und Zunamen vorkommen. Aber auch die wahllosen Phasen sind es offenbar wert, aufgearbeitet zu werden, denn nur ein paar Tage später stellte ich fest, dass mein männlicher Bekanntenkreis von einem Sog erfasst wurde. Einem Sog, der offensichtlich wie Crack wirkt. Er macht sofort süchtig.

Mein männlicher Bekanntenkreis hatte sich an die Arbeit gemacht.

Anfangs gingen die meisten ganz naiv davon aus, mit gar nicht so vielen Frauen geschlafen zu haben. Aber dann fiel ihnen immer mal wieder eine ein. Meistens in ruhigen Momenten, beispielsweise kurz vor dem Einschlafen, wenn sie abends neben ihrer Freundin im Bett lagen, beim gemeinsamen Abendessen oder beim Fernsehen.

Sätze wie »Gestern ist mir wieder eine eingefallen« gehörten plötzlich zu meinem Alltag. Genauso die beeindruckten Blicke, mit denen ich diese Sätze erwiderte.

Wie bei Sascha dauerte es einige Wochen, bis die Listen vollständig waren. Wochen, in denen aufschlussreiche Wortgruppen die Unterhaltungen in meinem Bekanntenkreis prägten. Wortgruppen wie: »die fette Freundin von der Magersüchtigen« oder »die, mit der ich Olivers Küchentisch ruiniert habe« oder auch »die, die mir betrunken auf mein Knie gekotzt hat«. Es gab Einträge wie »Sandra +5«, in denen sich der Name auf die damalige Freundin bezog und die »+5« auf die Anzahl der Frauen, mit denen man sie betrogen hatte. Es gab Straßennamen, weil die Namen der Frauen in Vergessenheit geraten waren und der folgerichtigste Anhaltspunkt die Straße war, in der sie wohnte. Es gab Restaurant-Namen, Ethnien, Berufe und Studiengänge, es gab Beschreibungen von Tätowierungen, es gab Namen von Museen – und es gab Schilderungen von hygienischen Zuständen auf Toiletten!

Es war gewissermaßen ein Berliner Panorama, das sich vor mir ausbreitete. Ein Panorama, das mich ein wenig beunruhigte, was an meinem ungewohnten Blickwinkel liegen mochte – und sicherlich auch daran, dass ich mir inzwischen wie ein Statist aus einem Pornofilm vorkam.

Aber ich muss zugeben, es wirkte. Denn dann – ja, dann – war es auch bei mir so weit.

An einem entspannten Abend, in einem Moment der

Ruhe und Besinnung, setzte ich mich mit einem Glas Rotwein an meinen Schreibtisch, schaltete meinen Rechner ein und zündete eine Kerze an. Bevor ich mein Schreibprogramm öffnete, betrachtete ich einen Moment lang die auflodernde Flamme und horchte in mich hinein. Ich trank entschlossen einen Schluck Wein und überlegte kurz, dann begann ich, die ersten Einträge vorzunehmen. Ich begann mit meinen Exfreundinnen.

Drei Wochen später war meine Liste vollständig – soweit ich das beurteilen konnte. Es gab 41 Frauen, das waren mehr, als ich angenommen hatte. Ich habe als Spätzünder erst mit siebzehn Jahren zum ersten Mal mit einer Frau geschlafen, und hochgerechnet waren das nur zwei Frauen pro Jahr. Das war eigentlich gar nicht so viel.

Mit diesen Überlegungen tauchte ich wieder in die Unterhaltung mit Kristin. Sie sah mich abwartend an. Ich überlegte noch einmal ernsthaft, ihre Frage wahrheitsgemäß zu beantworten, aber ich ahnte, dass unser Gespräch auch mit meiner harmlosen »Nur zwei Frauen pro Jahr«-Argumentation in eine völlig falsche Richtung laufen würde. Kristin hätte mich wahrscheinlich vollkommen missverstanden.

Ich wich ihrem Blick verlegen aus und schwieg einige Sekunden.

Dann sagte ich: »Zehn ... Nein, elf. Elf.«

»Elf?«, fragte sie. »Das ist aber nicht viel.«

»Ich weiß«, erwiderte ich.

Sie sah mich an, mit einer Spur Mitleid in ihrem Blick, dann schloss sie beruhigt ihre Augen. Ich fuhr fort, sie zu streicheln. Ihre Haut war weich und warm. Ich ließ meine Finger sanft über ihren Körper gleiten, schloss die Augen und lauschte ihrem gleichmäßigen Atem.

Ich weiß, dachte ich entspannt, während ich langsam in einen Traum glitt.

Ich weiß.

Drei Tage wach

Am Freitag beendete eine Frau, mit der ich mich eine knappe Stunde zuvor in der *Goldfischbar* in Friedrichshain getroffen hatte, unser Date mit den Worten: »Du, merk dir mal, was du sagen wolltest, ich bin gleich wieder da. Muss nur mal kurz auf die Toilette.« »Schon wieder?«, fragte ich, weil sie schon vor zehn Minuten auf der Toilette gewesen war.

»*Jetzt* muss ich pinkeln«, erklärte sie gutgelaunt. »Vorhin hab ich nur ein paar Lines Speed gezogen.«

»Ach?«, sagte ich.

Ein paar Lines Speed? Bei einem Date?

Einen Moment lang war ich mir nicht sicher, ob das jetzt gegen sie oder gegen mich sprach. Vielleicht langweilte ich sie ja, und sie brauchte Hilfe, um mit dieser Langeweile umzugehen. Dabei hatte ich den Eindruck, dass wir uns eigentlich ziemlich gut verstanden. Aber das muss ja nichts heißen.

Kürzlich hat mir Tina von dem unerträglichsten Date ihres Lebens erzählt. Es war ein Date mit Christian, und es war ein sehr schweigsames Treffen.

»Die Gesprächsthemen sind uns nicht ausgegangen, weil es keine Gesprächsthemen gab, die uns ausgehen konnten«, fasste Tina ein wenig verzweifelt das Treffen zusammen.

Christian schien das ähnlich zu sehen, denn nach dem

Essen entschuldigte er sich, ging zum Tresen und nahm sich einige der ausliegenden Zeitschriften. Er setzte sich wieder an ihren Tisch und begann, in den Magazinen zu lesen. Hin und wieder trank er einen Schluck Wein, oder er sah kurz auf und lächelte zu Tina hinüber, die nun wirklich nicht wusste, was davon zu halten war.

»Es war eine sehr quälende Dreiviertelstunde«, sagte sie später zu mir.

Sie hielt ihr Weinglas in der Hand, sie hielt sich daran fest. Als die Flasche geleert war, verlangten sie die Rechnung. Vor dem Restaurant verabschiedeten sie sich, und als Tina die Straße hinunterging, spürte sie, wie sie sich langsam entspannte.

Bis sie ungefähr eine Minute darauf eine SMS erhielt. Von Martin. »War ein sehr schöner Abend«, las sie. »Wäre schön, wenn wir das ganz bald wiederholen könnten. Kuss, Martin.«

›Kuss?‹, dachte sie irritiert. Offensichtlich hatte der Mann einen vollkommen anderen Abend erlebt als sie. Er nahm an, sie hätten sich sehr gut verstanden, warum auch immer.

Vielleicht war es bei meinem Date mit Julia ja ähnlich. Offenbar hatte ich unser bisheriges Gespräch völlig falsch eingeschätzt. Ich war in diesem Szenario gewissermaßen Martin.

Als Julia von der Toilette zurückkehrte, hatte ich irgendwie das Bedürfnis, das Thema Drogen noch ein wenig zu vertiefen. Ich ahnte, dass ich Julia erst jetzt richtig kennenlernte.

Nun ja, ich will es mal so formulieren: Ich hatte mich nicht getäuscht.

»Ach, ich hab eigentlich schon alles ausprobiert«, sagte Julia leichthin. »Außer Crack.«

»O Gott«, dachte ich und spürte, dass hier gerade etwas kippte.

»Auch Heroin?«, fragte ich vorsichtig.

»Klar«, sagte sie. »Aber ich hatte dich vorhin unterbrochen, du wolltest doch irgendwas erzählen.«

Ich machte eine Geste, die alles bedeuten konnte. Inzwischen wusste ich gar nicht mehr, worum es gegangen war.

»Erzähl mir doch lieber noch ein wenig von deinen Heroin-Erfahrungen«, schlug ich freundlich lächelnd vor, während ich spürte, wie sich etwas in mir zusammenzog.

Ich überschlug mit einem Blick auf meinen Mai Tai, wann ich die Rechnung verlangen könnte. Ich ahnte, dass das kein Date mehr war, sondern eine Milieu-Studie. Als ich meinen Drink geleert hatte, wusste ich es. Sie erzählte von Bars, die sie als »Zeitlöcher« bezeichnete, weil sie dort schon 80 Stunden verbracht hatte, ohne es so richtig mitzubekommen. Sie erzählte, dass sie mit Leuten, die Kokain nahmen, nicht klarkam. »Speeder sind viel umgänglicher«, erklärte sie.

»Ach so«, sagte ich und nickte, weil ich inzwischen eigentlich nur noch nicken konnte. Ich hatte den Eindruck, mit einer vollkommen anderen Frau zu sprechen. Das war nicht die Julia, mit der ich mich verabredet hatte. Ich gab dem Barkeeper ein Zeichen und zahlte schnell die Rechnung.

Als wir uns verabschiedeten, war mir klar, dass wir uns nicht wiedersehen würden. Julia verabschiedete sich sehr herzlich von mir. Offenbar war es ihr nicht ganz so klar. Wenn man so wollte, war meine Rolle in diesem Szenario wohl doch eher die von Tina.

Ich habe vor mehr als zehn Jahren zum letzten Mal Drogen genommen. Julia ist fünfunddreißig, und ein Ende ist nicht abzusehen. Aber es gibt noch einen anderen Unterschied. Anders als bei Julia, waren die Drogen nie in meinen Alltag gesickert. Sie hatten ihn nie bestimmt.

Julia ist vor zwölf Jahren aus Stralsund nach Berlin gezogen. Sie hat nicht gesagt, aus welchen Gründen sie hergezogen ist, aber das war auch nicht so wichtig. Die meisten Gründe sind gerade für junge Menschen ein Vorwand, mit dem sie ihre Eltern beruhigen, die ja die Zeit ihres Studiums hier finanzieren. Die meisten kommen nach Berlin, weil man hier gut feiern kann. Man kann jeden Tag aus unzähligen Angeboten wählen. Es hört nie auf.

Ich kenne das, ich habe schließlich auch so ein Leben geführt. Ich habe diese Zeit genossen, ich möchte sie nicht missen. Man muss nur aufpassen, dass man die Kurve kriegt. Mir fallen Gesichter aus dieser Zeit ein, zu denen mir die Namen fehlen. Das mag daran liegen, dass ich damals eigentlich zwei Leben führte.

Tagsüber arbeitete ich, und alle vierzehn Tage besuchte ich meine Eltern. Nachts ging ich in die Clubs, tanzte viel, trank noch mehr und verstand mich mit Leuten, mit denen ich nüchtern nie ein Wort gewechselt hätte. Es waren parallele Leben, die sich nicht berührten. Genau genommen gab es nur eine Verbindung. Diese Verbindung war ich.

Berührten sich diese beiden Leben doch einmal, war es meist nicht angenehm.

An einem Nachmittag vor einigen Jahren begegnete ich in einem Restaurant in der Pappelallee einer Frau, die ich aus dem Nachtleben kannte. Ich erkannte sie nicht sofort. Wir hatten uns seit einem knappen halben Jahr nicht gesehen. Ein halbes Jahr ist eigentlich keine allzu lange Zeit, aber als ich erkannte, dass die Frau, die dort saß, Claudia war, begriff ich, dass ein knappes halbes Jahr sogar eine sehr lange Zeit sein kann. Es war das erste Mal, dass wir uns außerhalb des Nachtlebens begegneten. Ich traf sie gewissermaßen in der Wirklichkeit. Aber die Parallelwelt und die Realität meines Alltags begannen bereits, sich zusammenzufügen.

Mit Claudia hatte ich mich damals gut verstanden. Ich hatte sie in einem Club kennengelernt, und woanders hätte man sie ohnehin nicht kennenlernen können. Ich mochte sie und ihre unbekümmerte Art, obwohl es mich schon damals beunruhigte, mit welcher Leichtigkeit sie durchs Leben ging. Es war nicht schwer, sich in ihrer Welt zu bewegen, in ihr zu bestehen oder etwas darzustellen. Man musste nur die richtige Musik hören, das richtige T-Shirt oder die richtigen Schuhe tragen. Es war eine simple Welt, in der es keine schwerwiegenden Probleme gab. Und die, die es gab, ließen sich schnell wegkaufen.

Claudia lebte ihr Leben, wie sie es wohl formulieren würde. Ich würde es anders umschreiben: *»Sie vögelte mit jedem.«* Ich habe mich immer gefragt, wie sie ihre notorische Untreue vor ihrem Freund geheim hielt. Er tat mir immer ein bisschen leid, wenn wir uns sahen.

Vielen Frauen gefällt der Gedanke, Männern das Herz gebrochen zu haben. Manche Frauen brauchen einen Mann, der unglücklich in sie verliebt ist, um sich begehrt zu fühlen. Aussichtsloses Begehren gibt ihnen das Bewusstsein, attraktiv zu sein. Claudia hatte jedoch ein anderes Verhältnis zu ihrem Freund.

»Ich liebe ihn«, sagte sie gelegentlich mit einem unschuldigen Lachen. »Ich liebe ihn sogar sehr. Es gibt aber etwas, das er mir nicht geben kann: Sex mit anderen Männern.«

Das war ein Killer-Argument, weil es irgendwie jede Gegenargumentation ins Leere laufen ließ.

In der Pappelallee starrte ich Claudia fassungslos an.

Sie hatte sich verändert. Sie war dicker geworden. Anfangs dachte ich, sie wäre schwanger, aber sie rauchte Kette und trank Wein – obwohl ich nicht sicher war, ob dieses Verhalten bei ihr zweifelsfrei das Gegenteil bewies.

Als ich an ihren Tisch trat, konnte ich gar nichts sagen, außer »hallo«. Ich ließ sie reden und starrte sie an. Mir fiel auf, dass ich ihr Gesicht zum ersten Mal bei Tageslicht sah, obwohl ich sie seit Jahren kannte. Ich habe sie immer für eine attraktive Frau gehalten, aber im Nachmittagslicht war nicht mehr viel von diesem Eindruck übrig. Ahnungen, wenn man so wollte. Ihre Attraktivität schien eine Suchtproblematik zurückzuliegen, mindestens. Ihre Zähne hatten mich immer beeindruckt, im Licht sah ich jedoch, dass ihr linker Schneidezahn an den Rändern begann zu faulen, was wohl am Kokain lag. Ich wäre sofort zum Zahnarzt gegangen, Claudia schien über solche Überlegungen hinaus zu sein.

Sie erzählte mit rauer Stimme, dass sie »'ne echt anstrengende Partynacht« hinter sich hatte. Dann hob sie ihr Weinglas und prostete mir zu.

Ich versuchte, unser Gespräch kurz zu halten, und hoffte, dass ihr ebenfalls klar war, dass es eigentlich nichts zu besprechen gab. Wir trafen uns in der falschen Welt. Möglicherweise lag es aber auch nur daran, dass ich nicht betrunken war. Es war das letzte Mal, dass ich Claudia sah.

Vorerst zumindest.

Acht Jahre später, im letzten September, war ich mit Freunden im Berliner Club *Weekend*. Ich gehe inzwischen nur noch selten in Clubs, vielleicht weil mir vor einigen Jahren aufgefallen ist, dass ich nicht mehr tanze. Ich unterhalte mich lieber, wenn ich ausgehe. Vielleicht bin ich ja inzwischen in der Barphase angekommen.

Im *Weekend* glitt mein Blick über die Gesichter der

Gäste. Die meisten versuchten, möglichst gelangweilt auszusehen. Sie unterhielten sich nicht miteinander, sie saßen nur da und musterten die eintreffenden Gäste. Das ist auch so ein Berliner Phänomen: In den Clubs gibt man sich, als würde man sich angreifbar machen, wenn man Gefühle zeigt. Das ist wohl auch einer der Gründe, warum ich kaum noch in Clubs gehe.

Ein anderer Grund ist, dass ich immer wieder von anderen Gästen zur Seite gedrängt werde. Ich gehe ein paar Schritte zur Seite, um dem Strom auszuweichen, aber es nützt nichts. Das passiert mir in Clubs ständig. Ich stehe immer dort, wo sich Laufwege bilden. Ich habe mich schon oft gefragt, warum das so ist, bin aber bisher zu keiner zufriedenstellenden Antwort gekommen. Ich stehe immer im Weg, und das ist wirklich keine zufriedenstellende Antwort. Rentner stehen ja auch immer im Weg. Vielleicht liegt es daran, dass ich inzwischen einfach zu alt für Clubs bin, obwohl ich mich nicht so fühle. Um mich von diesen unschönen Gedanken abzulenken, ging ich im *Weekend* erst mal zur Bar, um mir ein Bier zu holen.

An der Bar sah ich ein Gesicht, das ich kannte. Das Gesicht von Claudia.

Vorsichtshalber bestellte ich dann doch kein Bier, für ein Gespräch mit Claudia war es wohl sinnvoller, den Pegel zu halten. Ich nahm einen *Gin Tonic*. Der Barkeeper schob mir den Drink über den Tresen, ich zahlte und rührte kurz um. Dann drängte ich mich vorsichtig durch die Menge, zur anderen Seite der Theke.

Inzwischen schien Claudia ihr Gewicht wieder unter Kontrolle zu haben, vielleicht hatte sie ja eine Kokain-Diät gemacht oder mehrere. Sie unterhielt sich gerade mit einer Frau, deren Blick wirkte, als hätte sie sich mit ihrer MDMA-Dosis verkalkuliert. Ich stellte mich zu den beiden und berührte Claudias Arm. Sie wandte sich erschrocken zu mir. Als sie mich erkannte, lachte sie: »Micha!«

»Na«, sagte ich.

»Lange nicht gesehen«, sagte sie. »Siehst gut aus.«

»Du auch«, sagte ich. »Wie geht's?«

Das war die richtige Frage. Claudia begann zu reden. Sie erzählte vom *Berghain*, dem *Golden Gate* und der *Wilden Renate*. Nach zwei Minuten hörte ich nicht mehr zu, und das war auch nicht nötig. Sie erzählte noch immer die gleichen Geschichten. Sie führte immer noch das gleiche Leben. Wenn man sich nicht verändert, bleibt man sich treu. Claudia war sich offenbar sehr treu geblieben.

So konnte man auch leben.

»Kommst du mit auf die Toilette?«, fragte sie und berührte mit dem Finger ihre Nase.

»Nee, lieber nicht, ich nehm doch keine Drogen mehr.«

»Ach ja, stimmt ja«, sie sah mich mitleidig an.

»Bin gleich wieder da«, sagte Claudia mit beruhigender Stimme zu ihrer Freundin wie zu einem Kind, dann berührte sie meinen Arm:

»Wirklich schade, dass du keine Drogen mehr nimmst.«

Es klang traurig, wie ein Abschiednehmen, und das war es wohl auch.

Ich sah ihr mit einem melancholischen Gefühl nach, bis sie in der Menge verschwunden war. Dann ging ich zu den Fahrstühlen, um mich auf den Weg zurück zu machen.

Zurück in die Wirklichkeit.

Wie paaren sich Schildkröten?

Ich kenne einen Mann in meinem Alter, der gelegentlich fernsieht, wenn er mit seiner Freundin schläft. Das hat er mir vor einigen Tagen erzählt.

Es war einer der letzten schönen Sommertage in Berlin. Wir saßen vor dem *Spreegold*, einem Restaurant in der Hufelandstraße in Prenzlauer Berg, und tranken Milchkaffee. Mein Blick glitt gerade über die sanierten Häuserfassaden auf der gegenüberliegenden Straßenseite und folgte den Müttern, die mit ihren Kindern an uns vorbeiliefen. Einige der Kinder warfen mir neugierige Blicke zu, und ich stellte mir vor, wie es wäre, in dieser Gegend zu wohnen und mit meinem Kind die Hufelandstraße hinunterzulaufen. Gedanken, die man in Prenzlauer Berg hat. So könnte es sein, dachte ich und trank einen Schluck von meinem Milchkaffee.

Dann sagte Jan, dass er gelegentlich fernsehe, wenn er mit seiner Freundin schlafe, und die heile, reine und unschuldige Welt, in der meine Gedanken noch vor wenigen Momenten trieben, existierte nicht mehr.

»Ach?«, sagte ich und setzte mich interessiert auf, denn es gab eigentlich nur ein Genre, von dem Jan sprechen konnte. Zumindest assoziierte ich nur eine Art von Filmen.

Pornofilme.

Ich muss dazu sagen, dass ich mich mit diesem The-

145

ma schon vor einigen Jahren einmal beschäftigt habe, in einer meiner letzten Beziehungen. Die Idee hatte meine damalige Freundin. Sie schlug mir eines Abends vor, wir könnten uns doch mal einen Pornofilm ausleihen, um unserem Liebesleben eine neue Facette zu geben. Um es zu bereichern. Ich warf ihr einen zögernden Blick zu, denn meine Freundin wirkte nicht überzeugt, als sie diesen Vorschlag machte. Es fehlte die gewisse Leichtigkeit. Als würde sie diesen Vorschlag nur machen, um jemandem einen Gefallen zu tun. Ich wippte zweifelnd mit dem Kopf, eine Geste, die alles bedeuten konnte, denn ich wusste, dass dieser Vorschlag auch eine Falle sein konnte.

Meine damalige Freundin war nämlich - wie soll ich es am diplomatischsten formulieren - extrem eifersüchtig, teilweise auf eine sehr irrationale Art. Sie betrachtete die meisten meiner Kolleginnen als konkrete Feinde, in ihren besten Momenten sogar die Schauspielerinnen Monica Bellucci und Salma Hayek, obwohl sie doch gar nicht zu unserem engeren Bekanntenkreis gehörten. Ich musste also vorsichtig sein. Eine unbedachte Antwort konnte als Argument in einem kommenden Streit dienen. Oder, um es in der Rhetorik meiner Exfreundin zu formulieren: Sie wäre eine gute Diskussionsgrundlage.

Aber ich hatte Glück, es war keine Falle. Wir waren seit einigen Jahren zusammen, und es ging uns wie nicht wenigen Paaren, die schon länger in einer Beziehung sind. Unser Liebesleben hatte sich beruhigt, um es zurückhaltend auszudrücken. Inzwischen schliefen wir ungefähr einmal in der Woche miteinander. Wenn es hoch kam.

Einige kennen das vielleicht. Man liegt abends im Bett und stellt gemeinsam fest, dass der letzte Sex nun schon einige Zeit zurückliegt, aber irgendwie ist man dann doch gerade zu müde. Der Tag war ja ziemlich anstrengend.

Man versichert sich gegenseitig, dass man morgen Abend miteinander schlafen wird, und zwar unbedingt. Nun ja. In den meisten Fällen sieht der folgende Abend allerdings ähnlich aus.

Schlechter Sex kann der Anfang vom Ende einer Beziehung sein, das ist ja allgemein bekannt. Man muss sein Liebesleben kultivieren. Sich bemühen. Allerdings braucht Verliebtheit Fremdheit. Und die löst sich im Laufe der Jahre auf. Sie wird zu Liebe oder zu Gewohnheit. Und dass aus der anfänglichen Verliebtheit eine Gewohnheit werden könnte, davor fürchtet sich wohl jeder.

Also beriet sich meine Freundin mit einer Kollegin. Ich bin mir bis heute nicht sicher, ob diese Kollegin eine geeignete Ratgeberin war. Sie war eine Frau, die nach eigener Aussage praktisch jeden Tag Sex hatte und auch sehr viel darüber sprach. So gesehen sah meine Freundin wohl eine Expertin in ihr. Die Expertin erkundigte sich einleitend erst einmal fachmännisch, wie oft wir miteinander schliefen.

»Wie bitte? Nur einmal pro Woche«, rief sie fassungslos, als meine Freundin ihre Frage schüchtern beantwortet hatte. »Das ist der Anfang vom Ende.« Dann schlug sie nach einigem Nachdenken vor: »Guckt euch doch mal einen Porno an. Machen wir auch ständig. Das hilft.«

Ich nickte ernsthaft, als meine Freundin mir das Gespräch wiedergab, dann erwiderte ich so unbeteiligt wie möglich: »Klar, warum nicht?«, und dachte: »Ja!!!« Der Gedanke übte schon einen gewissen Reiz aus.

Tja, was soll ich sagen, ich hatte mich zu früh gefreut. Es war ein hilfloser Versuch. Meine Freundin konnte nicht aus ihrer Haut. Die Eifersucht nagte an ihr, also durfte ich auf dem Weg zur Videothek feststellen, dass sie einige Regeln für diesen Besuch festgelegt hatte. Oder sagen wir so, in unserem Fall war es mehr: Es war ein Regelwerk.

Die beiden wichtigsten Vorschriften waren, dass meine Freundin den Film auswählen würde und dass ich sie nicht in den Erwachsenenbereich begleitete. Eventuell gab es ja DVD-Cover, auf denen attraktive, nackte Frauen zu sehen waren, auf die sie eifersüchtig sein könnte. Ich war einverstanden. Schließlich war mir klar, dass das hier eine sensible Angelegenheit war. Einen Moment lang wunderte ich mich sogar, dass es keine Regel gab, nach der ich auf keinen Fall zum Fernseher sehen durfte, während der Film lief.

Als wir die Videothek betraten, sagte meine Freundin traurig: »Na dann, bis gleich.«

»Bis gleich«, sagte ich und blickte ihr nach, bis sich die elektrischen Schiebetüren, die in den Erwachsenenbereich führten, sanft hinter ihr schlossen. Dann ging ich zum Regal, in dem sich die Neuheiten befanden.

Bis zu diesem Abend glaubte ich, einschätzen zu können, welche Zeitspanne ein »Bis gleich« bei meiner Freundin beinhaltete. Ich kannte ja ihr »Ich bin gleich fertig«, wenn sie sich zurechtmachte, bevor wir ausgingen. Aber in den folgenden vierzig Minuten begriff ich, dass ich mich verschätzt hatte. Als eine knappe Stunde vergangen war, wurde ich langsam nervös.

Ähnlich schien es auch den Männern zu gehen, die den Erwachsenenbereich kurz nach dem Betreten hastig wieder verließen. Meine Exfreundin war nicht unattraktiv, und die Gegenwart attraktiver Frauen kann schon Unsicherheiten verursachen, wenn man sich ganz entspannt einen Film im erotischen Erlebnisbereich auswählen möchte, um den Abend nicht allein zu verbringen.

Nun ja, zumindest hatte ich mit diesen Männern schon mal eine Gemeinsamkeit. Wir warteten. Ungeduldig.

Mir wurde langsam klar, warum es so lange dauerte.

Meine Freundin hatte einen Plan gefasst, bevor wir aufbrachen. Einen Plan, der sie offensichtlich überforderte. Sie hatte sich vorgenommen, einen Film mit möglichst unattraktiven Darstellerinnen auszuwählen, der ihr keinen Grund gab, eifersüchtig zu sein. Offensichtlich war jedoch keine hässlich genug.

Ich wartete noch zwanzig Minuten, bevor ich den Erwachsenenbereich betrat, um sie zu erlösen. Ich schlug ihr vor, doch keinen Film auszuleihen. »Ich bin heute irgendwie nicht so in der Stimmung«, sagte ich. Meine Freundin warf mir einen dankbaren, erleichterten Blick zu.

Im *Spreegold* warf ich Jan einen ungeduldigen Blick zu, hielt aber kurz inne, bevor ich so beiläufig wie möglich fragte: »Ach? Ihr seht euch Pornos an, wenn ihr Sex habt?«

»Nee, nee, keinen Porno«, sagte Jan und machte eine abwehrende Geste. »Letztes Mal – warte mal – ja, letztes Mal war's eine Doku. Auf *Vox*, glaub ich. Ja, genau. Diese Personality-Doku über Harald Glööckler.« Er dachte einen Moment nach, bevor er fortfuhr: Genau, »Glööckler, Glanz und Gloria.«

Ich war mir nicht sicher, ob ich mich gerade verhört hatte. *Harald Glööckler. Glööckler, Glanz und Gloria.* Beim Sex? Ich war fassungslos. Das klang sexualethisch äußerst desorientierend. Die beiden waren zwar inzwischen seit knapp neun Jahren zusammen, da war es ja nicht unüblich, neue Reize zu testen, um das Liebesleben aufregender zu gestalten. Aber eine Personality-Doku über Harald Glööckler, in der gern mal thematisiert wird, dass sein Hund Durchfall hat? *Das* war verstörend.

Ich sah Jan entgeistert an. Ich war bisher der Meinung gewesen, ihn eigentlich ganz gut zu kennen. Offensichtlich hatte ich ihn falsch eingeschätzt. Ich hatte das Gefühl, einem Fremden gegenüberzusitzen. Bevor ich jedoch etwas dazu sagen konnte, löste er die Situation auf. Glücklicherweise. Die Glööckler-Dokumentation gehörte *nicht* zum Liebesspiel. Sie lief nebenher. Es war alles ein großes Missverständnis. Ich atmete auf, obwohl es schon irgendwie verstörend war, solche Formate während des Liebesspiels laufen zu lassen.

Aber offenbar hatte ich noch immer nicht ganz begriffen, was er meinte. Jan erklärte mir im gemütlichen Plauderton, wie wichtig es ihm war, dass seine Freundin zum Orgasmus kam. »Und am besten kommt sie, wenn sie oben ist«, sagte er. »Also lass ich sie erst mal machen. Und wenn's im Wohnzimmer dazu kommt, dass wir miteinander schlafen, läuft eben auch mal der Fernseher.« Mit anderen Worten: Wenn es beim Sex langweilig wurde, guckte man eben, was gerade so im Fernsehen lief.

Danke, dachte ich. Danke für dieses Bild – denn inzwischen hatte sich das Bild von Jan und seiner Freundin vor meinem inneren Auge aufgebaut, eine Spur zu detailreich, wie ich fand. Ein Bild, das ich gern ausgeblendet hätte. Leider habe ich jedoch die Anlage, dass sich Bilder vor meinem inneren Auge leicht verselbständigen. *Vor allem* Bilder, die ich gern ausblenden würde.

Ich sah Jan und seine Freundin auf ihrer Couch sitzen. Auf dem großen Fernseher, dessen Maße mich immer wieder aufs Neue überraschen, wenn ich sie besuche, lief gerade die *Tagesschau*. Und dann gab es diesen romantischen Moment: Die Freundin meines Bekannten kuschelt sich an ihn, sie beginnt ihn zu streicheln, eins kommt zum anderen. Als sie auf ihm sitzt und seinen Körper mit zärtlichen Küssen bedeckt, blickt Jan unauffällig zum Fernseher und denkt sich: »Mmh, na bis die zum Orgasmus kommt, hab ick ja noch Zeit. Wat läuft heute eigentlich so?«

Sein Blick sucht nach der aufgeschlagenen Fernsehzeitung auf dem Wohnzimmertisch, in der er die Höhepunkte der Woche mit einem leuchtend grünen Filzstift markiert hat. *Frauentausch, Wer wird Millonär?, Dr. House, Glööckler.*

»Momentchen, Glööckler«, denkt sich Jan. »Mensch, die Folge, in der sein Hund Durchfall hat, kenn ick ja noch janich.«

Seine Freundin rackert sich ab, während er entspannt zum Fernseher sieht, um seine Harald-Glööckler-Bildung zu verfeinern. Ein Bild, das ich wirklich gern aus meinem Kopf bekommen hätte. Aber leider geschah das Gegenteil – es verselbständigte sich. Die Szenarien begannen zu variieren. Mal zündete Jan sich genussvoll eine Zigarette an, mal tippte er gedankenverloren auf seinem Laptop herum, snackte oder trank vorsichtig aus einem Glas Wein. Es waren irritierende Bilder, auch weil sie irgendwie gemütlich wirkten. Mir fiel eine Freundin ein, die mir vor einiger Zeit fassungslos erzählte, dass ihr Freund eingeschlafen war, als sie miteinander schliefen. Vielleicht lag es daran, dass ich vor Augen hatte, wie Jan sanft in einen Traum hinüberglitt, mit einem dezenten Schnarchen und einem glücklichen Ausdruck auf seinem Gesicht, während seine Freundin auf ihren wohlverdienten Orgasmus hinarbeitete.

Wie ein Kind.

Diese Gedanken waren besorgniserregend. Lief es wirklich darauf hinaus? Hatte ich gerade einen Blick in meine eigene Zukunft geworfen? Wurde auch mein Liebesleben irgendwann zu einer solchen Routine, dass ich parallel andere Dinge erledigen konnte, gewissermaßen auf Multi-tasking-Niveau? Ich habe einmal auf die Uhr gesehen, als ich mit einer Frau schlief. Es war an einem Morgen, und ich musste pünktlich im Büro sein. Eigentlich ein schlüssiges Argument, trotzdem hat mir dieser Blick Ärger eingebracht.

Meine längste Beziehung hielt knappe drei Jahre, insofern habe ich keine Erfahrungswerte, wie es nach sechs, neun oder fünfzehn Jahren aussieht. Aber eins nahm ich mir vor, so durfte es nicht enden.

»Wie oft schlaft ihr eigentlich miteinander?«, fragte ich, um das Thema irgendwie abzuschließen.

»Na ja, so alle zwei Wochen.«

Nur alle zwei Wochen, dachte ich fassungslos. War das nicht irgendwie der Anfang vom Ende?

Dann stellte ich eine Frage, die mich selbst überraschte. Eine Frage, die eigentlich nicht zu mir passte, oder sagen wir, *noch* nicht, denn ich hatte das unbestimmte Gefühl, als würde sie etwas Künftiges vorwegnehmen.

Ich fragte: »Sag mal, was läuft heute eigentlich im Fernsehen?«

Russell Crowe in Prenzlauer Berg

Am Samstagabend hatte ich das Gefühl, die Figur in einer Filmszene zu sein. Russell Crowe in der romantischen Liebeskomödie *Ein gutes Jahr* vielleicht. Das war kein unangenehmes Gefühl. Ich spürte, dass irgendwie alles passte – die Kulisse, die Nebenfiguren, und so wie es aussah, stimmten auch die Hauptcharaktere.

Die Hauptcharaktere waren Johanna und ich.

Wir hatten uns vor einiger Zeit auf einem Konzert von *Jazzanova* kennengelernt und saßen gerade in einem sehr kleinen italienischen Restaurant, das sich im Berliner Bezirk Prenzlauer Berg befand, in der Nähe vom Kollwitzplatz. Ein italienisches Restaurant, das eigentlich ein sizilianisches Restaurant war, wie mir Johanna erzählte, nachdem uns der Kellner an einen der acht Tische geführt hatte.

Als ich jung war und noch bei meinen Eltern wohnte, wünschte ich mir nichts sehnlicher, als in diese Gegend der Stadt zu ziehen. Damals gab es nicht viele italienische Restaurants in Prenzlauer Berg. Inzwischen ist das anders. Inzwischen muss man seinen Restaurantgeschmack verfeinern, ihn gewissermaßen präzisieren. Inzwischen geht man hier nicht mehr zum Italiener. Man geht zum Sizilianer, Sardinier oder Toskaner, wenn nicht gar zum Palermitaner, Florentiner oder Römer. Ein angenehmer Gedanke. Ein Gedanke, der zu dieser Gegend passte. Ein

Gedanke aus einem Leben, in dem sich die Ziele verschoben hatten. Ich strich mit der Hand behutsam über die weiße Tischdecke und spürte den Stoff. Hier zu sitzen war ein angenehmes Gefühl – so ähnlich hatte ich mich gefühlt, wenn ich früher in *Manufactum*-Katalogen blätterte oder wenn ich mir alle halbe Jahre den wunderbaren Film *Ein gutes Jahr* ansah.

Ich sah aus dem Fenster zu den sanierten Häusern auf der anderen Straßenseite und überlegte, welche der Fassaden mir am besten gefiel, als mir plötzlich klar wurde, dass Prenzlauer Berg inzwischen auf mich wirkt, als hätte man die Gegend für Touristen aufgebaut. Es war eine Kulisse. Entworfen nach dem Bild, das Zeitschriften und Magazine von Berlin zeichnen. Um den Touristen zu vermitteln, Berlin hier sehr nah zu sein, zumindest jener Vorstellung von Berlin, die die Leitartikler und Essayisten skizzierten.

Wir befanden uns hier in einem Themenpark, in einer Filmkulisse. Die Passanten sahen irgendwie gecastet aus. Ihre Gesichter passten zu den restaurierten Fassaden der Wohnhäuser. Und selbst diejenigen, die, nach ihrem Kleidungsstil zu urteilen, gebürtige Berliner waren, wirkten, als hätten sie sich heute Morgen drei Stunden vor dem Spiegel darauf vorbereitet, genau so auszusehen. Und dann am Kollwitzplatz ihre Rolle zu spielen und die Gegend dem Bild, das den Touristen vermittelt wurde, anzupassen.

Ich werde nie vergessen, wie ich im letzten Frühling einen Stand auf dem Markt am Kollwitzplatz entdeckte, an dem zu Currywurst Champagner verkauft wurde. Eine Kombination, die ich nun wirklich nicht verstehe, die hier aber sicherlich als originell galt. Hier war man von Klischees umgeben. Und was soll ich sagen, es war gar nicht so unangenehm.

Prenzlauer Berg ist eine Gegend in Berlin, über die schon viel geschrieben wurde. Ich blickte noch einmal zu den Häusern auf der anderen Straßenseite. Es war eine gute Gegend, um sich einzurichten. Und auch das passte. Inzwischen. Auch zu mir.

Letztlich ist es eine Altersfrage. Mit Anfang zwanzig sehnt man sich nach Gegenden, die Bewegung in das Leben bringen, Gegenden, wo man spürt, ganz nah am Leben zu sein. Mit Mitte dreißig sieht das ein wenig anders aus. Als Mittdreißiger sehnt man sich nach einer Gegend, in der man sich einrichten kann, in der man aber nicht zu sehr bemerkt, dass man älter geworden ist. Was soll ich sagen, ich verstehe die Zugezogenen, die sich hier Wohnungen kaufen, um sich einzurichten. Vielleicht auch, weil ich als Köpenicker selbst gewissermaßen ein Zugezogener bin, der aus einer kleinstädtischen Provinzialität nach Berlin gezogen ist.

Johanna berührte meine Hand. »Hast du mal Feuer?«, fragte sie.

Ich nickte, und sie zündete die Kerze an, die auf dem Tisch stand, und betrachtete die auflodernde Flamme. Sie wirkte nachdenklich und sah gerade sehr schön aus. Als sie meinen Blick bemerkte, lächelte sie verlegen.

Der Wein wurde serviert. Ich kostete und lobte ihn, obwohl ich mich mit Weinen nun wirklich nicht auskenne. Johanna und der Kellner schienen es mir abzunehmen. Der Kellner füllte die Gläser und entfernte sich. Als wir anstießen, hatte ich das Gefühl, gar nicht mehr in Berlin zu sein, sondern irgendwo in Italien. »Sind wir hier eigentlich im Osten oder Westen?«, fragte Johanna und zerstörte dieses ja eigentlich sehr schöne Bild. Ich war nicht sicher, ob ich mich gerade verhört hatte. Johanna stammt ursprünglich aus der Nähe von Stuttgart und lebt seit ungefähr drei Jahren in Kreuzberg. Stuttgart ist so weit weg, dachte ich. Weiter, als ich angenommen hatte. Und die Gegend von Kreuzberg, in der Johanna lebte, offensichtlich auch.

»Was denkst *du* denn?«, fragte ich nach einem kurzen Zögern.

Sie sah aus dem Fenster. »Westen?«

Ich schüttelte den Kopf.

»Ach? Hätte ich nicht gedacht«, sagte sie.

»Hier leben aber auch nicht mehr so viele Ostler«, bemerkte ich, um ihr zu sagen, dass sie eigentlich gar nicht so falschlag. »Die meisten sind weggezogen. Die Gegend ist einfach zu teuer geworden.«

Ich zuckte zusammen, als sehr unvermittelt ein Lied ertönte, das nicht hierherpasste, nicht zu diesem Restaurant, nicht zu dem Wein, nicht einmal zu der Gegend, und vor allem nicht zu meiner Stimmung. Offenbar passte es jedoch zu Johanna, denn es war das Klingeln ihres Handys.

Scheiße, dachte ich, und Drafi Deutscher sang: »Marmor, Stein und Eisen bricht, aber unsere Liebe nicht«.

Johanna warf einen Blick auf das Display und rollte genervt mit den Augen.

»Da geh ich jetzt nicht ran«, sagte sie, stellte das Handy auf lautlos und legte es neben ihren Teller. Wir beobachteten es schweigend. Das rhythmische Vibrieren auf der Tischplatte wirkte wie ein Vorwurf, es war fast noch schlimmer als dieser schreckliche Klingelton.

»Geh doch ran«, sagte ich.

Sie schüttelte den Kopf, dann hörte es endlich auf.

»Mein Exfreund«, erklärte sie.

Ich nickte. Ihr Exfreund. Ich hatte mir schon bei unserer ersten Begegnung vorgestellt, wie Männer wohl aussahen, mit denen eine Frau wie Johanna zusammen war. Volles Haar, gesunde Bräune und ein leichter Dreitagebart. Eher Hugh Jackman als Edward Norton. Männer, gegen die ich keine Chance hatte. Eigentlich. Denn hier saß ich mit einer Frau, die Anrufe von jemandem ignorierte, der vermutlich wie Hugh Jackman aussah, *weil sie hier mit mir saß*. Das war kein unangenehmer Gedanke. Mir fiel auf, dass ich lächelte.

Aber ein Drafi-Deutscher-Marmor-Stein-und-Eisenbricht-Handy-Klingelton?

Ich war mir nicht sicher, ob man von der Wahl eines Klingeltons auf das Wesen eines Menschen schließen konnte, und wollte jetzt auch gar nicht darüber nachdenken. Man musste ja nicht alles überinterpretieren. Vorsichtshalber füllte ich unverzüglich unsere Gläser nach.

Wir stießen an und tranken.

»Eine schreckliche Situation«, sagte Johanna, als sie das Glas absetzte. »Wir hatten das Wochenende miteinander verbracht, und ich hab auch Sonntagnacht bei ihm geschlafen. Irgendwann bin ich aufgewacht, hab zu ihm rübergesehen und gedacht: Was mach ich hier eigentlich? Nach drei Jahren Beziehung. Kennst du das, dieses Gefühl?«

Ich nickte bestätigend, denn ich kenne dieses Gefühl wirklich. Allerdings eher mit Frauen, neben denen ich am frühen Nachmittag aufwachte, nachdem ich sie um fünf Uhr morgens in irgendwelchen Clubs kennengelernt hatte. Aber das konnte ich Johanna natürlich nicht sagen.

»Dann bin ich aufgestanden und bin gegangen«, erzählte sie weiter. »Ich hab natürlich vorher noch versucht, ihm zu erklären, was los war, aber eine Diskussion war gar nicht möglich. Er hat mir Blicke zugeworfen, da musste er nichts mehr sagen. Er meinte dann noch ›Wir sehen uns morgen‹, als ich schon in der Tür stand. Und ich hab ›nein!‹ gesagt. Seitdem haben wir nicht mehr miteinander gesprochen.«

Aha.

Nun wusste ich also, wie Johanna Männer verließ. Die unbarmherzige Variante. Ich überlegte, ob ich vielleicht gerade dabei war, Johanna ein bisschen zu gut kennenzulernen.

»Ich hab nicht einmal das Bedürfnis, mich zu melden, und das ist schon ein Zeichen«, sagte sie.

»Stimmt«, erwiderte ich, nur um etwas zu sagen. Dann fragte ich: »Wann war das eigentlich?«

»Vor zwei Wochen«, sagte sie.

»Vor zwei Wochen«, wiederholte ich. »Ist ja noch nicht so lange her.«

»Ach, eigentlich ist es schon seit einem halben Jahr vorbei, eigentlich sogar schon länger. Es hat einfach nicht mehr gepasst.«

Ich nickte, obwohl ich vermutete, dass diese halbjährige Trennungsphase unbemerkt an Johannas Exfreund vorbeigegangen war. Ich füllte schnell unsere noch halbvollen Gläser nach.

Eine Flasche Wein später streichelte Johanna meine Hand. Es hatte nur eine halbe Flasche gedauert, bis Johannas armer Exfreund und Drafi Deutscher nicht mehr gegenwärtig waren und Johanna wieder zu der Stimmung in diesem Restaurant, in dieser Gegend und in diesem Ausblick passte. Wir waren wieder auf Sizilien.

Johanna sah mir ernst in die Augen, und jetzt war es fast so, als würden wir eine Filmszene nachspielen. Eigentlich fehlte nur noch ein passender Song, der im Hintergrund lief. Der Soundtrack für die Schlüsselszene, die den großen Wendepunkt symbolisiert. Den Moment, in dem endlich wieder Bewegung in die Handlung kommt. Der die ständige Wiederholung auflöst. Die Möglichkeit, aus Gewöhnlichem wieder Außergewöhnliches zu machen.

Ich spürte, wie Johanna meine Hand berührte. Sie lächelte. Ich stellte mir vor, wir wären wirklich in einer Filmszene. Der Nette und die Schöne. Ein ungleiches Paar, das einem Happy End entgegentrieb. Alles wäre inszeniert, alles bereits festgeschrieben. Dann sagte Johanna: »Ich mag dich. Wirklich.«

»Ja?«, sagte ich und lächelte. »Ich dich auch.«

Es lag wohl am Wein.

Wir würden uns verstehen, dachte ich. Wir würden unkompliziert miteinander umgehen. In unseren Gesprächen würde es keine unangenehmen Pausen geben.

Ich spürte, dass ich nicht mehr Michael Nast war, ich war Russell Crowe in *Ein gutes Jahr*, der gerade dabei ist, sich zu verlieben. Gewissermaßen in der Berlin-Prenzlauer-Berg-Variation. Lange würde ich das Gefühl nicht halten können. Irgendwann würden Drafi Deutscher und Johannas Art, langjährige Beziehungen zu beenden, wieder gegenwärtig sein. Wenn alles gut lief, erst am nächsten Morgen. Aber das reichte ja schon.

Der Film *Ein gutes Jahr* war ja auch nach zwei Stunden vorbei.

Vergeltungsmaßnahmen

Als ich vor einiger Zeit abends über den Alexanderplatz lief, rief mich meine Freundin Anna an, um mir mit versagender Stimme mitzuteilen, dass sie wieder Single war. Ihr Freund hatte sie verlassen. Per E-Mail. Nach einem Jahr Beziehung. Die Mail erreichte sie am Nachmittag im Büro. Das ist kein günstiger Zeitpunkt, um zu erfahren, dass man nach einem Jahr wieder Single ist, vor allem, wenn man sich das Büro mit Kollegen teilt. Daran hatte ihr Freund irgendwie nicht gedacht, als er die Mail abschickte. Und – um den Ereignissen vorzugreifen – er hatte auch andere Dinge nicht bedacht. Eventuelle Konsequenzen zum Beispiel.

Drei Stunden später rief sie also mich an. »Hast du heute Abend Zeit?«, fragte sie mit brüchiger Stimme. Sie war immer noch vollkommen fertig. Ich sagte: »Ich bin in zwanzig Minuten da.«

»Per E-Mail!«, rief Anna fassungslos, als sie mir kurze Zeit später ihre Wohnungstür öffnete. Ich nickte bedrückt, bevor wir uns umarmten. Als ich ihr Wohnzimmer betrat, sah ich, dass ich nicht der Einzige war, den sie angerufen hatte. Wir waren zu sechst – vorerst – und ich war der einzige Mann.

Per E-Mail.

Der kurze Satz schwebte im Raum. Anna setzte sich. Wir schwiegen betreten. Dann brach endlich eine der anwe-

160

senden Frauen die Stille. »Aber nimm doch mal die Carrie«, sagte sie. »Bei der war's doch noch schlimmer. Die wurde per Post-it verlassen.«

»Stimmt, ja. Du hast recht«, Anna klang erleichtert.

Ich hob meinen Blick und sah sie an. Ihre Züge hatten sich geglättet. Jetzt brach sogar die Andeutung eines Lächelns durch.

Die Carrie?

Ich weiß, dass es nicht für mich spricht, aber zunächst war mir gar nicht klar, von wem da die Rede war. »Wer ist denn Carrie?«, fragte ich naiv.

Die Frauen sahen mich fassungslos an, ich schien den Dorfdummen zu geben.

»Carrie Bradshaw? Sex and the City?«, fragte Anna.

»Ah«, brachte ich noch hilflos heraus, bevor etwas wirklich Überraschendes geschah: Die tragischen Umstände, in denen sich Anna gerade befand, schienen in der folgenden halben Stunde nicht mehr zu existieren. Anna selbst und auch ihre Freundinnen hatten sie offensichtlich vergessen. Ich erfuhr detailliert, wie Carrie Bradshaw in einer Folge der Serie *Sex and the City* per Post-it verlassen wird. Von einem gewissen Jack Berger.

Ein Post-it.

Es gab also schlimmere Szenarien, als per E-Mail verlassen zu werden, und bei Schicksalsschlägen kann es ja hilfreich sein, Menschen zu kennen, die es härter getroffen hat als einen selbst. Und Carrie war trotz Jacks Post-it darüber hinweggekommen. Ich sah die Frauen irritiert an.

Ehrlich gesagt, war ich mir gerade nicht mehr so sicher, ob wir immer noch über Figuren sprachen, die sich die Drehbuchautoren einer Fernsehserie ausgedacht haben. Nach der Vertrautheit in den Stimmen der Frauen zu urteilen, redeten wir hier über reale Personen, gute Freundinnen, denen man vertraut und mit denen einen viel verbindet. In diesem Moment begriff ich, dass diese Serie für Frauen nicht nur Unterhaltung ist. Sie ist mehr. Und auch die Charaktere nehmen viele Frauen offensichtlich nicht als fiktive Figuren wahr. Sie sind echt – wie die Probleme, Neurosen und Ängste, die man mit ihnen teilt. Sie sind gute Freundinnen, die einen nicht enttäuschen oder sogar verletzen können. Sie sind Spiegel und Projektionsfläche. Ich begriff, dass *Sex and the City* nicht nur eine Serie ist – es ist vielen Frauen ein Halt.

Eine halbe Stunde später kannte ich mich im Leben von Carrie Bradshaw schon ziemlich gut aus. Als wir wieder in der Realität ankamen, waren die Wangen meiner Freundin gerötet, und sie wirkte jetzt sehr selbstbewusst. Sie klappte ihren Laptop auf und schob ihn zu mir herüber. Ich las die besagte E-Mail.

»Lies doch mal vor«, sagte Anna. Ich versicherte mich in ihrem Blick, ob das okay war. Es war okay. Alle Augen waren auf mich gerichtet. Ich erhob mich, las den Text noch einmal laut und akzentuiert vor. Dann leitete ich die Mail instinktiv an meinen Account weiter. »Darf ich die Mail verwenden?«, fragte ich Anna. Sie zögerte. »Also nur in Auszügen«, fügte ich hinzu. »Nur ein paar Sätze.«

Sie warf mir einen zögernden Blick zu, aber in ihr Zögern mischte sich noch etwas anderes, das ich anfangs nicht einordnen konnte, etwas Dunkles. Als wäre meine Frage ein Auslöser gewesen. Rückblickend kann ich sagen, dass es wahrscheinlich dieser Moment war, in dem Annas Plan reifte.

»Also wenn du es verwendest, will ich es absegnen«, sagte sie fest.

Ich nickte. Als ich die E-Mail zu Hause noch einmal

las, beschloss ich, nicht daraus zu zitieren, vielleicht weil mir immer noch Annas Blick vor Augen stand. Allerdings muss ich zugeben, dass die E-Mail ihres Exfreundes erstaunlich verwendbares Material enthielt. Es kribbelte mir in den Fingern. Aber es war ein Text von einem Menschen an den anderen, ein intimer, privater Text. Er bestand zwar aus einer Aneinanderreihung abgedroschener Allerweltsfloskeln, aber ich glaube, dass sie ernst gemeint waren. Annas Exfreund hatte sich offensichtlich wirklich bemüht. Das gab dem Text eine unfreiwillige Komik. Darum wurde ich ja auch, als ich ihn in Annas Wohnung laut und akzentuiert vorlas, so oft vom Lachen der anwesenden Frauen unterbrochen – auch von Annas Lachen. Der Text war Realsatire, daran lag es wohl. Besseres Material konnte sich ein Autor kaum wünschen ... aber es gab Dinge, die man einfach nicht tat. Allerdings gehörte auch das Beenden einer einjährigen Beziehung mit einer E-Mail dazu.

Annas Exfreund wählte den einfachen Weg. Aber auch der einfache Weg hat seinen Preis.

Dass Jack in *Sex and the City* die Beziehung mit Carrie per Post-it beendet, ist sicherlich hart, hat aber einen entscheidenden Vorteil: Er riskiert nicht, sich um Kopf und Kragen zu reden. Das Gefährliche an Briefen, also dem geschriebenen Wort, ist ja, dass der Empfänger auch im Nachhinein immer auf das Geschriebene zurückgreifen kann. Man kann nichts revidieren oder relativieren. Man kann nicht mehr einwenden, missverstanden worden zu sein. Der Brief ist ein Beweis.

Thomas Mann oder Johann Wolfgang von Goethe haben ihre Briefe irgendwann nicht mehr ausschließlich an deren Empfänger gerichtet. Weil beide im Gegensatz zu Franz Kafka oder Vincent van Gogh schon zu Lebzeiten erfolgreich waren, wussten sie, dass der Empfänger nicht der Einzige sein würde, der ihre Briefe las. Zwar richteten sie ihre Texte an den jeweiligen Empfänger, aber der eigentliche Adressat war die Nachwelt. Sie haben ihre privateste Korrespondenz bewusst an die Nachgeborenen gerichtet. Ihre Briefe waren Teil ihrer Selbstdarstellung: Sie schrieben nicht als die Menschen, die sie waren; sie schrieben sie als die Personen, für die sie gehalten werden wollten; so, wie sie der Nachwelt in Erinnerung bleiben wollten.

Annas Exfreund hat sicher nicht an Goethe, Mann oder Kafka gedacht, als er die E-Mail schrieb, obwohl er sich ja auch als Künstler versteht. Allerdings wird ihm schon klar gewesen sein, dass meine Freundin nicht die Einzige sein würde, die seine E-Mail las – und vor allem auswertete.

In *Sex and the City* stellt Carrie ihren Exfreund zur Rede. Diese Möglichkeit hatte Anna nicht. Sie schrieb ihm zwar eine E-Mail, aber das war ihr nicht genug. Frauen brauchen das Gespräch. Und weil ihr Exfreund nicht bereit dazu war, sprach sie eben mit anderen. Und mit »anderen« sind in diesem Fall *alle anderen* gemeint.

Ich hatte das Flackern in Annas Augen gesehen, aber ich ahnte nicht, wie inflationär sich der Text verbreiten würde. Als mir eine entfernte Bekannte, von der ich gar nicht wusste, dass sie Anna überhaupt kennt, riet, die Mail unbedingt zu verwenden, begriff ich, dass ich den Verbreitungsgrad zu pessimistisch eingeschätzt hatte. Bisher war ich davon ausgegangen, dass ungefähr achtzig Leute besagte E-Mail lesen würden. Inzwischen konnte ich wohl noch eine Null anfügen. Wenn man so wollte, war Annas Freund zu einer öffentlichen Person geworden. Prominenz wird dadurch definiert, dass man von wesentlich mehr Menschen gekannt wird, als man persönlich kennt.

Man kannte ihn. Anna hatte geschafft, was ihm als Künstler nie gelungen war. Er wurde wahrgenommen.

»Die arme Sau«, dachte ich, denn der Mann tat mir inzwischen schon ein wenig leid.

Es gibt Dinge, die man nicht unterschätzen darf, beispielsweise das gekränkte Ego einer Frau. Natürlich hatte es eine Phase des Selbstzweifels gegeben, während der sich Anna fragte, wie sie sich so in einem Menschen täuschen konnte. Natürlich betrachtete sie das vergangene Jahr inzwischen als verschwendete Zeit. Natürlich wollte sie Genugtuung. Perfekte Zutaten, für ein Gericht, das am besten kalt serviert wird.

Rache.

Dass diese Redewendung aus dem Film *Der Pate* bedeutet, dass Vergeltung mit kühlem Kopf geübt werden sollte, ist ja allgemein bekannt. Und offensichtlich hatte auch Anna den Rat von Vito Corleone berücksichtigt. Ihr Exfreund war zu einem Hobby geworden. Vito Corleone hätte es wahrscheinlich folgendermaßen formuliert: »Unterschätzen Sie nie die Rache einer Frau.«

In einer Beziehung ist es ja ganz natürlich, dass der Partner eine Vertrauensperson ist. Man bespricht mit ihm Dinge, die man nicht mit jedem besprechen würde. Ich kenne eine Frau, die mir einmal gesagt hat: »Ich finde es wichtig, dass jeder seinen eigenen Freundeskreis hat. Meine Freundinnen müssen mit meinem Freund nicht so viel zu tun zu haben. Ich brauch ja jemanden, mit dem ich schlecht über ihn reden kann.« In Annas Fall hatte die umgekehrte Mechanik gegriffen. Ihr Exfreund hatte bei ihr über seine Bekannten gelästert.

Das war ein Fehler.

In den folgenden Wochen erfuhren viele seiner Freunde, was er wirklich über sie dachte, auch die engsten. Ich wurde häufig auf ihn angesprochen, man sprach sehr abgeklärt über ihn, teilweise auch wütend, in etwa wie ein betrogener Ehepartner. Sein Freundeskreis distanzierte sich von ihm. Der Mann begann aus seinem sozialen Gefüge zu rutschen.

Anna spricht nicht mehr über die Trennung. Das Thema ist für sie abgeschlossen. *Sie* hat es ja verarbeitet. Wenn es doch einmal zur Sprache kommt, kann sie sogar darüber lachen. Aber kürzlich traf ich ihren Exfreund, zum ersten Mal seit ihrer Trennung. Er wirkte erschöpft, müde und ausgelaugt, irgendwie verloren zwischen den anderen Gästen. Ich unterhielt mich kurz mit ihm, weil er mir leidtat. Als wir uns verabschiedeten, überlegte ich kurz, ihm vorzuschlagen, doch mal zusammen ein Bier zu trinken, ließ es dann aber bleiben. Mir war eingefallen, dass Anna ja auch mir erzählt hatte, was er von mir hielt.

Unterschätze nie die Rache einer Frau, dachte ich, als ich ihn traurig die Knesebeckstraße hinuntergehen sah.

Unterschätze nie – niemals – die Rache einer Frau.

Weihnachten mit Bruce Willis

Als ich kurz vor Weihnachten mit meiner Mutter telefoniert habe, erkundigte sie sich beiläufig, wie ich meine Wohnung dekoriert hätte. Sie stellt diese harmlose Frage jedes Jahr. Das ist eine unserer Traditionen. Wir wissen beide, dass es eine Fangfrage ist. Dass es ein Spiel ist. Denn eigentlich geht es in dieser Frage nicht um das »wie«, es geht um das »ob«.

»Und, wie weihnachtlich sieht es bei dir schon aus?«, fragte meine Mutter.

Ich sah aus dem Fenster. Es schneite. Die Karl-Marx-Allee war unter einer dichten Schneedecke begraben. Es gab nur ein paar wenige Autos auf der sonst so vielbefahrenen Straße. So gesehen sah es schon ziemlich weihnachtlich aus. Aber das war natürlich nicht, was sie meinte.

»Na ja«, sagte ich zögernd. »Eigentlich sieht es noch gar nicht *so* weihnachtlich aus.« Ich versuchte, das »noch« so unauffällig wie möglich zu betonen, aber ich glaube nicht, dass es mir gelungen ist.

Natürlich weiß meine Mutter, dass ich nicht zu den Menschen gehöre, die sich schon das ganze Jahr auf den Tag freuen, an dem sie mit einer Dose Sprühschnee durch die Wohnung tanzen können, um dekorative Akzente zu setzen.

In einer Schublade bewahre ich die Weihnachtsdekoration auf, die mir meine Eltern im Laufe der vergangenen

Jahre bei Besuchen zugesteckt haben. Es ist nicht allzu viel. Es gibt einige Weihnachtskugeln, einen goldfarbenen Kerzenständer und ein paar sehr kleine Holzfiguren. Meine Wohnung wäre schnell geschmückt, grob geschätzt in etwa einer Minute.

Das wissen meine Eltern, aber darum geht es nicht. Es ist ja nicht so, dass sie sich wünschen, ich würde in einem der Plattenbaugebiete der Stadt wohnen, dort legt man nämlich viel Wert auf Weihnachtsdekorationen. Marzahn blinkt und leuchtet im Dezember. Und das teilweise sehr hektisch. Wenn man sich die ungeschmückten Fassaden der Häuser ansieht, weiß man auch, warum. Deren Bewohner haben keine Wahl. Der Dekorationszwang ist in Marzahn eine Flucht nach vorn. Aber ich lebe nun mal nicht in einem Berliner Plattenbaugebiet.

Und wie gesagt, darum geht es meinen Eltern gar nicht. Ihre Frage ist ein getarnter Hinweis. Es geht ihnen darum, dass ich diese Zeit bewusster wahrnehme, denn es ist eine Zeit der Symbole. Es geht um Liebe, um die Familie, um besinnliche Momente. Es geht darum, innezuhalten, zur Ruhe zu kommen und auch über das eigene Leben nachzudenken.

»Das kommt auch bei den Frauen gut an«, sagt meine Mutter und eröffnet damit ein Thema, dass sie ebenfalls sehr beschäftigt. Mein Single-Leben. Auch meine Eltern hoffen auf meine Traumfrau, obwohl sie ahnen, dass zwischen ihren und meinen Vorstellungen eine gewisse Diskrepanz besteht. Meine Eltern wünschen sich natürlich Enkel von mir.

Glücklicherweise hat mein älterer Bruder bereits drei Kinder, das nimmt der Problematik den Druck. Und sie weiß ja auch, dass das Dekorations-Problem gelöst wäre, wenn ich Kinder hätte.

Aber noch bin ich Single, und noch ist meine Wohnung nicht geschmückt.

Es geht meinen Eltern natürlich auch um Traditionen, die man bewahren sollte. Aus irgendeinem Grund sind sie zum Beispiel lange davon ausgegangen, ich würde Weihnachtskarten an meine Freunde verschicken. In meinem Alter kenne ich eigentlich niemanden, der das macht. Und wenn ich jetzt so darüber nachdenke, bekomme ich generell nicht viele Briefe, was sicher daran liegt, dass die E-Mail den Brief abgelöst hat.

Einmal im Monat schickt die Bank meine Kontoauszüge. Private Post erhalte ich eigentlich nur sehr selten. In diesem Jahr habe ich zwei Postkarten bekommen, eine Urlaubskarte meiner Eltern, und eine von einer Freundin, die inzwischen in Hamburg lebt.

Anfang der Woche habe ich mich mit Andreas darüber unterhalten, dem es ziemlich schlechtgeht, weil er unglücklich verliebt ist. Auch er bekommt nicht viel private Post, erzählte er betroffen. Eigentlich sogar keine.

So gesehen erhält er im Dezember den emotionalsten Brief des Jahres. Es ist die Weihnachtskarte einer Lichtenberger *Schwäbisch-Hall*-Filiale, bei der er 2002 einen Bausparvertrag abgeschlossen hat. Er hat ihn schon vor einigen Jahren aufgelöst, was offenbar von niemandem bemerkt worden ist. Oder der Verantwortliche für die Adressverwaltung hat einfach Mist gebaut.

Am Tag vor unserem Gespräch lag wieder ein Weihnachtsgruß aus Lichtenberg in seinem Briefkasten. Die *Schwäbisch-Hall*-Mitarbeiter hatten persönlich unterschrieben, sie dankten ihm für die erfolgreiche Zusammenarbeit und wünschten ein frohes neues Jahr.

»Wir haben uns im alten Jahr nicht gesehen«, sagte Andreas. »Es hat keine Zusammenarbeit gegeben.«

Aber es ist der einzige Brief des Jahres, der nicht mit dem Hinweis »Dieser Brief wurde maschinell erstellt und ist auch ohne Unterschrift gültig« versehen ist.

»Der Brief hat mir sogar irgendwie Halt gegeben«, berichtete Andreas.

Ich warf ihm einen ungläubigen Blick zu. Das war natürlich ein Scherz. Ich meine, es konnte nur ein Scherz sein. Nun ja, es war kein Scherz. Er muss den Lichtenberger Schwäbisch-Hall-Mitarbeitern wohl dankbar sein.

»Ich hab sogar darüber nachgedacht, diesmal zurückzuschreiben«, sagte er. »Damit die mal ein Feedback kriegen.«

»Ein Feedback?«, fragte ich vorsichtig. Offenbar stand es um ihn schlimmer, als ich dachte.

Andreas nickte langsam. Er hatte am vorigen Abend viel Wein getrunken, fast zwei Flaschen. Er war also in einem Zustand, in dem es plausibel erscheinen konnte, diesen Leuten, die ja gewissermaßen jedes Jahr an ihn dachten, zu erzählen, dass das letzte Jahr gar nicht so erfolgreich gewesen war, wie sie annahmen. Und dass es, soweit er das in seiner momentanen Situation einschätzen konnte, nicht unbedingt danach aussah, als würde sich das im kommenden Jahr ändern. Er hatte auch überlegt, ihnen von der Frau zu erzählen, die seine Liebe nicht erwiderte, denn seit er sie kannte, hatte er das Gefühl, dass sein Leben irgendwie aus dem Ruder lief.

Er schrieb ihnen dann doch nicht. Glücklicherweise, muss man wohl sagen. Wahrscheinlich schmückte er stattdessen seine Wohnung.

Mit Weihnachten ist es ja so eine Sache. Ich habe mich oft gefragt, warum ich keinen Sinn für Weihnachtsdekoration habe. Es liegt wohl daran, dass mir dieses Weih-

nachtsgefühl fehlt. Also dieses richtige Weihnachtsgefühl.
So wie sich Weihnachten anfühlen sollte. So, wie es früher
war, in meiner Kindheit.

Generell kann ich sagen, dass mir die Vorweihnachts-
zeit auffällt, aber sie berührt mich nicht. Vielleicht, weil die
Auslagen der Supermärkte schon im September mit Scho-
koladenweihnachtsmännern, Lebkuchenherzen und Ad-
ventskalendern gefüllt sind. Man ist ja schon im Oktober
übersättigt, man stumpft ab.

Die Weihnachtszeit fällt mir vor allem in U-Bahnhöfen
auf. Dort hängen im Dezember ja immer diese Plakate,
auf denen schöne Frauen die neuesten H&M-Dessous
präsentieren. Plakate, die an befahrenen Kreuzungen hin
und wieder zu Auffahrunfällen führen sollen. Jetzt hängen
sie wieder überall. Das ist nicht unangenehm. Aber kein
Auslöser für ein Weihnachtsgefühl. Manchmal denke ich,
für mich gibt es keine Auslöser mehr.

Nicht einmal die Weihnachtsmärkte lösen ein Weihnachtsgefühl in mir aus. Irgendwie machen sie es sogar
eher schlimmer.

Am Donnerstagabend war ich mit meinem Kollegen
Daniel auf dem Weihnachtsmarkt am Alexanderplatz. Eigentlich ist es kein richtiger Weihnachtsmarkt. Sie haben
ein paar Buden aufgestellt, von denen die meisten nicht
gut besucht sind, nur vor dem Glühweinstand sammeln
sich die Menschen. Ihnen ging es wie uns, sie waren dort,
um Glühwein zu trinken. Während Daniel die zweite Runde holte, versuchte ich, die Musik zu vergessen, die sehr
laut lief – sie irgendwie auszublenden. Wenn es wenigs-
tens Weihnachtsmusik gewesen wäre. Darum ging man
doch auf Weihnachtsmärkte. Um in die richtige Stimmung
zu kommen. In Weihnachtsstimmung. Der Glühwein
half, aber unglücklicherweise half mir Florian Silbereisen

nicht dabei, obwohl *Links a Mad'l, rechts a Mad'l* eine Art Liebeslied zu sein scheint, sozusagen auf Silbereisen'sche Art. Und Weihnachten ist das Fest der Liebe. Vielleicht hatte der Besitzer des Glühweinstandes ja daran gedacht. Das erklärte zwar nicht, warum er die Musik so laut laufen ließ, aber womöglich musste man sich nur darauf einlassen. Ich versuchte es, aber es funktionierte nicht. Die Menschen, die um mich herumstanden, stellte es offenbar vor keine allzu großen Probleme. Sie waren für meine Begriffe sogar ein wenig zu textsicher. Und viel zu laut. Sie waren mir peinlich. Ich schämte mich für diese Leute, als wäre ich für sie verantwortlich. »Fremdschämen« nennt man das wohl. Der Alexanderplatz ist ja ein beliebtes Ausflugsziel für Touristen, und wenn jemand aus – sagen wir – Los Angeles das hier sah, konnte er schnell einen falschen Eindruck bekommen. Als mein Kollege mit den dampfenden Plastikbechern zurückkehrte, schlug ich vor, nach dem Glühwein zu gehen. Ich musste weg. Weg von diesen Leuten.

Als ich nach Hause fuhr, stellte ich fest, dass es doch ein Gefühl gibt, das ich mit der Weihnachtszeit verbinde. Ich werde immer ein wenig melancholisch. An den Weihnachtsfeiertagen häufen sich die Momente, in denen ich gewisse Dinge meines Lebens in Frage stelle. Es ist wie die Sehnsucht nach einem harten Schnitt. Womöglich ist das ja meine Art Weihnachtsgefühl.

Und vielleicht lag es an diesem Gefühl, dass ich mir gestern Abend in der Videothek *Stirb langsam* ausgeliehen habe. Den ersten Teil. Er spielt an Heiligabend im hochsommerlichen Kalifornien. Weihnachten bei dreißig Grad im Schatten. Man hat das Gefühl, Weihnachtsgefühle sind hier fehl am Platz. Und vielleicht ist es gerade das, was mich berührt.

Ich zündete mir eine Kerze an, setzte mir einen Grünen Tee auf und machte es mir auf dem Sofa bequem. Und dann, nach ungefähr einer halben Stunde, passierte es. Während Bruce Willis mit blutenden Füßen reihenweise Schwerverbrecher niedermetzelte, spürte ich es. Ich spürte ein Weihnachtsgefühl. So wie es eigentlich sein sollte. Ein Weihnachtsgefühl, das sich richtig anfühlte.

Als der Film vorbei war, sah ich mir den gesamten Abspann an. Dann ging ich auf meinen Balkon, um eine Zigarette zu rauchen. Draußen fiel dichter Schnee. Ich zog frierend an der Zigarette und beobachtete die vielen Autos, die sich auf der Karl-Marx-Allee drängten. Es war die richtige Stimmung. Es war ein nachdenklicher, ein melancholischer Moment.

Ein perfekter Augenblick.

Es war eine gute Idee gewesen, *Stirb langsam* auszuleihen. Es ist der wahre Weihnachtsfilm.

»Ach Bruce«, sagte ich leise.

Ach Bruce.

Ich schnippte die angerauchte Zigarette in die Nacht, und verließ den Balkon.

Ich musste jetzt schließlich meine Wohnung schmücken. Dringend.

Fremde Freunde

Man kann viel über einen Menschen erfahren, wenn man sich seine Freunde ansieht. Es kann sehr aufschlussreich sein. Auch wenn man sich selbst einmal aus diesem Blickwinkel betrachtet. Man kann zu Erkenntnissen kommen, die man sich bislang nicht eingestanden hat.

Es ist ja so: Die Menschen, mit denen sich jemand umgibt, vervollständigen das Bild, das wir uns von ihm zurechtgelegt haben. Das kann sehr ernüchternd sein. Wir nehmen die Menschen schließlich nicht wahr, wie sie sind. Wir legen sie über Gemeinsamkeiten fest, über die Schnittmengen zwischen ihrem und unserem Leben. Es geht uns darum, uns in gewisser Weise selbst in dem anderen wiederzufinden. Jedes Date funktioniert so. Und die meisten Freundschaften ebenfalls.

Es kann sehr aufschlussreich sein, wenn man die Freunde eines Menschen kennenlernt, mit dem man sich sehr gut versteht. Noch aufschlussreicher kann es sein, wenn man den Exfreund der Frau kennenlernt, mit der man zusammen ist.

Leider verfüge auch ich über gewisse Erfahrungswerte in diesem Bereich, und zwar über sehr ernüchternde. Einer meiner Erfahrungswerte heißt Hänk Blankenberg.

Ja, Hänk! Hänk mit ä.

Er wird wirklich so geschrieben. Ich habe nachgefragt. Hänk war der Exfreund meiner damaligen Freundin Eileen. Schon dieser Buchstabe, schon dieses Ä, hätte mir zu denken geben müssen, als wir uns zum ersten Mal begegneten. Ich hätte das Bild meiner Freundin korrigieren können, das Bild der Frau vorwegnehmen, mit der ich zwei Jahre später zusammen war, als unsere Beziehung nur noch aus den Resten einer Beziehung bestand. Aber leider ist es einfacher, festzuhalten, als loszulassen. Man braucht Zeit. Oder ein Schlüsselerlebnis.

Ich hätte Hänk also eigentlich dankbar sein sollen, als ich an Weihnachten vor einigen Jahren an seinem Wohnzimmerfenster im fünfzehnten Stock eines Lichtenberger Neubaublocks stand und auf das verschneite Berlin hinunterblickte. Dieser Abend würde mein Schlüsselerlebnis sein. Aber das ahnte ich zu diesem Zeitpunkt nicht. Noch nicht.

Es war Heiligabend. Später Heiligabend. Den Nachmittag hatten wir bei meinen Eltern verbracht. Wir hatten kaum zu Abend gegessen, als Eileens Gesicht schon diesen angespannten »Jetzt müssen wir aber langsam los«-Ausdruck annahm. Ich versuchte, ihren fordernden Blick zu ignorieren, denn ich wäre gern im Haus meiner Eltern geblieben. Wir hätten den Abend ausklingen lassen können, sanft und behutsam, so wie es eigentlich sein sollte. Später hätten wir in meinem alten Kinderzimmer übernachtet. Wenn alles gut lief, hätten wir sogar miteinander geschlafen, und vielleicht wäre ich mit dem Gefühl eingeschlafen, dass unsere Beziehung doch irgendwie funktionierte. Es wäre ein guter Abschluss für das Jahr gewesen, ein Ende, das mit Hoffnung verbunden war.

Stattdessen saß ich jetzt mit diesen Leuten in einer Plattenbauwohnung und versuchte mir nicht anmerken zu lassen, wie ungern ich hier war.

Diese Leute waren Eileens Freunde.

Heiligabend in Lichtenberg! Wenn ich an Lichtenberg denke, denke ich immer gleich an Nazis. Das ist ein Klischee. Lichtenberg gilt als Nazi-Bezirk. Nun ja. Immerhin hatte man in der fünfzehnten Etage einen schönen Ausblick.

Eileen hatte darauf bestanden, dass ich mitkam. Es wäre ja schließlich eine »unserer« Traditionen. Ich bin mir nicht sicher, wie sie den Begriff »unser« definierte. »Unser« hätte mich doch irgendwie mit einschließen müssen. Obwohl, anwesend war ich ja, allerdings eher als Statist.

Eileen und ihre Freunde treffen sich jedes Jahr am späten Heiligabend. Sie kennen sich noch aus der Schulzeit. Eine Clique, in der über die Jahre jeder mal mit jedem zusammen gewesen ist. Ich verbrachte den Weihnachtsabend also mit den Exfreunden meiner Freundin. Ich bin mir nicht sicher, ob das für oder gegen mich spricht. Wahrscheinlich eher gegen mich. Ich war Eileens erster Freund, der nicht zu diesem Kreis gehörte. Wir waren seit drei Jahren zusammen.

»Es sind doch auch deine Freunde«, sagte Eileen, als ich andeutete, diesmal eventuell nicht mitkommen zu wollen.

Ich hätte jetzt natürlich sagen können, dass ich sie nur als »meine Freunde« bezeichnete, weil sie ihre Freunde waren; dass Eileen unsere einzige Verbindung war; der kleinste gemeinsame Nenner. Aber das habe ich nicht gesagt, weil ich ja weiß, dass Beziehungen immer mit Kompromissen verbunden sind. Abgesehen davon wäre es ein Argument gewesen, dass sie in einer Diskussion gegen mich verwenden könnte, und ich war mir sicher, dass es bald zum Einsatz käme, denn seit einiger Zeit gab es viele Diskussionen.

»Es wird bestimmt wieder lustig«, rief Eileen. Sie sang es fast.

Wieder?, dachte ich.

Leider wusste ich schon jetzt, wie der Abend verlaufen würde, denn diese späten Heiligabende waren immer sehr ähnlich. Als wären Eileens Freunde seit Mitte der neunziger Jahre in einer Zeitschleife gefangen. Ich schien der Einzige zu sein, der das wahrnahm. Sie würden viel trinken und über die alten Zeiten sprechen, die alten Geschichten erzählen. Geschichten, in denen ich nicht vorkam. Ich würde nicht viel reden, hin und wieder nicken oder versuchen, interessiert zu lächeln. Irgendwann würde mich Eileen fragen, warum ich so still war, mit diesem skeptischen Unterton, den ich so hasste. Eine Skepsis, die ihre Freunde dankbar aufgreifen würden. Nichts verbindet mehr als ein gemeinsamer Feind. So liefen diese Abende immer ab. Als hätte jemand ein Drehbuch für diesen Abend geschrieben, der gegen mich war. Ich würde ein Fremder sein, wie jedes Jahr. Ein Fremder unter Freunden. Aber ich würde es ertragen. Wenn man ein paar Bier getrunken hat, lässt sich einiges ertragen.

Als wir Hänks Wohnzimmer betraten, rief Eileen: »Frohe Weihnachten!«

Sie strahlte. Mit diesem Strahlen würde sie nicht mehr aufhören, als hätte jemand einen Schalter umgelegt. Sie war praktisch ein anderer Mensch. Alle umarmten und küssten sie zur Begrüßung, mir gab man die Hand. Ich würde nie dazugehören. Selbst wenn ich es wollte.

Hänk hatte seine Wohnung in einem Stil eingerichtet, den er selbst wohl als »modern« bezeichnen würde. Ich tippte auf *Möbel-Höffner*. Es gab viel helles Holz. Auch das Laminat war sehr hell. An der Wohnzimmerdecke war eine komplizierte Lampenkonstruktion angebracht, die sehr helles Licht verbreitete. Unser Gastgeber schien ein Bastler zu sein.

Hänk war acht Jahre mit Eileen zusammen gewesen, er war mein Vorgänger – und so sah er mich auch an. Er schien immer noch in Eileen verliebt zu sein, obwohl er seit Jahren mit Tina liiert war. Tina war vorher mit Mirko zusammen, Eileens Jugendliebe. Das würde heute Abend ein Thema sein. Es war bei diesen Treffen immer ein Thema.

»Mensch, Micha«, sagte Eileens Jugendliebe gutgelaunt und drückte mir sehr fest die Hand. »Wir ham' uns ja 'ne Weile nicht gesehen.«

Ich hätte jetzt entgegnen können, dass das auch seine Gründe hatte. Stattdessen sagte ich mit einem Lächeln: »Tja, jetzt hat's ja doch mal wieder geklappt.«

Mirko. Der Mann sah aus, wie es sein Name vermuten ließ. Zu einer sehr hellen Jeans trug er ein sehr gelbes Jackett. Er könnte bei den *Flippers* sein. Leider war Mirko schon jetzt so betrunken, dass es ihm schwerfiel, sein Gleichgewicht zu halten. Und wenn der Mann volltrunken war, hatte er Redebedarf. Das war nicht ungefährlich, denn in diesem Zustand sah er in mir einen geeigneten Ansprechpartner, vielleicht weil ich mich nicht wehrte. Wir sahen uns ja nur ein- oder zweimal im Jahr, allerdings reichte das schon, um sich in seinem Leben ziemlich gut auszukennen. Genau genommen zu gut. Mirko war der Einzige hier, der mich irgendwie zu mögen schien. Wahrscheinlich war er dankbar, dass ihm endlich mal jemand zuhörte.

Im Vorjahr war Mirko unser Gastgeber gewesen. Er lebte ebenfalls in einer Plattenbauwohnung, allerdings nicht in Lichtenberg. Mirko war dem Bezirk, in dem er aufwuchs, treu geblieben. Er lebte in Marzahn. Er war auch für den emotionalen Höhepunkt unseres letzten Treffens verantwortlich, indem er einen Weihnachtsmannpuppe aus Stoff vor sich hielt, als würde die Puppe ihm einen blasen. Alle hatten ausgelassen gelacht. Auch Eileen. Ich war gerade vom Buffet aus der Küche zurückgekommen. Von der Zimmertür aus wirkte es, als würde Mirko onanieren, und alle lachten, als hätte er einen guten Witz erzählt. Ich hätte fast meinen Teller fallen lassen. Als ich dann den Weihnachtsmann sah, machte es die Sache auch nicht besser. Bestürzt hatte ich in das herzlich lachende Gesicht meiner Freundin gesehen. Der Appetit war mir vergangen. Es hatte mich schon damals irritiert, dass Dinge, die mir den Appetit verdarben, meine Freundin zum Lachen brachten.

Mirko redete und redete. Er führte Monologe in Spielfilmlänge. Vielleicht redete er so viel, weil er Angst hatte, mit sich allein zu sein. Nachvollziehbar wäre es.

Während er sprach, verteilte Mirko einen sanften Speichelregen auf meinem Gesicht. Ich versuchte, einen möglichst großen Abstand zu halten, gerade groß genug, um nicht unhöflich zu wirken. Mirko ließ das jedoch nicht zu. Er kam immer wieder sehr nah heran, so nah, dass ich schon aus Reflex zurückwich. Der Drang, mein Gesicht zu säubern, wurde immer stärker. Menschen wie Mirko geben mir das Gefühl, die Kontrolle zu verlieren. Ich fühle mich ihnen ausgeliefert. Ich sah in den großen Spiegel, der sich im Flur befand, um erstaunt festzustellen, dass mein aufrichtig interessiertes Lächeln für diese Grenzsituation beeindruckend authentisch wirkte.

Es war wohl an der Zeit für einen Drink, wenn ich die Qualität meines Lächelns halten wollte. Kein Bier, etwas Härteres.

Es war Heiligabend. Ich war erst seit einigen Minuten hier und dachte schon ans Saufen. Aber vielleicht schlug der Alkohol ja eine Brücke. Bei Mirko schien das schließlich auch ganz gut zu funktionieren.

Als Mirko auf der Toilette verschwand, blickte ich zu Eileen hinüber. Hänk redete gerade eindringlich auf sie ein, vermutlich wollte er sie noch heute Abend zurückgewinnen. Soll er mal machen, dachte ich. Da rannte er bei mir offene Türen ein. Sie passte sowieso besser zu jemandem wie Hänk.

Zu *Möbel-Höffner*-Hänk.

Als ich aus der Küche zurückkehrte, redete Hänk immer noch mit gedämpfter Stimme auf Eileen ein. Er verstummte, als ich meinen Arm um Eileens Hüfte legte und herzlich sagte: »Na, was wird denn hier geflüstert? Habt ihr etwa Geheimnisse?«

Hänk blickte irritiert an mir vorbei, er wirkte irgendwie ertappt. Nicht zu fassen, der Mann war wirklich noch in Eileen verliebt. Wahrscheinlich hatte er ihr gerade erklärt, was für ein Arsch ich war. Eileen sah mich vorwurfsvoll an.

»Interessiert mich eigentlich gar nicht. Ich wollte Smalltalk machen«, bestätigte ich erst einmal Hänks Michael-Nast-Bild.

Während ich ihn wie einen guten Freund ansah, redete Eileen hastig drauflos, um das Porzellan zu kitten, das ich zerschlagen hatte. Um es wegzureden. Erschreckenderweise war ihr Strahlen immer noch da. Was heute Abend auch passierte, es würde nicht verschwinden. Mir kam der Gedanke, dass Eileen vielleicht auf Drogen war. Dieses Strahlen konnte nicht natürlich sein. Möglicherweise kannte ich meine Freundin schlechter, als ich dachte.

Ich versuchte zusammenzuzählen, wie viele gute Abende wir miteinander erlebt hatten. So, wie man sich gute Abende mit der Frau, die man liebt, vorstellt. Ich kam auf acht. Der Rest war Alltag. Viel war das nicht. Und der heutige Abend würde diese Statistik auch nicht verbessern. Vielleicht sollte ich jetzt verschwinden, dachte ich. Vielleicht sollte ich jetzt irgendwohin gehen, wo ich gerne war.

Mirko hatte die Wodka-Flasche schon in der Hand. Der nächste Wodka Lemon war in Reichweite. Sehr gut. Ich konnte etwas Aufmunterung gebrauchen, irgendwie hatte ich gerade mit den letzten beiden Jahren meines Lebens abgeschlossen. Als Mirko mir das gefüllte Glas gab, fiel mir auf, dass meine Hände zitterten. Meine Freundin wirkte, als wäre sie auf Kokain, und ich sah aus wie auf Entzug. Ästhetisch gesehen, passten wir ziemlich gut zueinander. Mirko redete. Ich nickte hin und wieder zustimmend, ich hoffte, an den richtigen Stellen.

Drei Wodka Lemon später ließ ich im Badezimmer kaltes Wasser über meine Hände laufen. Ich spürte das Wasser, das immer kälter wurde, schloss die Augen und benetzte mein Gesicht. Endlich fühlte ich mich wieder sauber. Das war schon mal ein Anfang. Ich öffnete die Augen, betrachtete mein gerötetes Gesicht im Spiegel und spürte, dass plötzlich etwas passierte. Es war ein kurzes euphorisches Gefühl, als würde sich etwas in mir lösen. Ich blickte mir in die Augen und hoffte, das Gefühl noch einige Momente halten zu können, aber jetzt war da nur noch eine Art Nachhall. Dann war es weg.

Ich muss hier raus, dachte ich. Ich muss ganz schnell hier raus.

Vorsichtig öffnete ich die Badezimmertür. Ich hörte Eileens Lachen. Ein Lachen, das zu ihrem Strahlen passte. Ich überlegte kurz, den anderen zu sagen, ich würde mal eben Zigaretten holen, um dann nie wiederzukehren. Es wäre ein filmreifer Abgang – nur hatte ich vor einem halben Jahr aufgehört zu rauchen, als ich zu Eileen gezogen war. Ich seufzte leise. Ich hatte mir die Möglichkeit verbaut. Ich nahm meinen Mantel und verließ die Wohnung. Auf dem Hausflur lauschte ich noch einmal, ob wirklich niemandem etwas aufgefallen ist. Dann zog ich behutsam die Wohnungstür ins Schloss.

Als ich auf die Straße trat, klappte ich den Mantelkragen hoch, weil es inzwischen stark schneite. Es musste kurz vor eins sein. Ich ging langsam die Straße hinunter, die zur Frankfurter Allee führte. Ein Weihnachtsspaziergang in einem Lichtenberger Neubaugebiet. Wenn ich ehrlich war, passte dieser Satz ziemlich gut zu meiner Stimmung – und ich fühlte mich gar nicht mal schlecht dabei. Es war wohl der Schnee oder die vielen Autos auf der für diese Uhrzeit noch ungewöhnlich belebten Frankfurter Allee. Oder es lag daran, dass ich in der Weihnachtszeit immer ein wenig melancholisch werde. Es häufen sich die Momente, in denen ich mich frage, ob ich der Mensch bin, der ich eigentlich sein will. Wie ich mein Leben ändern kann. Es ist die Sehnsucht nach einem harten Schnitt. Vielleicht ist das meine Art Weihnachtsgefühl, so kurz vor dem neuen Jahr, der Zeit der guten Vorsätze. Die meisten der zu Silvester gefassten Vorsätze sollen ja nicht länger als drei Monate halten. Da passe ich ins Bild. Auch meine Ambitionen verlieren sich in den ersten Monaten des neuen Jahres. Ich bin ein wandelndes Silvester-Vorsatz-Klischee. Es erfährt nur keiner.

Es war ziemlich kalt, der Neuschnee knirschte unter meinen Füßen. Als ich meinen Blick zu den trostlosen Fassaden hob, fiel mir ein Licht auf, das sich von den Lichtern in den anderen Fenstern unterschied. Es war irgendwie wärmer. Es leuchtete matt aus den Fenstern einer Kneipe, die sich im Erdgeschoss eines der Neubaublöcke befand. Es war ein einladendes Licht, und das war es wohl, was ich jetzt brauchte. Auf dem Schild über dem Eingang stand

Bei Henri. Und Henri wurde sicherlich nicht französisch ausgesprochen. Ich zögerte. Sollte ich mir das antun? Ich stellte mir vor, wie ich den Wirt, den ich mir übergewichtig und ziemlich stark behaart vorstellte, *Henri* nennen würde, mit französischem Akzent. Wahrscheinlich würde ich sofort eine reinbekommen. Die Vorstellung half mir, schnell vorbeizugehen, aber nach einigen Metern zögerte ich, blieb stehen und sah mich noch einmal um. Neben der Eingangstür war ein Schild angebracht, auf dem *Alkohol, Nikotin und Rock'n'Roll – betreten auf eigene Gefahr* zu lesen war. Ich dachte kurz über die Warnung nach. Dann riskierte ich es und ging zurück. Ich würde einfach ein Bier trinken, dachte ich. Vielleicht auch einen Schnaps. Oder zwei.

Die Kneipe war größer als erwartet. Es gab keine Frauen, viele schlechte Zähne und einen Mann hinter der Bar, der vermutlich Henri war. Er war schlank und wirkte gar nicht so behaart. Ich wich den Blicken der anderen Gäste aus, deren Gesichter leuchteten, als wären sie schon um 15 Uhr eingekehrt, und ging erst einmal zu Henri, wahrscheinlich weil ihm hier wohl am meisten zu trauen war. Ich kannte ja auch schon seinen Namen.

Henri musterte mich.

»Hallo«, sagte ich.

»Frohet Fest«, sagte Henri. »Womit kann ick dienen, junger Mann?«

»Ich hätte gern ein Hefeweizen.«

»Weizen hab ick nich«, erwiderte Henri knapp. »Hier jibt's nur richtijet Bier.«

»Jut. Dann nehm ich ein richtiges Bier.«

Henri schüttelte den Kopf. Wenn nicht Heiligabend wäre, hätte er mich wahrscheinlich sofort rausgeschmissen. Du hast es versaut, erzählte sein Blick. Schon jetzt.

Ich war nicht mal seit einer Minute hier. Irgendetwas machte ich falsch.

»Und einen Schnaps«, rief ich ihm hinterher, um vielleicht noch irgendetwas zu retten. Henri nickte, füllte ein Glas und stellte es vor mir auf den Tresen, bevor er das Bier zapfte.

»Danke«, sagte ich, als er das Glas über den Tresen schob.

Henri nickte wieder. Er schien kein Mann vieler Worte zu sein. Offenbar war er jedoch ein guter Menschenkenner, denn er machte mir einen Deckel, den er neben die Kasse legte. Er wusste, was ich mir noch nicht eingestanden hatte: Ich würde noch ein wenig bleiben. Ganz kurz fiel mir ein, dass der Wirt nicht nach einem Namen für den Deckel gefragt hatte, aber ich war ja sicherlich der Einzige hier, der kein Stammgast war. Wahrscheinlich hatte er »der Fremde« über den ersten Eintrag geschrieben. Oder »der Neue«.

Ich hob das Schnapsglas auf Augenhöhe und betrachtete die klare Flüssigkeit. Ich bin eigentlich nicht der Typ, der Gläser in einem Zug leert. Ich bin ein Schlückchentrinker. Ich trinke sogar Bier, als würde ich Wein trinken. Aber ich ahnte, dass das hier nicht besonders gut ankommen würde. Ich riss mich zusammen, setze das Glas an, leerte es und knallte es auf den Tresen. Der Wirt sah erstaunt auf. Ich schien ihn überrascht zu haben, auf angenehme Art. Dann machte er eine Geste, die ich nicht verstand. Ich nickte vorsichtshalber, und der Wirt füllte das Glas erneut.

Ich lehnte mich mit dem Rücken an den Tresen und blickte mich um. Ich würde noch ein wenig bleiben, dachte ich. Ein wenig.

Zwei Stunden später spürte ich, dass ich mich befreit

hatte von Eileen, Hänk und diesem schrecklichen Heilig-abend. Ich war der letzte Gast, aber ich durfte noch blei-ben, denn ich war kein Fremder mehr. Nach dem vierten Kurzen hatte es mit Henri einfach zu viel zu besprechen gegeben. Wir hatten alles diskutiert, meine unglückliche Beziehung, seine Scheidung und sogar die Weltlage. Unser Gespräch war in immer größere Zusammenhänge geglitten, aber jetzt waren wir wieder am Anfang ange-kommen, bei meinen Beziehungsproblemen.

»Alles Scheiße«, rief ich Henri zu, obwohl er nur einen knappen Meter neben mir stand.

»Dit wird schon wieda«, sagte er. »Dir jeht's doch jut. Wat denkste, wie't den andern jeht. Dit sind Schicksale. Denen jeht's Scheiße.«

Ach ja, die anderen. Ich dachte an die schweigenden Männer, die an den Tischen gesessen hatten. Sie schienen sich nicht viel zu sagen zu haben, oder sie hatten schon alles besprochen. Henri hatte recht. Ich gehörte nicht hierher. Das war nicht meine Welt. Ich hatte es nur kurz vergessen.

Vor ihm standen zwei bis zum Rand gefüllte Schnaps-gläser. Ich nickte ihm zu, wir stießen an. Als ich das leere Glas auf den Tresen stellte, sagte ich: »Ich bin Michael.«

»Und ick Thorsten«, sagte der Wirt. »Aber Totte is mir lieber.«

»Allet klar, Totte«, sagte ich. Einen Moment lang fragte ich mich, wo Henri war, wurde aber von dem Vibrieren meines Handys abgelenkt. Ich hatte vier Anrufe in Abwe-senheit, alle von Eileen, und eine Weihnachts-SMS von ei-nem Freund, die sich so unverbindlich las, als hätte er sie an seine gesamte Telefonliste geschickt. Eileen hatte drei Nachrichten auf der Mailbox hinterlassen, die ich jetzt vorsichtshalber nicht abhörte. Ich zögerte kurz, bevor ich das Handy ausmachte. Als sich das Display verdunkelte, war es, als würde sich eine Verspannung lösen.

»Soll ick dir 'ne Taxe rufen?«, fragte Totte.

»Nee, nee, is schon okay, ich laufe.« Ich griff nach meinem Mantel und sagte: »Bis bald mal wieder«, und in diesem Moment nahm ich mir wirklich vor, ihn noch einmal zu besuchen.

»Mach's jut«, sagte Totte. Er hätte auch *Leb wohl* oder *Adieu* sagen können. Wir würden uns nicht wiedersehen. Ich ahnte vage, dass ich das am nächsten Morgen ähnlich sehen würde.

Totte *war* der bessere Menschenkenner.

Ich hob zum Abschied die Hand und verließ »Bei Henri«. Ich stapfte die stille, verschneite Straße hinunter, der Schnee dämpfte die Geräusche ab, auf der Frankfurter Allee fuhren nur noch vereinzelt ein paar Autos.

Jetzt war es doch noch irgendwie weihnachtlich geworden, dachte ich mit einem warmen, wehmütigen Gefühl.

Nach sieben Tagen ausgeflittert

Es gibt immer mal wieder Momente, in denen mir auffällt, wie klein die Welt geworden ist, in der ich mich bewege, wie überschaubar. Berlin ist ein Dorf. Man sieht immer wieder die gleichen Gesichter, jeder hängt irgendwie mit jedem zusammen, überall öffnen sich neue Verbindungen. Die Bekanntenkreise mischen sich. Sie verschwimmen.

Das muss nicht immer vorteilhaft sein.

Vor einigen Monaten bemerkte beispielsweise eine Frau, mit der ich mich zum zweiten Mal traf, dass wir ja einen gemeinsamen Freund hätten.

»Ach«, sagte ich interessiert. »Wen denn?«

»Philipp«, sagte sie gutgelaunt.

Philipp. Nun ja.

Ich will es mal so sagen: Ich mag Philipp nicht allzu sehr. Wir haben zwei Jahre in derselben Firma gearbeitet. Zwei Jahre, die für ein ganzes Leben reichen. Genau genommen hätten sogar zwei Wochen gereicht.

Philipp leitete die Kundenberatung der Werbeagentur, in der ich damals arbeitete. Er war bei der Bundeswehr Unteroffizier gewesen, und soweit ich das einschätze, war es die prägendste Zeit seines Lebens. Er hatte zum ersten Mal Macht über andere. Das muss ihn ziemlich beeindruckt haben. Man sah es in seinen Blicken und auch in seiner Rhetorik. Wenn er Mitarbeiter kritisierte, blitzte immer mal wieder der Unteroffizier durch. Solche Typen sind früher zur Stasi gegangen. Ein Mensch, dem die Karriere alles bedeutet und der sich auch so verhält. Eine soziale Zeitbombe. Seine unmittelbaren Mitarbeiter galten als die tragischen Figuren der Firma.

Das war Philipp.

Ich sehe ihn glücklicherweise nur selten, meistens auf Geburtstagen von ehemaligen Kollegen, die ich inzwischen auch nur noch auf ihren Geburtstagen sehe. Philipp halte ich nur in erträglichen Dosen aus, oder anders formuliert: Wir grüßen uns kurz, unterhalten uns aber nicht. Es gibt ja auch nichts mehr zu besprechen, seitdem ich ihm vor einigen Jahren die Meinung gesagt habe.

»Philipp!«, sagte ich, und es klang sogar erfreut, was mich selbst überraschte. »Woher kennt ihr euch denn?«

»Er ist mein Exfreund«, sagte sie.

Oh, dachte ich und spürte, wie sich ein unangenehmer Druck auf meinen Magen legte. »Wie lange wart ihr denn zusammen«, fragte ich hilflos.

»Vier Jahre«, sagte sie.

Vier Jahre! Jemand, der vier Jahre mit Philipp liiert war, muss sich ja auch gut mit ihm verstanden haben, und wer sich mit einem Menschen wie Philipp versteht, kann eigentlich kein guter Mensch sein. Ich weiß, das ist sehr pauschal gedacht, aber es war Instinkt, ich konnte praktisch nichts dagegen tun.

Ich sah meine Gesprächspartnerin traurig an und verwünschte, wie klein die Welt geworden ist, in der ich mich bewege.

Tja.

Seitdem ich einen Facebook-Account habe, ist diese Welt allerdings noch kleiner geworden. Das fällt mir vor allem auf, wenn ich Frauen begegne, die ich gern besser kennenlernen würde. Man tauscht inzwischen ja nur noch selten Handy-Nummern, man tauscht Namen, um sich bei Facebook anzufreunden. Das kann sehr aufschlussreich sein.

Wie vor einigen Monaten, als ich Diana auf einer Geburtstagsparty kennenlernte. Wir unterhielten uns ziemlich lange, es war wirklich lustig. Als wir uns verabschiedeten, tauschten wir unsere Namen, im Treppenhaus sprang ich ausgelassen die Stufen hinunter. Ich tanzte fast. Am nächsten Morgen suchte ich auf Facebook nach ihr. Als ich sie fand, gab das meiner Heiterkeit einen leichten Dämpfer.

Wir hatten sechs »gemeinsame Freunde«.

Mein Blick glitt über die Namen, und mir fiel auf, wie klein die Welt war, in der ich mich bewegte. Überall schlossen sich Kreise. Und wenn ich berücksichtigte, welche meiner Facebook-Kontakte auch Diana kannten, wäre es mir lieber, sie würden sich nicht schließen. Unsere »gemeinsamen Freunde« nahmen mir meine Unvoreingenommenheit.

Man kann viel über einen Menschen erfahren, wenn man sich seine Freunde ansieht, dachte ich und vergaß irgendwie, dass es ja auch meine Freunde waren.

Ich kenne einen Mann, der Partyveranstalter ist. Er veranstaltet Electro-Partys in Berlin. Als ich einmal eine Frau kennenlernte, mit der er ebenfalls bei Facebook befreundet war, rief ich ihn an, um mich ein wenig nach ihr zu erkundigen.

Er ging sofort online.

»Also«, sagte er gedehnt, als er ihr Profil aufgerufen hatte. »Diese Frau hat mit mir 125 gemeinsame Freunde.« Es klang wie »Lass um Gottes willen die Finger davon, wenn du nicht unglücklich werden willst.«

Ich berücksichtigte seinen Rat. Ich war bereits voreingenommen. Manchmal frage ich mich allerdings, wie sich die Dinge entwickelt hätten, wenn ich ihr unbefangen begegnet wäre.

Es ist ja so: Wenn ich Menschen kennenlerne, suche ich ihre Namen bei Facebook oder Google. Inzwischen ist das Routine.

Ich kenne eine Frau, die sich vor zehn Jahren für den Playboy ausgezogen hat, ein Umstand, der ihr inzwischen sehr peinlich ist. Unglücklicherweise war sie in der Ausgabe, in der auch Katharina Witt abgelichtet wurde. Eine Ausgabe, die innerhalb kürzester Zeit ausverkauft war. Wenn man den Namen meiner Bekannten bei Google eingibt, bestehen sämtliche Ergebnisse der ersten Seite aus ihrem Namen in Verbindung mit dem Wort »nackt«.

Manchmal ist es besser, gewisse Dinge erst einmal nicht zu wissen.

Es ist das Fremde, das Geheimnisvolle, es sind die Ahnungen, die die Dinge interessant machen. Wenn mir zum Beispiel eine Frau erzählt, dass sie am Helmholtzplatz wohnt, denke ich an Markus, der auch dort wohnt, und frage mich, wie oft die beiden wohl zufällig auf der Straße aneinander vorbeigehen, ohne zu ahnen, dass es durch die Bekanntschaft mit mir eine Verbindung zwischen ihnen gibt. Diese Dinge.

So gesehen birgt die Inanspruchnahme von Internetdiensten schon gewisse Gefahren. Aber sie haben natürlich auch Vorteile, gerade wenn man ein schüchterner Mensch ist.

Einer meiner Freunde ist beispielsweise ein *sehr* schüchterner Mensch. Er ist nicht sehr gut darin, Frauen anzusprechen, die er attraktiv findet. Wenn sich ein Gespräch ganz natürlich ergibt, stellt ihn das nicht vor Probleme, sieht er jedoch eine Frau, die ihm gefällt, *bevor* er sich mit ihr unterhalten hat, spürt er diesen Druck. Den Druck, jetzt bloß keinen Fehler zu machen. Problematisch ist allerdings, dass er gerade dann beginnt, Fehler zu machen.

Schlimme Fehler.

Er erzählt häufig, dass er praktizierender Katholik ist, ein Umstand, der Frauen verschrecken kann – aber nicht muss. Seine Chancen haben sich zu diesem Zeitpunkt noch nicht aufgelöst, sie sind noch da. Leider muss ich das Wort »noch« betonen, denn er erzählt dann gerne sehr schnell, wie er sich seine Hochzeit vorstellt, die er bereits äußerst detailliert geplant hat, und dass er sechs Kinder will – mindestens. Das ist der Moment, in dem man das Wort »noch« aus dem obigen Satz entfernen kann. Er hat sich oft bei mir beklagt, dass er solche Dinge gar nicht erzählen möchte. Er ist einfach zu aufgeregt.

So schlimm ist es bei mir glücklicherweise nicht, allerdings kann ich seine emotionale Situation gut nachempfinden. Ich kenne das Gefühl. Wenn man eine Frau anspricht, fallen einem ja häufig erst einige Stunden nach der Begegnung die richtigen Worte ein. Und manchmal lege auch ich mir nachträglich zurecht, was ich in dem Gespräch hätte sagen sollen. Mir fällt dann oft diese romantische Liebeskomödie mit John Cusack ein, mit diesem schrecklichen Titel, den ich immer wieder vergesse. Der zynische Charakter, den Cusack verkörpert, wirft darin mit so perfekt formulierten Sätzen um sich, dass es beunruhigend ist. Sie greifen einfach zu nahtlos ineinander. Es sind natürlich Sätze, an denen Drehbuchautoren wochenlang gefeilt haben. Aber ich hätte schon gern etwas von dieser Schlagfertigkeit, wohl auch, weil ich John Cusack mag.

Filme mit ihm leihe ich bedenkenlos aus, ohne auf die

Inhaltsangabe zu achten. Er ist ein Schauspieler, dem man bei der Auswahl der Drehbücher vertrauen kann. Obwohl ich bei dem Film, dessen Name mir eben wieder einfällt, lange gezögert habe. Ich hatte irgendwie Hemmungen, einen Film auszuleihen, der *Frau mit Hund sucht ... Mann mit Herz* hieß. Der Originaltitel des Films lautet *Must Love Dogs*. Ich habe nie verstanden, warum sie Filmen nicht ihre Originaltitel lassen. *The Heartbreak Kid* wird zu *Nach 7 Tagen – Ausgeflittert*, *Intolerable Cruelty* zu *Ein (un)möglicher Härtefall* und *The Holiday* zu *Liebe braucht keine Ferien*. Ich meine, wer denkt sich denn so etwas aus? Vermutlich nehmen die Übersetzer solcher Filmtitel an, dass solche Titel das deutsche Publikum eher animieren, die Filme anzusehen – und diese Einschätzung ist nicht unbedingt als Kompliment zu verstehen.

Kürzlich rief mich mein katholischer Freund an. Er war ganz aufgeregt. Er war auf dem Geburtstag einer Freundin, und so, wie er klang, meldete er sich mitten aus einer Szene, die gut in den Film *Frau mit Hund sucht ... Mann mit Herz* gepasst hätte.

Nur, dass mein Freund nicht John Cusack ist.

»Ich glaub, ich hab mich gerade verliebt«, rief er begeistert.

»Cool!«, sagte ich. »Wie heißt sie denn?«

»Weiß ich noch nicht«, gab er zu. »Ich hab sie gerade erst getroffen.«

»Gesehen oder getroffen?«

Mein Freund schwieg. Er hatte sie nur gesehen. Glücklicherweise.

»Okay, jetzt ganz ruhig«, sagte ich.

Ich riet ihm, sich einfach nach einem kurzen, unverbindlichen Smalltalk den Namen der Frau geben zu lassen, um sich dann später mit ihr bei Facebook zu verbinden – bevor es gefährlich wurde. »Du kannst vor jeder Antwort noch einmal nachdenken«, sagte ich. »Vielleicht kannst du sie sogar mit Freunden abstimmen, bevor du sie abschickst.«

Facebook würde ihm die Möglichkeit geben, der ausgefeilten Rhetorik von John Cusack näher zu sein.

Nach einer zwanzigminütigen Vorbereitungsphase ging er zu der Frau und sprach sie an. Zehn Minuten später rief er mich an.

»Es hat funktioniert«, rief er glücklich.

»Sehr gut«, sagte ich.

Na ja, was soll ich sagen, es hat dann doch nicht funktioniert, und es lag wirklich nicht an ihm. Es lag an mir. Ich hatte nämlich nicht alle Eventualitäten berücksichtigt.

Wie klein die Welt ist zum Beispiel.

Nachdem sie sich bei Facebook befreundet hatten, begannen sie sich Nachrichten zu schreiben, und inzwischen telefonierten sie häufig. Mein Freund wurde sicherer. Alles schien gut zu laufen, bis zu dem Zeitpunkt, an dem ich ihm an seinem Geburtstag Glückwünsche auf seine Facebook-Pinnwand schrieb. Das hätte ich nicht machen sollen, denn eine halbe Stunde später erhielt mein Freund eine Nachricht.

»*Warum bist du denn mit dem Arsch befreundet?*«, schrieb die Frau seiner Träume ungewohnt aggressiv. »*Dieser Typ ist schuld daran, dass die Beziehung meines besten Freundes auseinandergegangen ist.*«

Mein Freund war völlig perplex. Er hatte sich schon auf ihre Geburtstagsglückwünsche gefreut, aber die hatte sie in ihrer Aufregung ganz vergessen. Er hatte sie auf seine Geburtstagsparty eingeladen, und sie hatte zugesagt. Es wäre ihr erstes Treffen gewesen. Sie hätte seine Freunde kennengelernt. Aber seine Freunde schienen ja nicht unbedingt für ihn zu sprechen.

Mein Freund rief mich verzweifelt an und begann mir Vorwürfe zu machen.

»Alter«, rief er. »Du solltest wirklich mal über deinen Lebensstil nachdenken.«

Ich hatte keine Ahnung, wovon er sprach. Ehrlich gesagt konnte ich die Frau und ihren besten Freund nicht einmal zuordnen, was seine Kritik an meinem rücksichtslosen Lebensstil irgendwie bestätigte.

Aber, ich habe das rekonstruiert. Ich kannte die Exfreundin ihres besten Freundes. Natürlich kannte ich sie. Wir hatten uns einige Jahre zuvor zweimal getroffen und einmal miteinander geschlafen. Sie hatte mir nicht erzählt, dass sie in einer Beziehung war. Ihre Untreue muss dann herausgekommen sein, und die Beziehung zerbrach.

Ich verbrannte Erde, ohne es zu bemerken.

Es war ein Moment, in dem mir wieder einmal auffiel, wie klein und überschaubar die Welt ist, in der ich mich bewege.

Es ist schon beunruhigend.

Fuck me now and love me later

Am Samstagabend saß ich gemeinsam mit Frederick in der *Neuen Odessa Bar* in der Torstraße. Wir schwiegen. Inzwischen schon seit zehn Minuten. Und das hatte gute Gründe.

Frederick besitzt nämlich seit einigen Wochen ein iPhone. Ein Telefon, das er umfangreich nutzt, um es hier mal sehr vorsichtig auszudrücken. Und das ist nicht unbedingt kommunikationsfördernd. Ich blickte zu meinem Freund hinüber, dessen Finger über das Display seines Telefons glitten. Ich überlegte kurz, ihn anzurufen oder ihm eine Nachricht zu schicken. Vielleicht war das der eleganteste Weg, wieder eine Unterhaltung anzuregen. Ein Gedanke, mit dem ich auch hin und wieder in Mittagspausen gespielt hatte, wenn ich mit Kollegen in Restaurants saß, die schweigend auf ihren Handys herumtippten.

Man darf mich jetzt nicht falsch verstehen, ich habe nichts gegen iPhones. Ich besitze ja selbst eins. Und die Möglichkeit, ständig online zu sein, hat natürlich Vorteile. Allerdings geht die Vermischung von Privat- und Berufsleben damit einher, ohne dass man es wahrnimmt. Es hört nie auf. Man ist immer erreichbar. Man kommt nie zur Ruhe. Und genauso sah Frederick aus. Irgendwie ruhelos. Gehetzt. Ich beschloss, ihm noch ein wenig Zeit zu lassen. Vorsichtshalber.

Mein Blick glitt durch den hohen Raum. Es gab viele

attraktive Frauen, obwohl ihre Gesichter irgendwie leer wirkten. Gesichter, die ganz gut in einen Bret-Easton-El-lis-Roman gepasst hätten, in seinen Erstling *Unter Null* vielleicht. Die männlichen Gäste sahen sich sehr ähnlich. Die meisten trugen diese großen, dick umrandeten Hornbrillen, die sie in der Berliner Mitte gerade alle trugen. Es gab viele Bärte und viele dieser aufwendigen Frisuren, die das halbe Gesicht verdecken. Ich dachte an meine fünfzehnjährige Nichte, die mir erzählt hatte, dass solche Frisuren bei Teenagern beliebt seien, weil sie damit ihre Akne-Probleme kaschieren können. Es gab ein paar Tablets, die ja in gewisser Weise auch so etwas wie die Frisuren waren, obwohl ich mir nicht sicher war, was genau sie kaschieren sollten. Wahrscheinlich sollten sie zeigen, dass ihre Besitzer dazugehörten, zur Szene. Sie waren Beweise, dass sie mitmachten, genau wie die Brillen, Bärte und diese unmöglich geschnittenen Jeans, die hier alle trugen.

Ich stellte wieder einmal fest, dass mich die *Neue Odessa Bar* an einen Kinosaal erinnerte. Nicht aufgrund der Einrichtung, eher im übertragenen Sinn, als Ansatz. Der Eingang ist gewissermaßen die Leinwand. Wenn man den Raum betritt, spürt man praktisch physisch die musternden Blicke der anderen Gäste.

Der Raum war voller Rauch. Als wir die Bar betraten, spürte ich die Klimaveränderung förmlich. Mir fiel ein, dass ich vor einiger Zeit einen Artikel im *Spiegel* gelesen hatte, in dem erörtert wurde, dass die Garantie eines Apple-Gerätes verfiel, wenn die Firma bei der Reparatur anhand irgendwelcher Tests feststellte, dass der Besitzer Raucher war. Die Geräte in diesem Raum hätten keine Chance.

Wir setzten uns an einen Tisch im hinteren Teil der Bar.

»Der Tisch ist gut«, sagte Frederick zufrieden und ließ seinen Blick über die anwesenden Frauen gleiten. »Da hat man alles im Blick. Optimierte Aussicht, sozusagen.«

Ich folgte seinem Blick und dachte, dass ich das perfekte Café noch nicht gefunden hatte. Erich Kästner hat im Berliner Café Leon geschrieben, so wie ja auch Jean-Paul Sartre im Café de Flore in Paris. Eine Vorstellung, die ich angenehm finde. Ein Ort, in dem sich ein Großteil des Lebens abspielt, in dem man Freunde, Bekannte und Kollegen trifft, eine Art Insel, halb privat, halb in der Öffentlichkeit. Ein Ort, an dem man getrennt und doch vereint ist. So wie im Berlin der zwanziger Jahre. Aber diese Zeit war Vergangenheit, und die Boheme ließ sich nicht mehr zurückholen. Ich war auch nicht sicher, ob ich mich konzentrieren konnte, wenn ich von so vielen Menschen umgeben war. Und als Musen konnten diese Leute hier sicherlich auch nicht fungieren. Sie inspirierten nicht.

Ich nahm die Getränkekarte, die auf dem Tisch lag.

»Womit fangen wir an?«, fragte ich.

»Ich würd sagen, mit Gin Tonic fangen wir an«, sagte Frederick. Ich dachte daran, wie ich im Taxi verzweifelt auf die Uhr gesehen hatte. Es war kurz nach zehn, wir hatten uns am Nachmittag getroffen, um uns das Dortmund-Spiel anzusehen. Mit anderen Worten: Wir hatten um 15 Uhr angefangen zu trinken und seitdem nicht mehr aufgehört. Ich entschied, vorsichtshalber eine Runde auszusetzen und ein Glas Leitungswasser zu trinken. Am besten einen halben Liter.

»Okay, ich nehm auch einen«, hörte ich mich sagen und verstand nicht so recht, wann ich meinen Vorsatz in den letzten Zehntelsekunden verworfen hatte. Frederick nickte und widmete sich wieder seinem Telefon. Ich erhob mich, um zur Bar zu gehen. Dann hörte ich Frederick meinen Namen rufen. Ich wandte mich um, sah ihn erschrocken an. Seinem Gesichtsausdruck nach zu urteilen, mussten wir jetzt unbedingt etwas sehr Wichtiges besprechen. Ich sah ihn betroffen an, als ich wieder an den Tisch trat.

»Soll ich dich auch markieren«, fragte er atemlos und zeigte mir das Display seines Handys, auf dem Facebook geöffnet war.

Wie bitte?

Frederick war gerade dabei, im *Neu Odessa* einzuchecken. Auf Facebook. Ich sah ihn entgeistert an. Ich nickte beruhigend, die Spannung wich aus Fredericks Gesicht. Er setzte sich, seine Finger glitten wieder ruhig über das Display seines Handys. Mir fiel auf, dass er gerade sehr glücklich aussah.

Ich wandte mich um und ging zur Bar. Frederick ist auf dem Weg, dachte ich. Ich war mir nicht ganz sicher, wohin dieser Weg führte, aber ich kannte einen Mann, der ebenfalls auf diesem Weg war. Er hatte allerdings gegenüber Frederick einen beträchtlichen Vorsprung. Er markierte sich ständig an irgendwelchen Orten, und zwar an Orten, an denen ich das teilweise wirklich nicht nachvollziehen kann. In Restaurants oder Clubs ist es ja noch zu verstehen, aber an Straßenbahnhaltestellen, in der Schlange beim Bäcker oder bei IKEA? Allerdings gehört er auch zu den Menschen, die bei Facebook vollkommen sinnlose Statusmeldungen posten.

Kürzlich entdeckte ich beispielsweise eine sehr aufschlussreiche Information auf seinem Facebook-Profil. Sie lautete: »*Bin gerade pullern.*«

Bin gerade pullern? Aha.

»Bin gerade pullern« gehört zu den Informationen, die ich nicht nur zweckfrei, sondern auch ziemlich unappetitlich finde. Vermutlich waren solche Posts folgerichtig, wenn man die Welt mit seinen Augen sah.

Aber da ich dazu neige, die Dinge positiv zu sehen, nahm ich an, dass ihm Facebook half, die Welt zu ordnen. Als er sich vor einigen Monaten in einer Bar namens *Muschi Obermaier*, die sich ebenfalls in der Torstraße befindet, markieren wollte, stellte er fest, dass er einer der Ersten war. Er brauchte einige Momente, um mit dieser Information umzugehen.

Dann sagte er: »Zwanzig Besuche erst. Schlechter Laden.«

Tja. Er hatte seine Entscheidung getroffen. Die Welt war wieder geordnet. Und das – wir alle wissen es – kann sehr beruhigend sein.

Als ich an der Bar auf meine Drinks wartete, geschah etwas Beunruhigendes. Ein Mann stellte sich neben mich und rief den Barkeepern gutgelaunt zu: »The King is back.« Ich warf ihm einen entsetzten Blick zu. Es gibt Dinge, die man einfach nicht macht. Sätze wie »The King is back« auf sich zu beziehen, gehört zu diesen Dingen. Irritierend war nur, dass die Barkeeper herzlich lachten. Man schien sich zu kennen.

Ich betrachtete den »King«, der zu der sympathischen Gruppe von Menschen gehörte, die in einer Bar nachts um halb zwölf Sonnenbrillen tragen. Einen Moment lang überlegte ich, sie ihm vom Gesicht zu reißen, vielleicht mit den Worten »Guck mal nach oben, scheint hier irgendwo die Sonne?«

Ich ließ es dann aber bleiben. Ich war schließlich ein zivilisierter Mensch. Der Barkeeper stellte meine Drinks auf den Tresen, ich zahlte und balancierte sie vorsichtig durch die Menge. Das war gar nicht so einfach, weil es inzwischen sehr voll geworden war und die männlichen

Gäste es als persönliche Beleidigung aufzufassen schienen, einen Schritt zur Seite zu gehen, um mich vorbeizulassen. Der Impuls, einem von ihnen eine zu verpassen, war schon sehr intensiv. Es war die zweite Gefühlsbewegung dieser Art in den letzten fünf Minuten. Vielleicht war es klug, in nächster Zeit über eine Aggressionstherapie nachzudenken. Aber vielleicht umgab ich mich auch nur mit den falschen Menschen.

»So«, sagte ich zu Frederick, als ich an unseren Tisch trat. Ich stellte die Drinks ab, bevor ich mich setzte. Dann stießen wir an.

»Prost«, sagte er. »Auf unseren Kater morgen.«

Ich nickte und verzog bei dem Gedanken an den kommenden Tag schmerzhaft das Gesicht. Es würde wohl wieder einer dieser verlorenen Tage werden. Nach dem Aufstehen würde ich zwei Schmerztabletten nehmen, mir eine Pizza bestellen, apathisch auf dem Sofa liegen und mit vier oder fünf Filmen durch den Tag gleiten. Ich würde »auskatern«. Ein Begriff, den eine Freundin gern benutzt.

»Und, haste schon ein Opfer ausgesucht?«, fragte Frederick, nachdem er seinen Drink abgestellt hatte. Er machte eine Handbewegung in Richtung Bar. »Wie findest du die da hinten?«

Ich folgte seinem Blick und zuckte zusammen, als ich das Gesicht der Frau sah.

»Scheiße«, sagte ich und wandte mich schnell ab.

»Kennst du die?« Frederick setzte sich interessiert auf.

Ich kannte sie. Sie hieß Sarah. Glücklicherweise schien sie mich nicht bemerkt zu haben.

»Mit der hab ich ein paarmal geschlafen«, sagte ich vorsichtig. »Ist aber schon eine Weile her.«

»Die sieht doch gut aus«, sagte Frederick.

»Ja«, sagte ich zögernd. »Klar.«

Ich dachte an unsere letzte Begegnung, die – zurückhaltend formuliert – nicht unbedingt erfreulich ausgefallen war. Eine Begegnung, die auch deutlich machte, was passieren kann, wenn man sich nach einigen Dates mit einer Frau nicht mehr meldet und auch ihre Anrufe ignoriert. Es ist nicht der fairste Weg, Konflikte zu lösen, ich weiß. Es ist der einfache Weg. Aber ich bin nun mal ein konfliktscheuer Mensch. Das ist natürlich keine Entschuldigung. Und meine letzte Begegnung mit Sarah war gewissermaßen ein Argument gegen diese Strategie, Konflikte zu lösen.

Ich war ihr zufällig in einer Bar namens *King Size* begegnet. Es war ungefähr fünf Uhr morgens. Unsere Unterhaltung war nicht allzu lang, aber aufschlussreich, wenn man das so sagen kann. Sarah erzählte mir schnell, dass sie jetzt wieder liiert war. Und dann begann sie mir zu erklären, was für ein Mensch ich sei.

Nun ja. Wie formuliere ich es am besten? Sarah hatte sich seit unserer letzten Begegnung ein Michael-Nast-Bild zusammengezimmert, das nicht unbedingt für mich sprach. Es war ein sehr drastisches, sehr verzerrtes Bild. Genau genommen war es ein Feindbild. Demnach befanden wir uns seit unserem letzten Treffen im Krieg. Einem Krieg, von dem ich nichts mitbekommen hatte, weil ich ja nicht mehr da war. Ich war gewissermaßen die passive Komponente. Es gab viele Adjektive in Sarahs Ausführungen. Adjektive wie narzisstisch, selbstverliebt, erkenntnisresistent und arrogant waren die harmloseren unter ihnen. Aber die reichten ja schon. Ich weiß natürlich, dass zwischen Selbstwahrnehmung und Außenwirkung immer eine gewisse Diskrepanz besteht, aber Sarah beschrieb einen Menschen, der mit jedem Satz, den er äußert, eigentlich nur eine Botschaft vermittelt. Eine Botschaft, die mit dem Satz: »*Ich bin der Tollste. Und was bist du für eine?*«

zusammengefasst werden kann. Auch wenn er über das Wetter redet. Vielleicht musste ich an meiner Fähigkeit zur Selbstreflexion arbeiten.

Allerdings geschah dann etwas, womit ich nun wirklich nicht gerechnet hatte. Als sie ihren Vernichtungsmonolog beendet hatte, zog sie mich zu sich und steckte mir ihre Zunge in den Mund. Ich wehrte mich nicht.

Wir wurden von ihrer aufgebrachten Freundin unterbrochen, die Sarah entsetzt von mir wegzog. In ihrem mich verurteilenden Blick sah ich, dass ihr mein Charakter bereits in umfangreichen Gesprächen beschrieben worden war. Mit anderen Worten: Sie hielt mich für ein Monster.

Ich versuchte einen unschuldigen Blick, obwohl ich ahnte, dass er nichts nützen würde. Die Frauen verschwanden, ich sah Sarah nicht wieder. Allerdings schrieb ich ihr noch eine SMS, als ich nach Hause kam. Ich schrieb: »*Es war total schön, dich wiederzusehen.*«

Liebe Leser, ich weiß, was Sie jetzt denken. Und ja, ich gebe es zu. Sie haben recht. So etwas macht man nicht. Aber zu meiner Verteidigung muss ich hinzufügen, dass ich das in diesem Moment wirklich geglaubt habe.

Einige kennen das vielleicht. Es ist einer dieser Fehler, die man hin und wieder macht, wenn man betrunken gegen acht Uhr morgens aus irgendwelchen Clubs kommt. Ich kenne einen Mann in meinem Alter, der diesen Fehler nicht nur hin und wieder macht. Wenn er um acht Uhr morgens nach durchtanzten Clubnächten nach Hause kommt, befindet er sich ziemlich häufig in einem – sagen wir mal – naiv-romantischen Zustand. Ein Zustand, in dem er sich schon mal an seinen Laptop setzt, um in seiner Facebook-Freundesliste nach ehemaligen Liebschaften zu suchen, die ihn noch nicht aus ihren Kontaktliste gelöscht haben. Er öffnet die Profile dieser Frauen in einzelnen Tabs, manchmal sind es vier, manchmal acht. Dann beginnt er, die erste E-Mail zu schreiben.

Er hat mir erklärt, dass er in seinem Zustand überzeugt ist, dass es eine Perspektive mit den Frauen gibt. Dass er sich bei einem Wiedersehen wirklich gut mit ihnen verstehen würde. Dass man daran arbeiten kann.

Nun ja.

Er erzählte mir allerdings auch, dass er, wenn er seinen Rechner zuklappt, bereits ahnt, dass er seine naiv-romantische Phase nach dem Aufstehen hinter sich gelassen haben wird. Dass es ihm nach dem Aufstehen unangenehm sein wird, an die Mails, die er gerade geschrieben hatte, auch nur zu denken. Trotz dieser Ahnung geht er häufig noch die Kontaktliste seines Handys durch und verschickt ein paar Nachrichten an Frauen, die sich nur noch in der Liste befinden, damit er sehen kann, wenn sie anrufen, um einem unangenehmen Gespräch aus dem Weg zu gehen. Dann stellt er sein Handy auf lautlos und geht schlafen.

Kürzlich erzählte er mir, dass er einer Frau um sechs Uhr morgens eine SMS geschrieben hatte, in der er ihr gestand, er wolle jetzt gern mit ihr schlafen.

»Oh«, sagte ich.

»Und rat mal, wie sie reagiert hat«, sagte er und reichte mir sein Handy.

Ich las den Text. *»Ich fand unser letztes Gespräch sehr sympathisch. Vor allem deine SMS von heute Morgen lässt mich wieder an die Ehrlichkeit und Spontaneität eines Mannes glauben.«*

»Das hat sie geschrieben?« Ich sah ihn entgeistert an. »O Scheiße!«

Im *Neu Odessa* vergewisserte ich mich noch einmal unauffällig, dass mich Sarah nicht bemerkt hatte. Dann leerte ich entschlossen meinen Gin Tonic und fragte Frederick, ob wir jetzt gehen wollten.

»Gleich.« Er wies auf sein Glas, das noch nicht leer war.

Ich nickte und warf einen Blick auf meine Uhr. Es war halb eins. Wir mussten weiter. Auf eine Party in der Arena, die *Fuck me now and love me later* hieß.

Ich dachte daran, wie mich Jacob, einer der Veranstalter der Party, am Tag zuvor angerufen hatte, um mir gutgelaunt zu versichern, dass bereits Unmengen von Getränke-Bons auf uns warteten.

»Dir wird schon beim Anblick des Stapels schlecht werden«, lachte er.

Unter diesen Umständen nahm der Name der Party den Verlauf des Abends ja praktisch vorweg. Ich hatte nichts dagegen.

Der Arzt, dem die Frauen vertrauen

Schon mal über das Wort Hodentumor nachgedacht? Nehmen wir uns kurz Zeit, lehnen uns zurück und lassen dieses Wort auf uns wirken. Welche Assoziationen löst es aus, welche Bilder? Vor einigen Wochen stellte mir Steffen eine überraschende Frage. Er wollte wissen, ob ich ihn am Samstag auf ein Date begleiten würde.

»Auf ein Date?«, fragte ich zweifelnd, weil es ja eher kontraproduktiv sein kann, Freunde auf Dates mitzubringen.

»Na ja«, sagte Steffen. »Eigentlich ist es ja nur so eine Art Date.«

Er war mit Katharina verabredet, die er auf einem Dating-Portal kennengelernt hatte und mit der er sich jetzt schon seit einigen Wochen schrieb. Allerdings hatte sie ihm abgesagt, weil sie am Wochenende überraschend Besuch von einer guten Freundin aus Stuttgart bekam, die sie länger nicht gesehen hatte. Steffen las ihre Nachricht und reagierte schnell. Er erklärte, ein Freund – also ich – hätte gefragt, ob er am Samstag schon etwas vorhabe, und schlug vor, man könne doch etwas gemeinsam unternehmen, zu viert. Katharina sagte zu. Und ich hatte ja sozusagen schon zugesagt, bevor er mir die Frage stellte.

»Allein kann ich da nicht hingehen«, sagte er. »Ich würde mich wie das fünfte Rad am Wagen fühlen.«

»Klar«, erwiderte ich.

Es war unschwer zu erraten, dass ihm dieses Treffen sehr wichtig war. Ich hatte sogar den Eindruck, dass es ihm *zu* wichtig war. Wenn man etwas zu sehr will, bekommt man es meistens nicht. Man macht schnell Fehler.

»Das wird ganz ungezwungen«, sagte Steffen verbissen, und mir wurde klar, dass es sogar eine ziemlich gute Idee war, ihn auf dieses Date zu begleiten. Gut, dass er selbst darauf gekommen war.

Man muss dazu sagen, dass Steffen schon seit längerer Zeit Single ist, was ich eigentlich nie verstanden habe. Er ist Arzt und nicht unattraktiv, soweit man das als Mann einschätzen kann. Er hat sogar diese »Der Arzt, dem die Frauen vertrauen«-Ausstrahlung, um die ich ihn gelegentlich beneide. Nun ja, ich will jetzt nicht allzu sehr vorgreifen, aber als ich Samstagnacht im Taxi saß und nach Hause fuhr, war mir klar, warum es mit Steffen und den Frauen nie klappt. Es sind die Gesprächsthemen, an denen er scheitert. Ich befürchte nur, dass ihm das bisher nicht aufgefallen ist.

Wir waren mit den Frauen um 20 Uhr in einem Restaurant verabredet, das *Blaues Band* hieß, vor allem wohl deshalb, weil Steffen gehört hatte, dass dort eine Menge vielversprechende Jungschauspieler verkehren sollten. Er sah mich an, als verrate er mit dieser Information mehr, als er eigentlich sagen durfte.

»Aha«, sagte ich. »Interessant.«

Als wir das *Blaue Band* betraten, hatte ich dieses Berlin-Mitte-Gefühl. Man betritt ein Restaurant und spürt, wie man von den anderen Gästen gemustert wird. Als würde man eine Bühne betreten. Allerdings wirkten die meisten hier nicht unbedingt wie vielversprechende Jungschauspieler. Sie sahen nicht einmal jung aus. Sie wirkten eher wie Menschen, denen jemand im Vertrauen erzählt hatte, dass hier junge, vielversprechende Schauspieler verkehrten. Steffen war hier in bester Gesellschaft.

Die Frauen waren noch nicht da, und wir setzten uns an einen der Fenstertische. Mein Freund wirkte nervös. Er beugte sich mit Verschwörermiene über den Tisch. »Ungezwungen«, betonte er eindringlich. »Ganz ungezwungen.«

»Ja«, sagte ich mit einem beruhigenden Blick. »Ich werd mir Mühe geben.«

Als die Frauen eintrafen, war ich angenehm überrascht. Beide waren wirklich sympathisch. Katharina stellte uns ihre Freundin vor, die Sophia hieß. Sophia hatte ein sehr herzliches Lachen. Mir fiel auf, wie natürlich sich die Frauen gaben. Es versprach ein gelungener Abend zu werden.

Vorerst zumindest.

Wir redeten über Belanglosigkeiten, aber auf angenehme Art. Sophia lachte viel, und zwar dieses wunderbare Lachen, in das man einfach einstimmen muss. Als Katharina erzählte, dass sie Tierärztin war und Sophia Zahnärztin, warf ich Steffen einen fragenden Blick zu. Drei Mediziner und ich, das konnte gefährlich werden. Vor allem, wenn sie begannen, sich über ihre Berufe zu unterhalten.

Man kennt das ja; wenn man sich beispielsweise mit Leuten trifft, die in derselben Firma arbeiten, gibt es häufig diese Momente, in denen das Gespräch zu kippen droht. Meistens kippt es dann auch. Sie beginnen, über die Firma zu reden, über Kollegen, die man nicht kennt. Sie lachen über Dinge, die man nicht versteht, weil man sie nur verstehen kann, wenn man die Umstände kennt. Man kann nur schweigend dasitzen, hin und wieder zustimmend nicken, so ungezwungen lächeln, wie es einem gerade möglich ist, und warten, bis es endlich vorbei ist.

Man kann natürlich versuchen, das Thema zu wechseln, aber das bringt meistens nichts. Das weiß ich aus eigener Erfahrung.

Vor einiger Zeit lud mich Thomas zu seinem Junggesellenabschied ein. Er hat Umwelt- und Verfahrenstechnik studiert, das hätte mir eigentlich zu denken geben müssen, aber naiv, wie ich war, dachte ich mir nichts dabei und sagte zu.

Tja, sagen wir es so, ich war anders als die übrigen Gäste. Ich rede nicht von den schwarz-rot karierten Hemden, den kurzrasierten Haaren oder den schmalen Fielmann-Modellen mit den etwas aufwendigeren Halterungen. Es waren Ingenieure wie aus dem Bilderbuch, Techniker, wie man sie sich vorstellt. Man darf mich jetzt nicht falsch verstehen, es waren nette Kerle, aber ich stellte schnell fest, dass unsere Welten sich nicht berührten. Dass wir eigentlich keine gemeinsamen Themen hatten.

Aber irgendwie muss man sich ja einbringen.

Ich versuchte es und beging den Fehler, einen der Gäste auf das Android-Handy anzusprechen, auf dem er schweigend herumtippte. Es war, als hätte ich ein Ventil geöffnet. Es dauerte eine Stunde. Eine Stunde, in der ich nichts verstand. Später kam noch ein anderer Gast dazu, der sich genauso gut auskannte wie mein neuer Freund. Sie unterhielten sich angeregt über Spezifikationen, Server und Applikationen. Sie lachten auch häufig, was ich in einem so tiefgehenden Gespräch über Technik gar nicht erwartet hätte. Aber inzwischen weiß ich, dass sie einen eigenen Humor entwickelt haben. Es ist ein Humor, den ich nicht verstehe, weil ich kein Ingenieur bin. Ein Insider-Humor, der an mir vorbeigeht. Eine Art Berufsgruppen-humor.

Im *Blauen Band* blickte ich in die Gesichter von Katharina und Sophia und hoffte, dass unser Abend nicht in eine ähnliche Richtung driften würde.

Aber alles schien gut zu laufen, allerdings hatte ich nicht mit Steffen gerechnet.

Man muss dazu sagen, dass wir vier uns auf dem Date von Katharina und Steffen befanden, auch wenn wir es mit dem Begriff »ungezwungener Abend« umschrieben, um ihm den Druck zu nehmen. Und bei einem Date sollte man schon ein wenig auf die Wahl des Gesprächsthemas achten, es sollte kein unpassendes Thema sein.

Und die Wahl des Gesprächsthemas ist der Grund, warum es bei Steffen und den Frauen so selten klappt. Aber diesmal hatte er mich dabei. Ich rettete ihn, wobei man dieses »Retten« jetzt nicht falsch verstehen sollte. Ich war nicht der strahlende Ritter. Es war ein bisschen anders.

Der medizinische Bereich, in dem Steffen wirkt, ist die Urologie. Ein Thema, das viel unpassenden Gesprächsstoff für ein Date liefert, was Steffen nicht wahrzunehmen scheint. Er redet gern von seinem Beruf, eine Eigenschaft, die mir vor diesem Abend gar nicht so aufgefallen war. Nachdem er zwanzig Minuten mit einer euphorischen Professionalität Dinge erörterte, die, zurückhaltend formuliert, teilweise sehr unappetitlich waren, war es mir aufgefallen.

Abgesehen von Steffen, hatte seit zwanzig Minuten keiner am Tisch sein Getränk angerührt. Die Augen der Frauen wurden immer größer. Als sie begannen, mir hilflose Blicke zuzuwerfen, schien es auch Steffen aufzufallen, denn er kam ins Stocken. Dann fiel ihm etwas ein, um elegant das Thema zu wechseln.

»Es ist ja ein weitverbreitetes Missverständnis, das nur ältere Menschen zum Urologen gehen«, sagte er. »Ich habe auch Patienten, die in den Dreißigern sind.«

»Ach ja?«, sagte Katharina.

»Ja«, sagte Steffen. »Zum Beispiel wegen einem Hodentumor.«

Um Gottes willen, dachte ich und blickte verlegen auf die Tischplatte. Allein das Wort »Hoden« bei einem Date zu benutzen kann schon schwierig sein. Es allerdings mit dem Begriff »Tumor« zu verbinden, ist gefährlich unpassend.

Als ich meinen Blick wieder hob, war es ruhig geworden. Alle drei sahen mich mitleidig an. Irgendetwas hatte ich da wohl gerade nicht mitbekommen.

»Ja«, sagte Steffen, tätschelte behutsam meine Schulter und nickte mir zu, wie seinem besten Patienten. Er sah mich an wie einen Beweis.

Jetzt verstand ich die Blicke der Frauen.

Ich war die tragische Figur an unserem Tisch. Ein Mann in den Dreißigern, der Mitleid nötig hatte.

Ich kenne Männer, die sich negativ über ihren Freund äußern, wenn sie mit ihm gemeinsam Frauen kennenlernen. Es ist ein armseliger, egoistischer Weg, um sich in einem besseren Licht darzustellen. Allerdings sprechen diese Männer über ihren Freund, wenn er gerade auf der Toilette ist oder an der Bar. Er ist dann nicht anwesend. Es vor ihm zu tun, ist schon sehr brutal. Ein offensichtlicher Vertrauensbruch, aber die Lüge offen auszusprechen macht sie glaubwürdiger, auch wenn der Betroffene widerspricht. Gerade, wenn er widerspricht. Solche Situationen können aus Freunden Bekannte machen.

Ich spürte, wie ich wütend wurde. Wahrscheinlich nahmen die Frauen an, dass er mich aus Mitleid mitgenommen hatte, aus sozialer Verantwortung, damit ich auch mal rauskam. Zumindest sah mich Sophia so an. Nach den Blicken der Frauen zu urteilen, würden sie sich bei mir unterhaken, wenn wir nachher das Restaurant verließen. Um mich sicher hinauszubegleiten.

»Und?«, sagte Steffen leichthin zu Katharina. »Wie läuft's eigentlich bei dir in der Praxis?«

Er hatte es geschafft. Er hatte das Thema gewechselt.

Katharina sah ihn dankbar an, sie begann zu reden und hörte nicht mehr auf. Drei Ärzte unterhielten sich, und ich war nicht mehr vorhanden. Ich sah ihnen schweigend zu, nickte und lächelte ein gezwungenes Lächeln, während sie über Dinge lachten, die ich nicht verstand.

Es dauerte noch drei Stunden, bis wir uns verabschiedeten. Drei Stunden, die mir wie acht vorkamen. Steffen war in seinem Element. Er hatte sein Ziel erreicht, ein angenehmes Date, das wir als einen ungezwungenen Abend unter Freunden verkauften.

In diesen drei Stunden hatte ich viel Zeit nachzudenken. Ich überlegte, was ich erwidern würde, wenn mich jemand fragen sollte, wie der Abend war. Aber viel interessanter war wohl die Frage, wie ich in einigen Tagen Steffens Verhalten beurteilen würde. Ob aus Freunden Bekannte geworden waren oder ob wir schon immer Bekannte gewesen waren, ohne dass ich es gewusst hatte.

Ich rufe ihn an, aber ein paar Tage werde ich mir noch Zeit lassen. Ich bin gespannt, wie er reagiert.

Willkommen im Frühling

Am Samstagnachmittag habe ich Christoph auf ein Frühlingsfest begleitet. Eigentlich wäre es eine Mischung aus Frühlings- und Geburtstagsfest, hatte mir Christoph erklärt. Mir war aufgefallen, dass er konsequent das Wort *Fest* benutzte, als er mir vorschlug, ihn zu begleiten. Wir würden uns also aus der Welt der Partys in die Welt der Feste bewegen, was vielleicht auch daran lag, dass dieses Frühlings-Geburtstagsfest in Charlottenburg stattfand. Und ich war mir nicht sicher, ob das ein gutes Zeichen war.

Ich sagte sofort zu.

Während wir über den sonnenbeschienenen Savignyplatz liefen, fiel mir auf, dass ich selten in Charlottenburg bin, genau genommen nie. Es gibt nichts, was mich hierherführt. Ich habe keine Freunde hier, es gibt keine Bars, die ich kenne, es gibt keine Erinnerungen, die ich mit der Gegend verbinde. Eigentlich ist Charlottenburg aus der Perspektive meines Alltags weiter weg als Köln. Mein Berlin endet offenbar am Hauptbahnhof.

Wir bogen in eine der Querstraßen ein. Hier war es ruhig, die Straßenlaternen wurden mit Solarstrom betrieben, die parkenden Autos sahen teuer aus, und die Spaziergänger wirkten, als wären sie auf dem Weg zu einer Galerieeröffnung. Sie passten zu dieser Gegend, in der sich die Fassaden imposanter Gründerzeitgebäude aneinanderreihten. Alles war gepflegt. Die Mieten mussten eine Zumutung sein.

Wir blieben vor dem schönsten Haus der Straße stehen, das aussah, als wäre darin eine Botschaft untergebracht.

»Hier ist es?«, fragte ich ungläubig. Christoph nickte. Dann drückte er die Eingangstür auf, und wir betraten das geräumige Treppenhaus. Im vierten Stock blieben wir vor einer hohen Tür stehen. Christoph klingelte. Es war ein leichter, fast beiläufiger Ton, der sich sanft im Hausflur verlor.

Nach einigen Sekunden hörte man Schritte, die zu dem Klang der Klingel passten und irgendwie auch zu dem weitläufigen Hausflur, den hohen Türen und der Fassade des Hauses. Als wären wir hier in ein Gesamtkunstwerk geraten. In etwas Inszeniertes, in dem jedes Detail auf die anderen abgestimmt war. Der Begriff *Fest* erschien mir immer passender.

Die Tür öffnete sich, und eine wunderschöne Frau lachte uns zu. »Christoph!«, strahlte sie. »Schön, dass ihr da seid. Kommt rein.« Sie umarmte Christoph und gab ihm einen angedeuteten Kuss auf die Wange.

»Alles Gute zum Geburtstag«, Christoph reichte ihr ein Päckchen.

»Oh, das ist lieb. Aber ich hab doch gesagt, ich möchte keine Geschenke«, sie umarmte ihn.

»Michael, Annemarie – Annemarie, Michael«, stellte Christoph uns einander vor.

»Michael! Schön, dass du da bist«, sagte Annemarie, als würden wir uns schon ewig kennen.

»Hallo«, sagte ich. »Alles Gute.«

Dann fiel mir nichts mehr ein. Ich hätte an ein Geschenk denken sollen, dachte ich. Ein Überraschungsei hätte gepasst, obwohl es ja eher eine Geste als ein Geschenk war. Aber es wäre die richtige Geste gewesen, denn aus irgendeinem Grund kamen Überraschungseier bei Frauen immer gut an. Ich weiß das, ich habe es ausprobiert.

»So«, sagte Annemarie und klatschte leicht in die Hände. »Jetzt kommt ihr aber erst mal rein.«

Wir betraten die Wohnung, in der es – auch wenn das jetzt merkwürdig klingt – leicht und angenehm duftete. Es war sehr ruhig, eigentlich zu ruhig. Ich hörte keine Musik und nicht einmal Stimmen. Womöglich waren wir ja die ersten Gäste. Wir liefen durch einen langen Flur, der eigentlich Platzverschwendung war, hier aber nicht so wirkte. Es gab viele Flügeltüren, es war alles sehr weiß. Es war eine dieser Wohnungen, die man in Gedanken mit den eigenen Möbeln einrichtet.

Wir waren nicht die ersten Gäste. In dem Raum, den wir betraten, waren einige Frauen und viele Männer, die Sektgläser in der Hand hielten. Sie trugen dunkle Anzüge zu weißen Hemden, deren oberste zwei oder drei Knöpfe geöffnet waren. Sie waren für die Jahreszeit ein bisschen zu braungebrannt und hatten Frisuren, die mich einschüchterten. Ihre Vorstellung von Attraktivität schien sich danach zu richten, wie viel Haargel sie benutzten. Ihre glänzenden Frisuren schienen zu wippen, wenn sie ihre Köpfe bewegten. Sie schienen zu leben. Eine Vorstellung, die ich lieber nicht zulassen wollte, obwohl es dafür eigentlich bereits zu spät war.

Die Männer erinnerten mich irgendwie an Wolfgang Lippert, den ehemaligen *Wetten dass..?*-Moderator, der inzwischen Schlagerlieder singt und manchmal ins Fernsehen eingeladen wird, um einen Witz zu erzählen. Es waren die gleichen welligen Mittelscheitel und die gleichen halblangen Haare. Nur trugen sie keine Brillen und grinsten weniger. Ganz kurz hatte ich das Gefühl, der Raum wäre voller Wolfgang-Lippert-Klone. Ein Alptraumszenario. Ich fühlte mich wie Johnny Depp, der sich im dritten Teil der *Fluch der Karibik*-Reihe in einer Art Vorhölle inmitten unzähliger Jack-Sparrow-Duplikate wiederfindet. Obwohl ich in diesem Szenario ja ebenfalls wie Wolfgang Lippert aussehen müsste. Vorsichtshalber versicherte ich mich unauffällig in dem großen Spiegel, der quer über einer Couch hing, dass nicht auch ich zu einem Wolfgang-Lippert-Doppelgänger geworden war. Glücklicherweise war ich es nicht.

Ich blickte mich um. Mit einigen der Männer würde ich mich sicherlich unterhalten müssen. Die Vorstellung machte mir jetzt schon Angst. Ich würde mich nicht auf das Gespräch konzentrieren können, weil ich zu sehr damit beschäftigt wäre, meinem Gesprächspartner *nicht* auf die Frisur zu starren.

»So«, sagte Christoph. »Willkommen in Charlottenburg. Wo ist die Bar? Ich brauch jetzt ganz schnell was zu trinken. Am besten irgendwas mit Wodka.«

»Es ist vierzehn Uhr«, sagte ich nach einem Blick auf mein Handy.

Christoph sah mich an, als hätte ich überhaupt nichts verstanden. Dann sagte er deutlich: »Sieh dich doch mal hier um.« Bevor ich etwas erwidern konnte, wurden wir von einer sehr schrillen Stimme unterbrochen.

»Christoph«, rief die Stimme. Sie gehörte zu einer Frau, die mir schon aufgefallen war, als wir den Raum betraten. Genau genommen war mir nicht die Frau aufgefallen, eher ihre Heiterkeit. Sie schüttelte Hände, grüßte in den Raum und lachte laut. Sie schien auch häufig und gern zu winken. Christoph verzog schmerzhaft das Gesicht, als er ihre Stimme hörte. Dann wandte er sich mit einem so aufrichtigen und natürlichen Lächeln zu ihr, dass es mich beinahe beunruhigte.

»Franziska, Michael. Michael, Franziska«, lächelte Christoph, nachdem ihn die Frau umarmt hatte.

»Michael«, strahlte Franziska. »Schön!«

»Wir sind gerade erst angekommen«, sagte Christoph.

»Schön!«, strahlte Franziska und gab mir die Hand.

Ich fragte mich, warum sie es schön fand, dass wir gerade eingetroffen waren – sicherlich aus dem gleichen Grund, aus dem sie es schön fand, dass ich Michael hieß. Franziska gehörte wohl zu der Art von Menschen, die erst einmal alles schön fanden. Als Grundhaltung gewissermaßen. Sie erinnerte mich an meine Exfreundin. Sie hätte ihre beste Freundin sein können.

»Wie geht's dir?«, fragte Christoph.

»Phantastisch!«, rief Franziska, deren Sätze klangen, als würden sie mit Ausrufezeichen geschrieben. Gut, dass Christoph da war. Er bewegte sich selbstverständlicher in dieser gutgelaunten Welt als ich.

Dann sagte er: »So, ich hol uns erst mal was zu trinken.« Er warf mir einen vielsagenden Blick zu, bevor er verschwand.

Danke, Christoph, dachte ich, während ich ihm nachsah. Vielen Dank.

»Franzi«, sagte Franziska und lächelte.

»Wie bitte?«

»Ich bin die Franzi. Franziska mag ich nicht besonders, so nennt mich auch niemand. Klingt ja auch komisch. Franziska haben mich meine Eltern immer genannt, wenn sie sauer auf mich waren.« Sie lachte. Ich stimmte in ihr Lachen ein, obwohl die Geschichte eigentlich gar nicht so witzig war.

»Und, was machst du beruflich?«, fragte sie.

Wir kannten uns seit dreißig Sekunden, und sie fragte bereits nach meinem Beruf. Wahrscheinlich würde sie gleich fragen, welches Auto ich fuhr. Ich habe von Frauen gehört, die sich, wenn sie von Männern auf einen Drink eingeladen werden, erst einmal danach erkundigen, welches Auto sie fahren. Fällt die Antwort unbefriedigend aus, lassen sie ihre Gesprächspartner einfach stehen. Ich hatte das bisher für Legenden gehalten, aber sollte Franziska fragen, würde ich ihr erzählen, dass ich Trabant fuhr. Vielleicht würde ich auch hinzufügen, dass ich aus denselben Gründen während Fußballweltmeisterschaften kleine DDR-Flaggen an meinem Trabant befestigte, um sicherzugehen, dass sie das Interesse verlor.

»Ich bin Autor«, sagte ich.

»Schön!«, rief Franzi.

»Ja«, sagte ich und hoffte auf die Frage nach meinem Auto. Ich hatte innerlich schon durchgeladen.

»Ich bin Fotografin.«

»Ach?« Ich sah mich unauffällig nach Christoph um. »Interessant.«

»Ja.« Sie strahlte mich an.

»Und was fotografierst du so?«, fiel mir ein.

Eine halbe Stunde später war Franzi immer noch dabei, die Frage zu beantworten, und inzwischen sah ich mich ziemlich offensichtlich nach Christoph um, aber Franzi schien das nicht aufzufallen.

»Wo ist denn eigentlich Christoph?«, fragte ich irgendwann in eine der seltenen Lücken in ihrem Redefluss.

Franzi sah sich um. »Weiß ich gar nicht. Vielleicht in der Küche, wir können ja mal nachsehen.«

»Ja«, sagte ich, obwohl ich lieber allein gegangen wäre. Aber so, wie ich das einschätzte, würde ich Franzi wohl heute nicht mehr loswerden. »Lass uns doch vorher noch kurz an die Bar gehen«, schlug ich vor. Es war Zeit für einen Gin Tonic.

Christoph war nicht in der Küche, aber dafür eine Gruppe von Männern, die so ähnlich aussahen wie die Männer im Wohnzimmer. Ich wäre am liebsten gleich wieder rausgegangen, aber Franzi hatte mich in die Runde hineingeschoben.

»Ich meine, ich mag München«, sagte ein Mann, der sich mir mit Leonard vorgestellt hatte, gerade. »Aber wenn ich in Berlin ankomme, weiß ich nach einer Minute, ich bin in einer ganz anderen Welt. Es ist – das muss ich schon sagen – sehr wohltuend, wieder zurückzukommen, ich freue mich sogar auf die ganzen schlecht angezogenen Leute.«

Alle nickten zustimmend. Ich hatte bisher noch nichts gesagt, nur mein Lächeln gehalten, was schon anstrengend genug war.

»Ich weiß gar nicht – ist hier überhaupt jemand, der in Berlin aufgewachsen ist«, hörte ich Leonard jetzt sagen.

»Ich«, sagte ich.

»Ach?«, sagte Leonard, und dann gar nichts mehr. Vielleicht hatte er die Frage rhetorisch gemeint. Alle sahen mich interessiert an.

»In Köpenick«, sagte ich, um die Stille zu füllen, die mir ein wenig unangenehm war.

»Ach ja, kenn ich«, erwiderte Leonard. »Köpenick. Ist das eigentlich im Osten oder im Westen, also im ehemaligen Osten oder Westen?«

»In Ostberlin«, sagte ich. »Also im ehemaligen Ostberlin.«

Das schien Leonard zu überraschen. Sicherlich fragte er sich, welche Geschichte dahintersteckte: was einen Ostberliner in diese Wohnung geführt haben mochte. Und so, wie er mich ansah, schien er von einer entbehrungsreichen Geschichte auszugehen. Ich war ein Tourist in dieser Wohnung, erzählte sein Blick. Ein Tourist, der eine weite Reise hinter sich hatte.

»Wir waren im Sommer ja auch im Osten«, sagte er jetzt. »In Litauen.«

»Litauen?«, wiederholte ich und fragte mich, in welchen deutschen Grenzen Leonard dachte, wurde allerdings wieder von seiner Frisur abgelenkt, bevor ich diesen Gedanken vertiefen konnte, was vielleicht auch ganz gut war.

»Ja, unsere Familie hatte da ein Schloss, aber das wurde nach dem Krieg enteignet. Die haben das völlig verfallen lassen. Und unser Auto haben sie auch geklaut«, fasste Leonard seine Erfahrungen zusammen. Er klang wie ein Kriegsberichterstatter, der aus einem Krisengebiet berichtet. So gesehen sprach er gerade von der Ostfront. Ich überlegte, etwas dazu zu sagen, ließ es dann aber bleiben und sah ihn so betroffen an wie möglich. Das war am einfachsten.

»Wie in Brandenburg«, meldete sich ein Mann zu Wort, der so ähnlich aussah wie Leonard und wahrscheinlich auch so ähnlich hieß. Er hatte weniger Gel in den Haaren, das war der Unterschied. »In Brandenburg lassen die doch auch die Schlösser verfallen. Ich fahr ja am Wochenende öfter mal raus. Schlimm. Brandenburg ist ja eigentlich sehr schön – wenn nur die Brandenburger nicht wären«, sagte er und lachte. Alle lachten. Ich blieb ernst, weil ich irgendwie das Gefühl hatte, die Brandenburger verteidigen zu müssen.

Ich sah den Mann an. Dann sagte ich: »Na ja.«

Na ja! Das war der Protest, zu dem ich in der Lage war.

»War ein Scherz«, erklärte der Mann mit einem Blick, in den sich Panik mischte. Der Russe war da, erzählte dieser Blick. Aber ich konnte mich auch täuschen.

»Klar«, sagte ich.

»Berlin ist ja inzwischen auch sehr international«, wechselte Leonard schnell das Thema, um die Wogen zu glätten. Ich war kurz davor zu sagen, dass ich nicht sicher war, ob ich es gut fand, dass in vielen Bars und Clubs in Friedrichshain, Mitte oder Prenzlauer Berg nur noch Englisch gesprochen wurde. Es wirkte irgendwie aufgesetzt, zu gewollt. Ich ließ es. Vorsichtshalber. Leonard hätte das sicherlich vollkommen missverstanden.

Ich dachte daran, wie ich vor einiger Zeit von einigen Schweden und Spaniern praktisch gefeiert worden war, als sich herausstellte, das ich der einzige Deutsche und auch der einzige Berliner auf der Party war. Ich war gewissermaßen die Attraktion des Abends. Der Eingeborene. Der Gastgeber hatte mich umarmt und mir ständig neue Getränke ausgegeben. An das Ende der Nacht kann ich mich kaum erinnern, nur daran, dass ich dann doch noch dieses internationale Gefühl hatte, das Leonard wahrscheinlich meinte.

In dieser Nacht lernte ich auch einen Japaner kennen, der zum ersten Mal in Deutschland war. Er erzählte mir, er habe diese Reise aus drei Gründen unternommen: Er wollte mit einem Touareg auf einer deutschen Autobahn fahren, ein KZ besuchen und den Rasen im Stadion des FC Bayern München berühren. Das waren also die Dinge, die man in Asien mit Deutschland assoziierte: Autobahnen, Holocaust und Fußball. Es waren ungewohnte Assoziationen, aber womöglich beschrieben sie Deutschland ja am besten. Aber auch diesen Gedanken würde ich für mich behalten müssen, denn den hätte sicherlich nicht nur Leonard vollkommen missverstanden.

Ich sah mich nach Christoph um. Er war nicht zu sehen. Wahrscheinlich hatte er sich mit einer Flasche Wodka auf der Toilette eingeschlossen. Oder er war gegangen, was ich nicht hoffte. Ich musste jetzt erst einmal weg von diesen Leuten. So schnell wie möglich.

Ich ging auf die Terrasse, um eine Zigarette zu rauchen. Als ich die Terrasse betrat, stand unsere Gastgeberin an der Brüstung. Sie stand da ganz allein. Und so wirkte sie auch.

Ich zögerte einen Moment lang, dann ging ich zu ihr.

Annemarie wirkte einsam, irgendwie traurig. Aber ich sah sie nur von hinten – möglicherweise lächelte sie ja. Sie drehte sich um, als sie meine Schritte hörte, lächelte abwesend und zog an ihrer Zigarette.

»Hallo«, sagte ich.

»Hallo«, sagte sie. »Michael, nicht wahr? Du bist mit Christoph gekommen.«

Ich nickte.

»Schön, dass du da bist«, sagte sie so fröhlich wie bei unserer Begrüßung, aber jetzt klang es auswendig gelernt. Vermutlich hatte sie diese Worte heute schon zu oft gesagt. Und obwohl ich mich wegen ihres Tonfalls ein bisschen austauschbar fühlte, machte er sie mir sympathisch, vielleicht weil ich das Gefühl hatte, dass die Fassade der glücklichen Gastgeberin aufriss und der Mensch hinter der Rolle sichtbar wurde.

Ich sah auf den Gin Tonic in meiner Hand und dachte daran, dass es Nachmittag war. Als Annemarie sich kurz abwandte, um ihre Zigarette in einem der Blumenkästen auszudrücken, stellte ich das Glas schnell zwischen die leeren Sektgläser auf den kleinen Tisch, an dem sie sicherlich an sonnigen Sonntagvormittagen frühstückte.

»Und«, fragte Annemarie. »Wie gefällt's dir?«

»Gut«, sagte ich. »Schön, es ist nett.«

Das waren schon ziemlich viele Adjektive für einen so kurzen Satz, was höflich umschrieb, dass eher das Gegenteil der Fall war. Ich hoffte, dass es ihr nicht aufgefallen war.

Ich sah Annemarie an und dachte an Franzi, diesen Leonard und die anderen Gäste des Frühlingsfestes, die irgendwie Variationen von Franzi und Leonard zu sein schienen. Annemaries Freunde. Menschen, mit denen ich nichts zu besprechen hatte. Dann passierte etwas Unerwartetes.

Annemarie fragte: »Du fühlst dich nicht besonders wohl hier, oder?«

Das überraschte mich wirklich. Das war kein Smalltalk-Thema.

»Doch, es ist nett. Es ist okay«, sagte ich.

Ich war so überrascht, dass ich sie beinahe gefragt hätte, ob *sie* gern hier war. Aber die Frage schien mir dann doch zu hart. Es war schließlich ihr Geburtstag. Es waren ihre Freunde. Ich fragte mich, ob sie einen Freund hatte. Wahrscheinlich. Frauen wie Annemarie waren keine Singles.

Ich betrachtete Annemarie aufmerksam, die inzwischen seit zehn Minuten ihre Geschichte erzählte. Sie war in einem Vorort von Hamburg aufgewachsen und lebte seit zwei Jahren in Berlin. Sie hatte Linguistik und Germanistik studiert, aber so, wie sie es erzählte, klang es, als hätte sie es studiert, weil sie annahm, es wäre gut für ihre Allgemeinbildung. Aber wenn man sich ihre Wohnung ansah, kam es darauf auch nicht an. Sie konnte auch Philosophie studieren oder Archäologie. Sie würde weich fallen.

Annemarie erzählte von Clubs, in die ich nicht ging und auch nicht gehen würde, von Restaurants und Bars, deren Namen mir nichts sagten, von Galerieeröffnungen, Sylt und Leuten, die Ruben, Torben oder Jan-Friedrich hießen. Wir führten Leben, die parallel liefen, dachte ich. Ohne Berührungspunkte.

Sie hatte viele Sommersprossen, was mir erst jetzt auffiel, obwohl ich Sommersprossen mag. Und ihre Sommersprossen erinnerten mich an ein Mädchen, in das ich zu Schulzeiten verliebt gewesen war.

Als sie in der Gegenwart angekommen war, sozusagen bei unserer Begegnung auf dieser Terrasse, als hätten sie die Erlebnisse und Entscheidungen ihres Lebens genau hierher geführt, hörte ich ein Geräusch hinter uns. Ich wandte mich um. Es war Christoph. Ich hatte ihn seit unserem Eintreffen gesucht, und jetzt hatte er mich gefunden, in einem Moment, in dem *er* störte.

»Da sind ja die Turteltäubchen«, rief er, was es nicht unbedingt besser machte. Er war offensichtlich schon einige Drinks weiter als wir.

Annemarie und ich tauschten einen kurzen Blick. Es war ein merkwürdiger Moment der Verlegenheit, ein Moment, der beinahe dem Augenblick nach einem ersten Kuss glich.

»Wie schmeckt der Gin Tonic?«, fragte Annemarie, und es klang ein bisschen, als würde sie sich mit einem alten Freund unterhalten, der inzwischen Alkoholiker war und den sie nur noch aus Mitleid zu ihren Geburtstagen einlud.

Zwei Minuten später hatte Christoph das Gespräch an sich gerissen. Ich hatte mir eine Zigarette angezündet, und Annemarie lächelte wieder ihr viel zu herzliches Lächeln. Ich betrachtete ihr Gesicht. Sie war geschminkt, jedoch so, dass es einem erst auf den zweiten Blick auffiel. Sie hatte Sommersprossen und große, strahlende, fast unwirklich blaue Augen.

»So«, unterbrach Annemarie Christoph. »Ich werd mal wieder reingehen. Ich muss mich ja auch um die anderen kümmern.«

»Klar«, sagte Christoph. Er zog an seiner Zigarette und blickte Annemarie nach. Als sich die Terrassentür hinter ihr geschlossen hatte, sagte er: »Schade eigentlich.«

»Schade?«, fragte ich.

»Dass sie mit einem Idioten zusammen ist. Leonard. Ich glaub, du hast dich mit ihm unterhalten. Vorhin in der Küche.«

Diese Information brauchte einige Sekunden, um bei mir anzukommen. Wie bitte? Leonard? Ich griff schnell nach dem Gin Tonic und trank einen Schluck, damit Christoph nicht sah, wie meine Gesichtszüge entgleisten.

»Kann sein. Stimmt. Ja«, sagte ich, als würde ich mich nur vage erinnern.

»Es gibt ja Leute, die sind nicht cool, aber trotzdem in Ordnung«, erwiderte Christoph. »Und es gibt Leute, die sind weder cool noch in Ordnung. Einer davon ist dieser Leonard. Ganz schlimm. Der ist so ein richtiges Klischee, der Typ.«

Großer Gott! Leonard war ihr Freund! Ich dachte an seine Frisur, das viele Gel in seinem Haar, und dann fiel mir ein, was er so erzählt hatte. Als wir unsere Zigaretten geraucht hatten, folgten wir Annemarie in die Wohnung und gingen zur Bar, an der Christoph neue Drinks mixte. Ich sah zu Annemarie hinüber, die wieder ihre gutgelaunte, viel zu strahlende Rolle spielte, und plötzlich sah ich, wie allein diese Frau war. Ich spürte ein ungewohntes Gefühl. Das Gefühl, sie retten zu wollen. Vor diesen Leuten, vor Leonard, sogar vor Christoph.

Vielleicht war das einer dieser Momente, dachte ich. Ein Moment, der mein Leben ändern konnte.

Ich sah noch einmal zu Annemarie hinüber, die sich mit Leonard unterhielt, der hin und wieder zu mir herüberblickte. Ein Gespräch würde sich heute sicherlich nicht mehr ergeben. Wir würden nicht mehr unbeobachtet sein.

Einige Stunden darauf verabschiedeten wir uns. Annemarie umarmte mich und gab mir einen Kuss auf die Wange. Als wir das Haus verließen, war die Straße in das Licht der untergehenden Sonne getaucht, und ich wusste, dass ich Annemarie in den nächsten Tagen kontaktieren würde. Es war eine Herausforderung. Eine Herausforderung, die es wert war. In meinem Alter hat man schließlich nur die Chance auf eine glückliche Beziehung, wenn man eine andere zerstört.

Eine gewisse Eleganz im Vulgären

Es ist schon erstaunlich, wie unterschiedlich Gespräche von den jeweiligen Gesprächspartnern wahrgenommen werden können. Das veranschaulicht ein bemerkenswerter Satz, der auf meiner letzten Geburtstagsfeier fiel. Diese eindrucksvollen Worte waren die abschließende Bemerkung der zweistündigen Unterhaltung zwischen Hendrik und Johanna, die sich, obwohl ich die beiden seit Jahren kenne, an diesem Abend zum ersten Mal begegnet waren. Das lag daran, dass sie eigentlich zu zwei einander ausschließenden Bekanntenkreisen gehören.

Einige kennen das vielleicht. Es besteht immer eine gewisse Gefahr, wenn sich unterschiedliche Bekanntenkreise mischen. Ich kenne Leute, die aus diesem Grund ihre Geburtstagsfeier aufteilen. Sie feiern zweimal. Mit den einen feiern sie in ihren Geburtstag hinein. Mit den anderen an ihrem Geburtstag. Sie wählen die Gäste der jeweiligen Feier danach aus, wie gut sie sich verstehen. Wie gut sie zueinander passen. Das ist sicherlich nicht unklug, und vielleicht hätte ich das auch tun sollen. Aber ehrlich gesagt finde ich es gerade interessant, wenn sich diese Bekanntenkreise auf meinen Geburtstagsfeiern berühren. Obwohl es für mich mit einer gewissen Spannung verbunden ist.

Diesmal schien alles gut zu laufen. Johanna und Hendrik hatten gemeinsame Themen. Sie unterhielten sich inzwischen seit fast zwei Stunden. Irgendwann erzählte Hendrik, dass er nicht weit entfernt wohnte. Nur einige hundert Meter, auf der gegenüberliegenden Straßenseite.

»Wenn du Lust hast, können wir noch zu mir gehen«, sagte er.

Johanna zögerte, bevor sie vorsichtig erwiderte, dass sie nicht sicher war, ob sie seine Idee für einen überlegenswerten Vorschlag hielt.

Hendrik sah sie verständnislos an. Dann warf er einen nachsichtigen Blick auf ihr Dekolleté und sagte: »Dich fick ich auch mit kleinen Titten.«

Ein bemerkenswerter Satz, vor allem, weil er als Kompliment gemeint war.

Johanna starrte ihn fassungslos an. Und nicht nur sie. Man muss dazu sagen, dass mein Geburtstag in einer Bar stattfand, in der sehr laute Musik lief. Die Lieder kamen von einem Laptop, sie gingen nicht ineinander über. Es gab immer diese kurzen Pausen zwischen den Songs, in denen nur die Gespräche der Gäste zu hören waren. Und unglücklicherweise hatte Hendrik Johanna sein Kompliment in einer dieser unerwarteten Pausen gemacht, und zwar – und das machte es nicht unbedingt besser – mit derselben erhobenen Stimme, mit der er bisher gesprochen hatte, um die Musik zu übertönen. Mit anderen Worten: Er brüllte den Satz in den hohen Raum.

Das war der Moment, in dem die beiden zum Mittelpunkt des Abends wurden. Alle Anwesenden drehten sich mit irritierten Mienen zu ihnen. Johanna wurde rot, und blickte entschuldigend in die Menge. Dann erklärte sie schnell, dass sie ihre Freunde, mit denen sie heute Abend hier war, schon eine Weile nicht mehr gesehen hätte.

»Ich werd sie am besten mal suchen gehen«, sagte sie und sah sich um.

Hendrik rülpste. Dann sagte er: »Macht nüscht. Ick geh jetzt sowieso erst mal für kleene Außerirdische.«

Sprachlich nicht sehr elegant, aber wirkungsvoll. Hendrik zwinkerte Johanna zu. Dann ging er lächelnd an ihr vorbei und verschwand auf der Toilette.

Willkommen auf meinem Geburtstag.

In diesem Moment versuchte ich gerade, Max davon zu überzeugen, seine Rauschplanung für diesen Abend eventuell noch einmal zu überdenken. Sebastian war schon jetzt ziemlich betrunken und hatte gerade zwei eingeschüchterte junge Frauen mit der etwas kühnen These konfrontiert, dass eigentlich Rudolf Hess die DDR regiert habe – gewissermaßen aus der Vollzugsanstalt Spandau heraus. Eine kühne These, die er offensichtlich für ein angemessenes Smalltalk-Thema hielt. Die beiden Frauen warfen mir hilfesuchende Blicke zu. Ich schob Max erst einmal Richtung Bar und versuchte ihm zu erklären, dass seine ja verhältnismäßig absurden Theorien möglicherweise nicht in die Kategorie »leichtes Party-Thema unter Freunden« fielen.

Dann spürte ich, wie sich eine Hand auf meine Schulter legte. Ich sah mich um. Es war Johannas Hand. Vier Minuten später war ich über ihre Hendrik-Erfahrung ziemlich umfangreich und auch sehr detailliert informiert. Ich fand sie bestürzend. Bevor ich jedoch angemessen reagieren konnte, wurde meine Aufmerksamkeit von Max abgelenkt, der gerade an der Theke mit den Worten »Wat isn jetze mit die Jetränke hier?« auf den Barkeeper einredete.

Ich schlug der verängstigten Johanna vor, sich erst einmal auf die Tanzfläche zu begeben. An einem Ort, an dem sich viele Menschen aufhielten, war es schließlich immer sicherer. Dann versuchte ich, die Situation an der Bar zu

deeskalieren, bevor ich mich mit Hendrik auseinander-
setzen würde.

Einige werden jetzt einwenden, dass ich nur Johannas
Version der Geschichte kannte. Vermutlich könnte man
Hendriks Verhalten entschuldigen oder sogar verstehen,
wenn man seine Version kennen würde. Vielleicht war
dieser Satz aus seiner Sicht die folgerichtige Bemerkung
der vorangegangenen zwei Stunden. Dass es so war, begriff ich, als mich Hendrik am nächsten Nachmittag gutgelaunt anrief und sich nach Johannas Telefonnummer
erkundigte.

Ich wirkte wohl ein wenig unentschlossen, denn irgendwann sagte Hendrik ungeduldig: »Die Frau stand doch total auf mich. Ick seh so wat. Ick spür so wat. Und du weeßt,
ick kenn mir aus mit Frauen.«

Genau genommen war ich mir nicht sicher, inwieweit
Hendrik sich mit Frauen auskannte. Und auch in Bezug
auf Menschen generell hatte ich meine Bedenken. Ich
hätte ihm jetzt sagen können, dass selbst ein so aufmerk-
samer Beobachter wie er die Menschen, die ihm begegnen, nicht sieht, wie sie wirklich sind, sondern wie sie ihm
erscheinen. Und so gesehen sagt es nicht wenig über uns
selbst aus, wie wir andere einschätzen.

Ich habe es dann doch nicht gesagt. Zum einen, weil
ich solche Dinge wohl nie sagen würde und zum anderen,
weil mich Hendrik wahrscheinlich vollkommen missverstanden hätte.

Ich dachte an Johanna, die mir erzählt hatte, dass Hendrik ihr anfangs mit seinem starken Berliner Dialekt gar
nicht so unsympathisch gewesen sei.

»Sein Dialekt gibt ihm eine gewisse Eleganz im Vulgären«, hatte sie gesagt.

Eine gewisse Eleganz im Vulgären?

So reden Intellektuelle, wenn ihr Blick im Zoologischen Garten auf Tiere fällt, die sich gerade selbst befriedigen. Ein Satz, der aus einer Mischung aus Verlegenheit und Faszination entsteht. Ich glaube, mit diesen Gefühlen verband Johanna auch die Unterhaltung mit Hendrik. Er war ein Exot. Ein Eingeborener. Und solche Menschen kommen in ihrem Umfeld selten vor, obwohl sie bereits seit acht Jahren in Berlin wohnt. Für eine Münchener Galeristin wie sie ist jemand wie Hendrik jemand, den man lieber nicht zu nah an sich herankommen lässt.

Natürlich muss man kein Psychoanalytiker sein, um einschätzen zu können, was Hendrik offenbar nicht einschätzen kann, wenn er die Kontrolle an seine Instinkte abgibt. Und obwohl ich für solche Situationen eigentlich sensibilisiert sein sollte, kommt es auch bei mir hin und wieder zu Fehleinschätzungen. Auch auf meiner ohnehin schon ziemlich ereignisreichen Geburtstagsfeier ist das passiert. Damit wurde sie noch ereignisreicher. Es begann gegen drei Uhr morgens, als mir eine Bekannte zwei Freundinnen vorstellte, in deren Begleitung sie auf die Feier gekommen war. An den Namen der einen kann ich mich nicht mehr erinnern. Der Name der anderen Frau war Christina.

Zwei Stunden später saßen Christina und ich noch immer an einem der hinteren Tische des Raums und unterhielten uns angeregt. Unser Gespräch hatte sich ganz natürlich ergeben. Und auch, dass wir uns abseits an einen Tisch setzten, um allein zu sein, war irgendwie folgerichtig.

Irgendwann kamen ihre Freundinnen an den Tisch und sagten, dass sie jetzt gehen wollten. Christina erhob sich und gab mir zum Abschied einen Kuss auf die Wange.

Ich ging zur Bar, an der mir der Barkeeper einen Wodka

ausgab. Er schien nicht unzufrieden zu sein. Er hatte drei Nummern bekommen.

»Die werde ich dann mal in der kommenden Woche abarbeiten«, erklärte er.

»Mist«, sagte ich energisch, denn mir fiel ein, dass ich vergessen hatte, Christina nach ihrer Telefonnummer zu fragen.

Und dann – ja, dann –, dann passierte etwas Unerwartetes.

Wir wandten uns um, als wir ein Geräusch hörten. In der Tür stand Christina. Sie lächelte und fragte, ob wir nicht noch einen Kaffee zusammen trinken wollten. In meiner Wohnung vielleicht. Der Barkeeper holte ein weiteres Glas und gab noch eine Runde Wodka aus.

In meiner Wohnung tranken wir dann doch keinen Kaffee. Wir küssten uns, dann schliefen wir miteinander. Wir kannten uns erst seit einigen Stunden, gingen jedoch so vertraut miteinander um, als würden wir schon seit Jahren sehr gute Freunde sein. Und so etwas passiert mir nicht allzu oft. Ich hatte wirklich das Gefühl, dass das Glück greifbar geworden war.

Dann warf Christina einen Blick auf ihre Uhr.

»So«, sagte sie leichthin. »Gewonnen!«

»Gewonnen?«, fragte ich.

»Na, die Wette«, sagte sie und stand auf, um sich wieder anzuziehen.

Ich setzte mich auf. »Welche Wette denn?«

Das war eine gute Frage, allerdings ahnte ich, dass ich die Antwort eigentlich gar nicht wissen wollte.

»Denk mal drüber nach«, riet sie. »Erinnerst du dich an Karina?«

»Karina«, sagte ich erschrocken. »Woher kennst du denn Karina?«

Ich spürte, wie sich etwas in mir zusammenzog. Ein Gefühl, das nur sehr wenige Menschen in mir auslösen.

Karina gehört zu diesen Menschen.

Ich habe sie vor ungefähr einem Jahr kennengelernt. Es war nur eine kurze Liaison, eigentlich war es nicht einmal eine Liaison, denn wir trafen uns nur dreimal. Mein Fehler war, bei zwei dieser Treffen mit ihr zu schlafen. Wenn ich mir keine längerfristige Perspektive mit einer Frau vorstellen kann, führe ich die Beziehung nicht weiter. Ich kann das irgendwie nicht. Und auch während der Treffen mit Karina spürte ich diesen inneren Widerstand. Ich schickte ihr eine »*Es liegt nicht an dir, es liegt an mir, und lass uns auf jeden Fall Freunde bleiben*«-SMS. Ich weiß, eigentlich hätte ich sie anrufen sollen, aber ich nahm an, dass eine Nachricht nach drei Treffen irgendwie angemessen war. Karina offensichtlich ebenfalls, denn sie schrieb mir eine verständnisvolle Antwort. Glück gehabt, ich hatte die Kurve gekriegt. Niemand war verletzt worden.

Ein halbes Jahr später erkundigte sich mein Bekannter Christian behutsam bei mir, wie es mir inzwischen gehen würde, ich hätte ja eine harte Zeit hinter mir, nach meiner unglücklichen Liebe.

»Wie bitte«, fragte ich. »Welche unglückliche Liebe denn?«

In dem folgenden Gespräch erfuhr ich von meiner tragischen Liebe zu Karina. Einer Liebe, die schnell zu Besessenheit geworden war. Ich erfuhr, dass ich ihr nachgestellt hatte, dass ich ihr aufgelauert hatte, ich erfuhr, dass es wirklich schwer gewesen war, mich loszuwerden. Ich erfuhr, dass ich ein Stalker war, ein Psychopath.

»Alter, wir haben uns dreimal getroffen«, versetzte ich, auch, um irgendwie zu sagen, dass es gar nicht so viel Spielraum gegeben hatte, sie zu stalken.

»Passt ja eigentlich auch gar nicht zu dir«, sagte Christian.

Ich nickte dankbar.

Das war gewissermaßen die erste Stufe. Und offensichtlich hatten wir jetzt die zweite Stufe erreicht. Eine Stufe, die Christina hieß. Es ist zu befürchten, dass es noch weitergeht. Bis Karinas Rachedurst endlich gestillt ist.

Ihr Racheengel warf mir lachend einen Handkuss zu, als er mein Schlafzimmer verließ. Dann fiel die Wohnungstür hinter Christina ins Schloss. Ich sah ihr fassungslos nach. Ich hätte mich in sie verlieben können.

Ich hatte die Situation falsch eingeschätzt. Ich war zu einer Anekdote geworden. Ich konnte mir gut vorstellen, dass sie ihre Freundinnen bereits per SMS mit indiskreten Details über die letzten Stunden informierte.

Sie hatte die Wette schließlich gewonnen.

Ich kuschelte mich in meine Bettdecke und dachte mit einem melancholischen Gefühl daran, dass ich wieder ein Jahr älter geworden war.

Dann schlief ich ein. Oder sagen wir es so: Ich weinte mich in den Schlaf.

»Du erinnerst mich an meine Mutter.«

Im Sommer vor einigen Jahren verabredete sich Julian mit Freunden im Mauerpark, um auf eine Geburtstagsparty zu gehen. Er war am U-Bahnhof Eberswalder Straße ausgestiegen und ging langsam die Bernauer Straße hinunter. Als er sich eine Zigarette anzünden wollte, bemerkte er, dass er vergessen hatte, ein Feuerzeug mitzunehmen. Er hob den Blick und nickte freundlich einer Mittdreißigerin zu, die ihm entgegenkam. Sie sah ihn lächelnd an.

»Entschuldigung«, sagte Julian. »Haben Sie vielleicht Feuer?«

Sie machte eine zustimmende Geste, aber ihr Gesicht hatte sich verändert. Plötzlich war ihr Blick irgendwie schärfer. Als sie ihm Feuer gab, musterte sie ihn misstrauisch. Julian war verunsichert. Aber dann fiel es ihm ein: Es war das »Sie«. Sie waren in Prenzlauer Berg. Hier galt es praktisch als persönliche Beleidigung, gesiezt zu werden, vor allem bei Frauen. Hier war ein »Sie« gleichbedeutend mit »Du siehst älter aus, als du dich fühlst«. Und genauso sah ihn die Mittdreißigerin auch an.

»Danke«, sagte er hastig und versuchte sich in einen interessierten Blick auf ihre Brüste zu retten, um der Frau irgendwie zu zeigen, dass sich sein Siezen nicht auf ihre Attraktivität bezog. Sein Blick war als ein – sagen wir mal – unkonventionelles Kompliment gemeint. Sie sah ihn an wie den Kinderschänder vom Mauerpark, wandte sich ab und ging schnell weiter. Julian sah ihr nach, zog an der Zigarette und bemerkte, dass er rot geworden war.

»Unsere Leben haben sich zwanzig Sekunden berührt, und ich habe alles falsch gemacht«, sagte er, als er mir am nächsten Tag von der Begegnung erzählte. »Ich werd es nie hinbekommen.«

»Na ja«, versuchte ich ihn zu beruhigen, denn offen gestanden war mir dieses Problem nicht fremd.

Alle Männer kennen es.

Die Kommunikation zwischen Männern und Frauen ist ein gutes Fundament für Missgeschicke. Für Missverständnisse, die aus harmlosen Worten, Sätzen oder Blicken schnell sehr persönliche Beleidigungen werden lassen. Manchmal sogar aus Komplimenten.

Einmal machte ich zum Beispiel meiner Freundin Lisa ein Kompliment. Es war ein ernstgemeintes Kompliment, eine wohlwollende, freundliche Äußerung, mit der ich hervorhob, was mir an ihr und an unserer Art, miteinander umzugehen, so gut gefiel. Zumindest nahm ich das an.

»Weißt du, was ich dir schon lange sagen wollte?«, fragte ich, als wir an einem sonnigen Frühlingsnachmittag in einem Café saßen. Ich machte eine kurze Pause, in der mich Lisa erwartungsvoll ansah. Dann sagte ich es. Ich sagte: »Du bist ein richtiger Kumpeltyp.«

Ein kurzer Satz, der den Wert unserer Beziehung sehr treffend zusammenfasste, wie ich fand. Ich blickte lächelnd zu Lisa und erwartete, dass sie mein Lächeln erwidern würde. Aber Lisa lächelte nicht, sie starrte mich fassungslos an.

»Oh«, sagte sie. »Danke.«

Praktisch jeder Buchstabe war ein Vorwurf. Es war klar,

dass die Leichtigkeit dieses wunderbaren Frühlingsnach-mittages gerade verschwunden war.

Das ist schon ein paar Jahre her, und inzwischen weiß ich natürlich, dass Sätze dieser Art kein Kompliment sind; sie sind eine Beleidigung. Ein Satz wie »Du bist ein rich-tiger Kumpeltyp« impliziert nicht nur, wie gut man sich versteht, er beinhaltet auch, dass der Begriff »sexuelle At-traktivität« und Lisas Name nicht in einen Satz gehören.

Es traf meine Freundin hart. Noch heute spricht sie mich gelegentlich auf meine damalige Entgleisung an. Ich werfe ihr dann entschuldigende Blicke zu.

Man muss vorsichtig sein, vor allem in Beziehungen. Das fängt schon bei den kleinen Dingen an. Geht man bei-spielsweise mit seiner Freundin einkaufen, kann man sie schnell beleidigen, ohne es so richtig mitzubekommen. Es wird einem erst durch ihre Reaktion bewusst, aber dann ist es schon zu spät.

Einige kennen das vielleicht: Wenn man mit seiner Freundin einkaufen geht, ist es selten ein gemeinsames Erlebnis. Die Freundin kauft ein, und man läuft irgendwie mit. Bei mir war es ähnlich. Wenn ich mit meinen Ex-freundinnen einkaufen war, hielt ich mich häufiger vor Umkleidekabinen von Damenbekleidungsabteilungen auf. Ich kaufte nicht ein, ich wartete. Das war sicherlich ein wenig quälend, aber noch harmlos. Gefährlich wurde es erst, wenn ich die anprobierten Kleidungsstücke beur-teilen sollte oder, noch schlimmer, Accessoires. Zum Bei-spiel Taschen. Wie Schuhe sind Taschen für Frauen natür-lich nicht nur Taschen, sie sind ein geeignetes Mittel, ihre Identität zu ergänzen, sie zu versinnbildlichen. Und da fangen die Probleme schon an.

Als ich vor einigen Jahren mit einer meiner Exfreundin-nen einkaufen war, zeigte sie mir zwei Taschen.

»Ich kann mich nicht entscheiden«, sagte sie gequält: »Sag doch bitte mal, welche mir besser steht.«

»Mmmmh«, ich wippte mit dem Kopf, als würde ich ernsthaft darüber nachdenken, aber eigentlich wollte ich nur Zeit schinden, denn die Taschen waren sehr ähnlich. Als der Blick meiner Freundin ungeduldig wurde, entschied ich mich für die rechte Tasche.

»Wie bitte?«, rief sie und blickte entsetzt auf die Tasche in ihrer Hand. »Du findest also, ich soll mich wie eine Nutte anziehen? Gut zu wissen!«

»Nein«, sagte ich schnell. »Das war natürlich nur ein Scherz.«

»Aha.« Sie schnaubte verächtlich. Wahrscheinlich stellte sie bereits unsere Beziehung in Frage.

»Sexy und elegant«, charakterisierte ich, aber es war zu spät, meine Freundin nahm mir meine Aufrichtigkeit nicht mehr ab. Nie mehr. Sie fragte mich nie mehr nach meiner Meinung, wenn wir einkaufen gingen. Unsere Beziehung hielt noch ein knappes Jahr, aber manchmal frage ich mich, ob diese Situation nicht der Auslöser gewesen war. Der erste Stein, der die Lawine ins Rollen brachte.

Am vorigen Samstag habe ich mich mit Christoph getroffen, der in der Lage ist, innerhalb einer halben Stunde eine Lawine ins Rollen zu bringen. Er wollte mich sprechen, weil die Frau, mit der er sich am Abend zuvor getroffen hatte, ihr Date nach einer knappen halben Stunde abbrach. Anfangs lief alles gut, erzählte Christoph. Sie hatten gemeinsame Themen, es gab keine unangenehmen Pausen, sie lachten viel, sie verstanden sich. Dann machte Christoph einen Fehler. Oder sagen wir es so: Er machte ihr ein Kompliment.

»Weißt du, du erinnerst mich irgendwie an meine Mutter«, sagte er.

»Wie bitte?«, fragte sie.

»Ja«, sagte Christoph heiter.

Er erklärte, dass sie das gleiche Lachen hätten und dass sie beide sehr herzlich wären. Als ihm auffiel, dass er seine neue Bekanntschaft seit ungefähr zehn Minuten mit seiner Mutter verglich, war ihre Herzlichkeit verschwunden. Auch ihr Lächeln hatte sich verändert. Es war zwar noch vorhanden, aber es wirkte gezwungen, irgendwie eingefroren. Christoph begriff, dass er einen Fehler gemacht hatte, und wechselte ansatzlos das Thema, um noch irgendetwas zu retten, aber es war zu spät. Ihr Gespräch kam nicht mehr in Gang. Zehn Minuten darauf entschuldigte sie sich, sie müsse am nächsten Morgen früh aufstehen.

»Wir werden uns wohl nicht wiedersehen«, fasste Christoph zusammen.

Ich entschied, ihm keine Hoffnung zu machen.

»Wohl eher nicht«, stimmte ich vorsichtig zu. »Und sag nie einer Frau, dass sie dich an deine Mutter erinnert. Auch nicht als Kompliment. Am besten ist es wohl, du lässt *nur* sie reden.«

Wie gesagt, man sollte vorsichtig sein, aber manchmal hat man es nicht in der Hand. Neben Feststellungen wie »Du erinnerst mich an meine Mutter« sollte man bei ersten Dates Sätze wie »Du erinnerst mich an meine Exfreundin« vermeiden, auch wenn sie als Kompliment gemeint sind. Ich selbst habe mich natürlich daran gehalten, aber indirekt wurde dieses Kompliment meiner Exfreundin Karolina schon einmal gemacht. Und zwar von meiner Nichte.

Es war an Ostern vor einigen Jahren. Meine Familie traf sich im Haus meiner Eltern. Mein Bruder kam mit seiner Familie, ich mit Karolina, meine damals fünfjährige Nichte Lea begegnete ihr zum ersten Mal. Beim Kaffeetrinken warf Lea meiner Freundin sehr aufmerksame Blicke zu.

Dann sagte sie: »Darf ich dich mal was fragen?«

»Klar«, entgegnete Karolina.

Es war eine Frage, bei der ich hätte stutzig werden müssen, denn die Ehrlichkeit eines Kindes kann grausam sein, und mit den subtilen Fragen meiner Nichte hatte ich schon gewisse Erfahrungen gemacht. Lea hatte sich bei meiner vorherigen Freundin Nicole erkundigt, aus welchen Gründen sie diesen einen Zahn, der leicht verfärbt war, »extra nicht putzte«. Sie vermutete wohl, dass es eine originelle Geschichte gab. Nicole fehlten die Worte, es war allen ein bisschen peinlich, aber letztlich konnten wir die Situation durch ein Lachen auflösen.

Tja, ich will es mal so formulieren: Diese Chance hatten wir bei Karolina nicht. Bei ihr war es schlimmer.

»Warum siehst du eigentlich aus wie Nicole?«, fragte Lea.

Das war der Moment, in dem Karolinas Lächeln verflog.

Dabei meinte es meine Nichte nicht böse, sie hatte Nicole sehr gemocht. Ihre Frage war ein Kompliment. Ein Kompliment, das nicht als solches wahrgenommen wurde. Verständlicherweise. Dabei sehen Nicole und Karolina sich gar nicht so ähnlich. Allerdings haben beide dunkles Haar, große Augen und diese vornehme Blässe, die ich so mag. Das scheint irgendwie mein Typ zu sein.

Unglücklicherweise war das Kompliment meiner Nichte eine Feststellung, die gegen mich sprach. Vor allem, weil mich die unangenehme Situation innerlich so sehr beschäftigte, dass ich Karolina an diesem Nachmittag aus Versehen dreimal mit »Nicole« ansprach. Es wirkte ein bisschen, als würde man, wenn die Beziehung mit einer Frau nicht funktioniert, mit ihrer Zwillingsschwester zusammenkommen. Ich kann mir vorstellen, dass sich Karolina gerade sehr austauschbar fühlte, und so sah sie mich auch an.

Inzwischen versuche ich, vorsichtiger zu sein, zu lernen, mit Fallen umzugehen, die Fettnäpfchen zu erkennen, in die man treten kann. Kürzlich habe ich mit Martin gesprochen, der ähnliche Probleme hat und der laut darüber nachdachte, die Mechanik umzukehren, Frauen einfach vorsätzlich zu beleidigen, was ja dann eventuell als Kompliment verstanden würde. Allerdings vermute ich, dass diese Strategie nicht unbedingt aufgeht.

Wie gesagt, man sollte vorsichtig sein.

Also liebe Frauen, seien Sie nachsichtig, nehmen Sie es gelassen. Männer sind in solchen Dingen unbedarfter, als man denkt. Da muss man schon differenzieren. Sollten sie Sie einmal beleidigen, kann es sein, dass sie es gar nicht böse gemeint haben. Sie haben euch vielleicht sogar ein Kompliment gemacht, vielleicht aus dem tiefsten Grund ihres Herzens. Einen missverstandenen Beweis ihrer Zuneigung. Und vielleicht sogar ihrer Liebe.

Wer weiß.

Du musst ein Arsch sein in dieser Welt ...

Mit der unglücklichen Liebe ist es ja so eine Sache. Es gibt kaum einen Schmerz, der schwerer zu ertragen ist als unerwiderte Leidenschaft, das weiß wohl jeder aus eigener Erfahrung. Und leider sind es ja gerade unsere unerfüllten Lieben, die uns prägen.

Man sagt ja, dass man eine verlorene Liebe eigentlich erst dann überwindet, wenn man sich wieder verliebt. Aber selbst wenn man Jahre später in einer glücklichen Beziehung ist, kann einen ein Mensch, in den man einmal unglücklich verliebt war, noch berühren. Erst kürzlich hat mir ein Bekannter erzählt, wie sehr er die abschätzigen Blicke seiner Exfreundin genoss, als er ihr mit seiner Freundin in einem Restaurant begegnete. Es mochte daran liegen, dass sie damals die Beziehung beendet hatte.

Ich nickte verständnisvoll. Als ich vor einigen Jahren mit meiner damaligen Freundin Tanja einen Geburtstag besuchte, trafen wir dort meine Exfreundin Sarah und ihren neuen Freund – für den sie mich zwei Jahre zuvor verlassen hatte. Ich spürte ein leichtes Ziehen in der Magengegend, als ich die beiden sah, und war mir nicht mehr so sicher, ob dieser Abend ein gelungener Abend werden würde.

Nun ja. Ich hatte mich getäuscht.

Denn im Laufe des Abends fiel mir und glücklicherweise auch einem Großteil der Gäste auf, dass sich Sarahs Freund euphorisch mit meiner Freundin unterhielt. Genau genommen wirkte es, als würde er sich mit ihrem Dekolleté unterhalten. Ich blickte zu Sarah und registrierte ihren Blick mit einem nicht unangenehmen Gefühl. Eine kleine Genugtuung, dass der Mann, für den sie mich verlassen hatte, so offensichtlich an meiner neuen Freundin interessiert war.

Und darum geht es wohl. Um Genugtuung.

»Eigentlich ist es wie in diesem Lied von den Ärzten«, erklärte mir einmal mein Bekannter Sascha, als ich ihm von dem Erlebnis erzählte. »Wie in dem Lied *Zu spät*.«

»Ach?«, sagte ich. Sascha erklärte mir, dass praktisch jeder Mann der Frau, die ihn verletzt hat, verständlich machen will, dass das ein Fehler war. Ihr zeigen, dass er inzwischen außer Reichweite ist. Dass sie diesen schwerwiegenden Fehler nicht mehr korrigieren kann. Der Antrieb ist Genugtuung.

»*Zu spät*« ist ein Lied, das von einem Achtzehnjährigen geschrieben wurde. Sascha ist vierunddreißig. Er ist fünfzehn Jahre weiter. »Manche Dinge ändern sich nie«, sagte er ein wenig verzweifelt, als ich ihn darauf ansprach.

Daran musste ich denken, als ich mich vor einigen Monaten mit meinem Bekannten Daniel in der *Goldfischbar* in Friedrichshain traf. Wir tranken Gin Tonic, und irgendwann war Daniel so weit, mir von seiner Phantasie zu erzählen. Eine Phantasie, die er inzwischen beunruhigend detailreich ausgearbeitet hat.

Es ist eine Phantasie, die seine Exfreundin betrifft.

Auch sie hat ihn für einen anderen Mann verlassen, vor ungefähr einem Jahr. Seitdem ist er Single, und offenbar hat er in seinem Single-Alltag viel Zeit zum Nachdenken. Für meine Begriffe sogar ein bisschen zu viel.

Daniel ist Drehbuchautor und hat sich nach der Trennung in die Arbeit gestürzt. Er arbeitet intensiv an dem Konzept einer Serie. Anfangs nahm ich an, er wolle sich ablenken, aber das war nicht die ganze Wahrheit, denn auch sein Antrieb ist die Genugtuung.

In seiner Phantasie stellt er sich vor, wie seine Exfreundin mit ihrem Freund vor dem Fernseher sitzt. Sie hat in dieser Phantasie sehr dicke Oberarme, und auch ihre Haut ist ungepflegt, obwohl sie ja immer auf ihren Körper geachtet hat. Ihr Freund nimmt die Fernbedienung und schaltet in eine Talk-Show, in der Daniel gerade mit einem der Hauptdarsteller seiner Serie zu Gast ist. Daniel sagt interessante Dinge, ist schlagfertig und selbstbewusst.

Seine Exfreundin blickt vorsichtig zu ihrem Freund, der sich gerade ein neues Bier öffnet, und vergleicht ihn mit Daniel. Ihr Freund, der natürlich keine Ahnung hat, wer da sitzt, nickt zum Fernseher und kommentiert die Dinge, die Daniel sagt, mit anerkennenden Sätzen.

»Das hab ich mir oft vorgestellt«, sagte Daniel, während ich versuchte, ihn nicht allzu fassungslos anzustarren. Dann bestellte ich schnell noch zwei Gläser Gin Tonic. Daniel hatte ein Problem, das offensichtlich nicht mit Alkohol zu lösen war, aber er schien ihn trotzdem ziemlich nötig zu haben.

Als wir uns kurz darauf wieder trafen, hatte er ihn allerdings noch nötiger, denn das Gefährliche und auch Verführerische an Phantasien ist ja, dass sie einen Idealzustand beschreiben. Und Idealzustände können schnell zerfallen, wenn sie mit der Realität in Berührung kommen. Das war auch der Grund für unser Treffen. Daniel hatte die beiden im Lafayette getroffen, und das Bild, das er sich von seinem Nachfolger gemacht hatte, brach in sich zusammen.

Der Mann, für den sie ihn verlassen hatte, stellte sich mit dem Namen Matthias vor. Sagen wir es so: Matthias sah nicht aus, als würde er abends vor dem Fernseher Bier trinken. Er sah nicht einmal aus, als würde er überhaupt fernsehen oder Bier trinken. Matthias war wohl eher ein Theaterfreund und Weinkenner. Er wirkte auch sehr sprachbegabt. Unglücklicherweise war er Daniel nicht unsympathisch.

Tja, dachte ich. Es würde wohl kein »*Zu spät*«-Szenario geben.

Ich bestellte Daniel den nächsten Gin Tonic und dachte an meine letzte unglückliche Liebe. Sie dauerte ein Dreivierteljahr, und sie hatte mich ebenfalls ziemlich geprägt, allerdings äußerte sich das bei mir anders. Ich konnte nicht mehr schreiben.

Es gibt ja diese Theorie, dass die unglückliche Liebe die perfekte Muse ist. Die besten Texte schreibt man, wenn man unglücklich ist. Sagt man. Nun ja, auf Lyriker trifft das vielleicht zu. Wenn man Gedichte schreibt, kann das funktionieren. Darum war Heinrich Heine ja auch ständig unglücklich verliebt. Aus produktionsästhetischen Gründen, um in der richtigen Stimmung zu sein, wahrhaftige Liebesgedichte schreiben zu können.

Es gibt ja auch Beispiele in der Musik. Als vor einigen Jahren ein *Blur*-Album erschien, haben sich Musikjournalisten in aller Öffentlichkeit bei der Exfreundin des Sängers dafür bedankt, dass sie ihn verlassen hat. Ohne sein Leiden wäre diese Platte ja so nicht möglich gewesen, sagten sie. Man kann die unerfüllte Liebe also auch als Glücksfall verstehen. Man kann sie nutzen.

Das traf bei mir nicht zu. Leider, muss man wohl sagen. Ich konnte nicht mehr schreiben. Es ging einfach nicht mehr. Ich war abgelenkt und konnte mich nicht mehr konzentrieren. Es war keine leichte Zeit. Ich war nahezu überzeugt davon, dass ich mich gar nicht mehr verlieben durfte. Dass ich keine Gefühle zulassen durfte. Weil ich den Kopf frei brauchte, um endlich wieder schreiben zu können.

Ich habe einen Freund, der Germanistik studiert hat und inzwischen schon seit sechs Jahren Single ist. In dieser schwierigen Zeit trafen wir uns oft. Vielleicht war das ein Fehler, aber wenn man leidet, umgibt man sich ja gern mit Menschen, die ähnliche Probleme haben. Man hat ein gemeinsames Thema, und darum nimmt man es dem anderen nicht übel, wenn er nicht müde wird, darüber zu sprechen.

Allerdings hat ein Mann, der sechs Jahre seiner verlorenen Liebe nachtrauert, auch sechs Jahre Zeit, um Theorien zu entwickeln. Das kann dann auch mal in eine falsche Richtung gehen. Vor allem, wenn man einen Abschluss in Germanistik hat. Mein Freund erklärte mir, dass es eigentlich nur einer richtig gemacht habe.

Bertolt Brecht.

»Der misstraute doch der Liebe«, rief er, als wir an einem tristen Herbstabend in meiner Wohnung die dritten Flasche Rotwein öffneten. »Der fürchtete doch die Liebe, die Abhängigkeit von einem anderen Menschen. Als Liebender ist man ein Leidender – und davor hatte Brecht Angst.«

Ich nickte, weil das ja meine emotionale Verfassung sehr treffend zusammenfasste, und ich dachte daran, dass das vielleicht Brechts Maßlosigkeit erklärte, wenn es um Frauen ging. Er hat sich nie ausschließlich auf eine Frau konzentriert. Das hat ihn geschützt. Mit der Gerissenheit eines Heiratsschwindlers hat er es fertiggebracht, ständig unzählige Affären nebeneinanderlaufen zu lassen.

Tja. Und die Frauen? Jetzt wird es interessant. Die Frauen haben ihn geliebt. Reihenweise lagen sie ihm zu Füßen.

»Unbegreiflich eigentlich«, rief mein Freund, der in seinem Zustand bereits in der Lage war, über große Schriftsteller zu sprechen, als würden sie zu unserem engeren Bekanntenkreis gehören. »Der hat die Frauen doch wie Dreck behandelt. Der hat ja seiner Geliebten Ruth Berlau fünfzehn Jahre lang verboten zu lächeln. Und warum? Weil sie wie eine Nutte gelächelt hat. Fand er. »Hurenlächeln« hat er das genannt. Und sie? Was hat sie gemacht? Sie hat sich daran gehalten! Die Frau war ihm hörig, verfallen, er hat sie in den Alkoholismus getrieben. Aber wahrscheinlich kann man es ihm nicht einmal vorwerfen. Hat er wahrscheinlich gar nicht mitbekommen – bei dem Ego. Neben so einem Ego hat keine Selbsterkenntnis mehr Platz.«

Ich war ein bisschen verwirrt. Offenbar war Brechts Verhalten zu einer persönlichen Angelegenheit meines Freundes geworden, obwohl Brecht schon lange tot war. Aber vielleicht lag es ja auch am Rotwein.

»Erkenntnisresistent war der Mann«, fasste mein Freund seine kleine Rede zusammen. »Hochgradig erkenntnisresistent. Aber Weltliteratur.«

Ich machte eine beruhigende Geste, vielleicht weil ich inzwischen ebenfalls den Eindruck hatte, Bertolt Brecht wäre Teil unseres engeren Bekanntenkreises und ich müsste ihn irgendwie beschützen.

»Ich hab ja darüber nachgedacht«, fuhr mein Freund fort. »Ich hab sehr oft über diese Problematik nachgedacht. Und zu welchen Schlüssen ich da gekommen bin, darf man eigentlich keinem erzählen. Aber ich hab schon zwei Flaschen Wein getrunken, da werd ich immer so emotional. In meinem Zustand ist das verzeihlich.«

Er beugte sich zu mir und sagte eindringlich: »Also, ich hab da eine Theorie. Vielleicht ist's wirklich so – vielleicht interessieren sich Frauen nur für Männer, die sie wie Dreck behandeln – wie den allerletzten Dreck. Klassischer Brecht-Stil sozusagen. Die wollen einen dann erziehen oder verstehen oder was weiß ich. Man muss ein Arschloch sein. Das ist es. Aber so bin ich nicht veranlagt. Leider. Das ist so eine Unzulänglichkeit. Ohne die wäre mein Leben einfacher. Scheiße! Warum kriegen die Arschlöcher immer die Frauen.«

Mein Freund schwieg. Er sah gerade sehr unglücklich aus. Er tat mir leid. Und vielleicht war mein Mitleid der Auslöser für mich, wieder nach vorn zu sehen. Das Selbstmitleid hinter mir zu lassen. Denn so durfte es nicht enden.

Und was soll ich sagen, es funktionierte.

Es dauerte nur einige Monate, bis mir eine Frau während eines Dates vorwurfsvoll sagte: »Michael! Du bist ein Arsch!« Sie schwieg einen Moment lang, während ich sie mit harmlosem Blick ansah, dann fügte sie versöhnlich hinzu: »Aber ein süßer Arsch.«

Ich lächelte still.

Offenbar hatte ich alles richtig gemacht. Ich würde meinem unglücklichen Freund davon erzählen. Der Germanist hatte recht behalten.

Die wahren Romantiker

Es gibt Momente, in denen ich begreife, dass Singles die wahren Romantiker sind. Einige haben bei diesem Satz sicherlich in sich hineingelächelt. Singles sind die wahren Romantiker?, denken Sie vielleicht skeptisch. Was für ein Satz.

Aber was soll ich sagen, er ist wahr.

Es gibt 16 Millionen Singles in Deutschland, das ist jeder fünfte Deutsche. So gesehen sind wir ein Volk von Romantikern. Nun ja, nicht ganz. Ich spreche natürlich nicht von verzweifelten Singles, die sich für eine Partnerschaft entscheiden, weil sie einsam sind, oder von den überzeugten Singles, die sich generell gegen eine Beziehung entscheiden. Ich meine Singles, die – wie es die *ZEIT* einmal so schön geschrieben hat – eben lieber auf ihren Traumpartner warten, als sich in freudlosen Kompromissbeziehungen die Hoffnung auf Besseres zu rauben. Singles, die wissen, sobald die Richtige kommt, werden sie aufhören, Single zu sein, und das am liebsten für immer.

Ich spreche von Menschen wie mir. Singles auf der Suche nach ihrer Traumfrau.

Es war ungefähr 21 Uhr, als ich am Samstag den Drang spürte, mir eine Zigarette anzuzünden, aber ich saß ja gerade in diesem viel zu teuren Restaurant in der Französischen Straße, in dem man nicht rauchen durfte, aß übersichtlich portionierte Gerichte und saß schweigend

Linda gegenüber. Linda schwieg nicht. Leider, muss man wohl sagen. Sie erzählte gerade, dass ihr im vergangenen Jahr drei gute Freundinnen die Freundschaft gekündigt hatten. Allerdings war ihr nicht klar, warum.

»Ich weiß nicht, woran es liegt. An mir liegt es nicht«, sagte sie.

Ich nickte. Das war schon ein beeindruckender Ansatz. Ein Ansatz, mit dem man immer auf der sicheren Seite ist und der auch ganz gut zu Linda passte.

Wir hatten uns vor drei Wochen kennengelernt. Seitdem trafen wir uns, redeten, rauchten und schliefen miteinander. Mir wird immer ziemlich schnell klar, ob ich mir mit einer Frau eine Perspektive vorstellen kann oder nicht, und mit Linda konnte ich es nicht. Es beunruhigte mich schon, dass sie unsere Treffen als »Dates« bezeichnete. Der Begriff »Date« schloss eine Perspektive ein, irgendeine Art der Entwicklung. Es war ein Begriff, der unseren Treffen die Zwanglosigkeit nahm.

Ich kenne Männer, die solche Beziehungen trotzdem weiterführen – bis sich etwas Besseres ergibt. Ich bin einfach nicht der Typ für längere Liebschaften, warum auch immer. Spätestens nach dem dritten Treffen habe ich ein unangenehmes Gefühl, das Gefühl, nicht ehrlich zu sein.

Heute Abend war unser drittes Treffen.

Ich versuchte noch einmal, mir Linda in dieser Szene vorzustellen, in der ich mir alle Frauen vorstelle, mit denen ich mich treffe. Es ist eine Vorstellung, die einer Filmszene ähnelt, gewissermaßen die Idee einer Stimmung. Das Bild eines milden Sommerabends: der Balkon einer Altbauwohnung, eine geöffnete Flasche Rotwein und zwei Gläser. Man hört Vogelgezwitscher, und mehrere Stockwerke tiefer rauscht der Verkehr, aber es ist nur ein leichtes Rauschen, das man mit etwas Phantasie für Meeresrauschen halten könnte. Wir sitzen auf dem Balkon und unterhalten uns, kultiviert, auf natürliche Art. Es ist ein Bild, in das keine Frau der vergangenen zwei Jahre passte.

Es ist eine idealisierte Welt. Ein Traum. Träume können schnell an der Wirklichkeit zerbrechen. Manchmal denke ich, ich lebe bereits zu sehr in einer Welt, deren Vorstellungen sich nach den Filmen richten, die ich im Kino sehe.

Das macht mich wohl zu einem Romantiker, die Frage ist nur, ob das für oder gegen mich spricht. Denn das Wesen der Romantik ist schließlich die Sehnsucht nach dem Unerfüllbaren, nach dem Perfekten, dem Idealen.

Und darin liegt die Gefahr.

Das Single-Leben, vom dem ich spreche, ist ja ein komfortables Leben. Es ist ein einfaches und sehr freies Leben, in dem man auf niemanden Rücksicht nehmen muss. Keine Kompromisse machen.

Und daran liegt es wohl, dass es vor allem Kleinigkeiten sind, die mich an den Frauen stören, die ich kennenlerne. Ihr Lachen klingt falsch, sie halten Katzen oder Kampfhunde, sie fahren einen tiefergelegten Golf, sie berlinern sehr stark, oder sie verbringen Stunden in Cafés, bestellen nur Leitungswasser und beschweren sich, dass es nicht mit einer Scheibe Limone serviert wurde. Oder sie erwähnen in Nebensätzen – wie Linda vor einigen Minuten –, dass sie 15 000 Euro Schulden haben, und zwar so selbstverständlich wie Jeff Bridges in *The Big Lebowski* sagt, dass er arbeitslos ist, als er gefragt wird, was er beruflich macht. Der selbstbewusste Ton, in dem Jeff Bridges diesen Satz ausspricht, hat mich schon beeindruckt, leider stellt sich dieses Gefühl nicht ein, wenn ich Linda zuhöre.

Ich empfinde mein Single-Leben zwar als Übergangsphase, weiß aber, dass diese Phase dazu verführt, sich in ihr einzurichten – in dieser Suche nach der perfekten

Frau. In dem Film *500 Days of Summer* sagt ein Darsteller über seine Freundin: »Sie ist besser als eine Traumfrau. Sie ist echt.«

Und darum geht es wohl, die Frau zu finden, bei der es mich nicht stört, Kompromisse zu machen.

Aber es ist nicht leicht, eine solche Frau zu finden. Man braucht Zeit. Und die haben wir ja nun mal nicht unbegrenzt zur Verfügung. Darum hat man zum Beispiel Begriffe wie »Thirty-somethings« für meine Altersgruppe erfunden. Wir sollen uns sicher fühlen. Wir sollen das Gefühl haben, noch Zeit zu haben.

Tja.

Dieses Gefühl der Sicherheit kann allerdings manchmal kippen. Wie letzten Mittwoch, als ich mich in einem geräumigen Esszimmer befand, das zu der geräumigen Wohnung eines Bekannten gehörte. Wir waren zu viert. Es waren nur Männer anwesend, alle waren Singles, und alle trugen Jacketts. Wir sahen aus, als hätten wir noch einen Geschäftstermin, obwohl wir uns ja hier getroffen hatten, um später auf eine Geburtstagsfeier zu gehen.

Weil unser Gastgeber zu den Menschen gehört, die es »vollkommen sinnlos« finden, nüchtern auf Partys zu gehen, hatte er eine Palette *RedBull* und zwei Flaschen *Russki Standard* gekauft.

»Zum Vorglühen«, sagte er, als ich eintraf, und zeigte auf eine der Flaschen, die beinahe leer war.

Oh, dachte ich, setzte mich und ließ erst mal die anderen reden, um zu sehen, auf welchem Niveau wir uns inzwischen bewegten – nach einem knappen Liter Wodka.

Andreas erzählte gerade von einem Phänomen, das ihn momentan sehr beschäftigte. Er hatte festgestellt, dass sich auffallend viele ehemalige Liebschaften bei ihm meldeten, wenn er sich häufiger mit einer Frau traf.

»Es ist schon merkwürdig«, sagte er ernst, als vermutete er da einen größeren Zusammenhang.

»Vielleicht brauchen sie 'ne Füllung«, sagte Patrick. »Bei dem Wetter.«

Ich sah auf. 'ne Füllung? Bei dem Wetter?

Trotzdem es der erste milde Tag des Jahres war, gewissermaßen ein erster Frühlingstag im Januar, schien mir diese These doch sehr gewagt. Ich sah fassungslos in die Gesichter der anderen, aber alle nickten zustimmend, als hätte Patrick eine tiefe Wahrheit ausgesprochen.

Der Abend erinnerte mich an früher, an diese Abende mit Anfang zwanzig, nur dass hier alle Ende dreißig waren. Das Gespräch passte eher zu Mittzwanzigern, was vielleicht am Alkohol lag. Ich war ja noch nüchtern, es war schließlich erst 20 Uhr.

Patrick erzählte ansatzlos, kürzlich habe ihn ein Nachbar wegen nächtlicher Ruhestörung angezeigt. Er sei bei einem One-Night-Stand zu laut gewesen.

Er!

Patrick erzählte das einfach so. Es war ihm nicht unangenehm oder peinlich. Ich versuchte, das Bild nicht zuzulassen, und blickte zu Andreas, der irgendwie durch Patrick hindurchsah. Solche Dinge interessieren mich nicht. Ich stelle mir so etwas immer gleich vor. Und wie Patrick mit seinen Lustschreien das ganze Haus zusammenbrüllte, wollte ich mir nicht vorstellen.

Das war der Augenblick, in dem ich spürte, dass es jetzt wohl so weit war, mir ebenfalls einen Drink zu machen. Vorsichtshalber.

»Und, wie läuft's mit den Frauen?«, fragte ich, nachdem ich den ersten Schluck getrunken hatte.

In den nächsten Stunden stellte ich fest, dass meine Bekannten ziemlich klare Vorstellungen hatten, wie ihre zukünftige Traumfrau *nicht* sein sollte, Vorstellungen, die sie allerdings gegen zwei Uhr morgens verworfen hatten, als sie mich auf der Geburtstagsparty zu überreden versuchten, mit ihnen in eine Bar namens *King Size* zu gehen.

Als ich zögerte, versicherte mir Patrick: »Jetzt ist es zwei, genau die richtige Uhrzeit. Das Resteficken beginnt ja erst gegen vier.«

Oh, dachte ich zum zweiten Mal an diesem Abend.

Andreas erklärte mir, dass man ja nicht länger als zwei Stunden brauchen würde, um eine geeignete Frau zu finden, vor allem nicht in unserem Zustand.

Ich starrte fassungslos in ihre zufriedenen Gesichter.

Es war alles so banal. Sie hatten studiert, sie waren Akademiker, sie waren Ende dreißig, und in ihren Gesprächen bedienten sie ausschließlich primitivste Sprachklischees. Sie führten das Leben von Zwanzigjährigen. Immer noch. Und so wie es aussah, war es nicht zu erwarten, dass sich das mittelfristig änderte.

Im *King Size* sah ich, wie Andreas und Patrick auf zwei Frauen einredeten, die wahrscheinlich so alt waren, wie sie sich fühlten, und mir fiel ein, dass Salvador Dalí einmal gesagt hat: »Das größte Übel der heutigen Jugend besteht darin, dass man nicht mehr dazugehört.« Andreas, Patrick und die Zwanzigjährigen boten das passende Bild zu diesem Satz.

Inzwischen taten sie mir schon irgendwie leid.

Sie führten ein Leben im Unverbindlichen. Sie redeten sich ein, auf der Suche nach der perfekten Frau zu sein, aber sie fühlten sich auf dem Weg dahin einfach zu wohl. Sie hatten sich eingerichtet. Ihre sozialen Kontakte beschränkten sich darauf, hin und wieder mit Kollegen einen saufen zu gehen, auf Dates, One-Night-Stands und auf Leute, die sie auf Partys kennenlernten, mit denen ich nüchtern kein Wort gewechselt hätte. Ein Leben, das aus Arbeit, exzessivem Ausgehen und unverbindlichem Sex besteht. Sie besaßen teure Möbel und lebten in Wohnungen, die ihre gelegentlichen Gäste beeindruckte. Die Kulisse stimmte. Da übersah man schnell, dass sie eigentlich ein asoziales Leben führten, dass ihr Kühlschrank immer leer war. Aber teure Möbel und schöne Wohnungen sind eine gute Hilfe, sie können einem Single-Mann, der zu viel arbeitet, die Illusion vermitteln, dass mit seinem Privatleben alles in Ordnung wäre. Und damit passen sie – so traurig das auch klingt – ideal in unsere Gesellschaft. Sie sind die perfekten Konsumenten und Arbeitnehmer.

»In zehn Jahren werdet ihr fünfzig sein«, dachte ich, und weiter wollte ich jetzt nicht denken.

So durfte es nicht enden. Nicht so. Aber mit einer Frau wie Linda auch nicht.

Im Restaurant in der Französischen Straße erklärte ich Linda, dass ich noch nicht bereit war, Gefühle zuzulassen, weil ich Frauen noch immer mit meiner Exfreundin verglich.

Wir sprachen nicht mehr viel. Als Linda ihr Glas geleert hatte, sagte sie: »Wir machen hier doch nur Konversation.«

Ich nickte schüchtern und hoffte, dass sie mir dieses schüchterne Nicken abnahm.

Es war die Geste eines Romantikers.

Und wer sollte das besser wissen als ich.

Ein Leben wie ein Pornofilm

Es war einer der letzten schönen Spätsommertage. Ich saß mit Katharina vor einem Café in der Stargarder Straße in Prenzlauer Berg und trank Milchkaffee. Als eine attraktive rothaarige Frau auf einem Fahrrad die Straße hinunterfuhr, setzte ich mich beeindruckt auf und sagte begeistert: »Hast du den Redhead gerade gesehen?«

»Wie bitte?«, rief Katharina und sah mich fassungslos an. »Wie redest du denn über Frauen?«, sagte sie deutlich. »*Redhead gets gangbanged* – oder was?«

Das klang schon sehr aggressiv. Ich machte eine abwehrende Geste, bevor ich unschuldig sagte: »Redhead? Das ist doch ein gängiger Anglizismus.«

Katharina schnaubte verächtlich. »Also ehrlich, das wollte ich dir schon lange mal sagen. Wie du über Frauen sprichst – immer in dieser Pornofilm-Rhetorik –, also das geht gar nicht.«

Pornofilm-Rhetorik? Redhead gets gangbanged?

Katharinas Reaktion nach zu urteilen, hatte ich der schönen Frau auf dem Fahrrad gerade »I fuck anything that moves« hinterhergepöbelt, obwohl ich mich damit ja auch als Cineast profiliert hätte, denn diesen Satz ruft Dennis Hopper im David Lynch-Film *Blue Velvet*. Allerdings bin ich mir nicht so sicher, ob jemand diesen Bezug verstanden hätte.

Bevor ich etwas Rechtfertigendes erwidern konnte, war

Katharina schon weiter. Inzwischen ging es um die großen Zusammenhänge.

»Michael«, sagte sie eindringlich. »Das Leben ist kein Pornofilm.«

»Wie bitte?«, sagte ich hilflos.

»Denk mal drüber nach«, sagte sie.

Ich wusste, dass meine Argumente in der Diskussion mit Katharina nutzlos sein würden. Katharina hatte gerade eine schwere Trennung hinter sich, die sie noch nicht überwunden hatte. Sie war es gewohnt, Männer als Feinde zu betrachten. Und sie befand sich in der Trotzdem-Phase.

Einige kennen das vielleicht. Wenn Frauen in Diskussionen oder Streitereien merken, dass sie sich rhetorisch in die Ecke manövriert haben, benutzen sie ein Argument, gegen das man nichts sagen kann. Sie sagen: »Trotzdem.« »Trotzdem« bedeutet: »Mag sein, dass die Fakten irgendwie gegen mich sprechen – aber ich hab trotzdem recht.« Ich sah in Katharinas Blick, dass ich keine Chance hätte, also ließ ich mich auf keine Diskussion ein.

Aber wenn ich jetzt so darüber nachdachte, war ich mir gerade nicht so sicher, ob die Behauptung »Das Leben ist kein Pornofilm« zutraf. Kürzlich hatte mir beispielsweise Sarah erzählt, wie sie in der Bar *Kings Size* von einem jungen Mann – sagen wir mal – etwas ungewöhnlich angesprochen wurde. Gegen vier Uhr morgens.

Gegen vier Uhr morgens können Strategien, einvernehmlichen Geschlechtsverkehr herbeizuführen, schon ein wenig plakativer sein. In Sarahs Fall für meine Begriffe sogar ein wenig zu plakativ.

Sie lehnte mit dem Rücken an der Bar, beobachtete müde die anwesenden Gäste und fragte sich, was sie hier eigentlich noch machte.

Plötzlich stand ein vielleicht fünfundzwanzigjähriger Mann mit aufgerissenen Augen vor ihr, griff nach ihren Armen und rief eindringlich: »Wollen wir ficken? Auf Ecstasy?«

»Warum«, sagte Sarah, die nicht wusste, wie sie überhaupt angemessen auf eine solche Frage reagieren sollte.

»Weil's geil ist!«, rief der Mann begeistert.

Puh, dachte ich, als Sarah mir ihr Erlebnis schilderte. *Weil's geil ist.* Das nennt man dann wohl ein Killer-Argument.

»Und wie hast du reagiert?«, fragte ich, weil ich weiß, wie unbarmherzig und verletzend Sarah sein kann, wenn sie Körbe verteilt.

»Na ja«, sagte sie gedehnt.

Es war ein »Na ja«, das mich einen kurzen Moment verwirrte. Dann verstand ich. Seine Anmache war plakativ – plakativ, aber wirksam –, denn eine halbe Stunde später hielt das Taxi, in dem die beiden saßen, vor dem Haus, in dem er wohnte.

Eine Szene, die auch aus einem dieser dünnen Drehbücher für Pornofilme stammen könnte, um zumindest eine kleine Geschichte zu erzählen.

Genauso wie eine Erfahrung, die mein ehemaliger Kollege Matthias während eines Mallorca-Urlaubs mit Freunden machte. Obwohl »machen musste« wohl die angebrachtere Formulierung ist. Alles begann mit einer Vernunftentscheidung. Nach viertägigem exzessivem Ausgehverhalten entschied Matthias eines Abends, diszipliniert zu sein und diesmal ausnahmsweise früh ins Bett zu gehen. Er hatte zwar irgendwie das Gefühl, etwas zu verpassen, als er allein in ihrem Apartment lag, aber er hielt sich an seinen Vorsatz. Als er am nächsten Morgen die Augen aufschlug, fühlte er sich gut, so frisch und ausgeruht. Er hatte offenbar die richtige Entscheidung getroffen.

Dann setzte er sich auf und sah sich um.

Auf dem Boden des großräumigen Zimmers lagen seine Freunde mit Frauen, die Matthias nicht kannte. Manche schliefen, manche kifften, manche lagen aufeinander und machten Geräusche, die er lieber nicht so genau zuordnen wollte. Er hatte das Gefühl, irgendwie in der falschen Zeitebene aufgewacht zu sein. Oder sagen wir es so: in der falschen Zustandsebene.

»Ich bin dann erst mal in die Küche und hab mir 'n Wodka Red Bull gemacht«, sagte Matthias.

»Um sieben Uhr morgens?«, fragte ich.

»Sozusagen einen Frühstücks-Wodka-Red-Bull«, lachte Matthias.

Er leerte das Glas und spürte, dass er sicherer wurde. Dann ging er auf die Toilette, um zu pinkeln.

Erst als die Tür hinter ihm ins Schloss fiel, registrierte er die Geräusche im Badezimmer. In der Badewanne stand einer seiner Freunde mit einer Frau, die an der Wand lehnte. Sie hatten Sex. Es wirkte allerdings etwas bemüht und angestrengt, weil Matthias' Freund der Halt fehlte und er sich nicht auf die Frau konzentrieren konnte, weil er damit beschäftigt war, sein Gleichgewicht auszubalancieren. Doch dann sah er Matthias, der immer noch starr im Badezimmer stand, und an den nächsten Drink dachte.

Das Gesicht seines Freundes veränderte sich. Matthias erwartete einen rüden Rauswurf, aber er hatte sich getäuscht. Die Miene seines Freundes hellte sich nämlich auf.

»O Mann, gut, dass du wach bist«, sagte er erleichtert und gab Matthias ein Zeichen, näher zu kommen.

Die Frau wandte sich zu Matthias. »Hi«, sagte sie so natürlich, als wäre er zu einem gemeinsamen Frühstück dazugekommen. Matthias erwiderte die Begrüßung mit einem schüchternen Nicken.

»So«, sagte sein Freund. »Also pass mal auf. Kannst du sie mal halten«, sagte er und wies auf die Taille der Frau.

Matthias stellte sich hinter sie und umfasste ihre Taille wie in Trance, um die nötige Balance zu schaffen.

»Ja! Genau so«, sagte sein Freund erleichtert und begann, mit gelöstem Gesichtsausdruck rhythmische Bewegungen zu machen, die immer schneller wurden.

Das Irritierende war allerdings, dass ihre Gesichter nur zwanzig Zentimeter voneinander entfernt waren. Aber das schien nur Matthias unangenehm zu sein.

»Ich hab ihm dabei die ganze Zeit ins Gesicht geguckt«, sagte er hilflos.

»O Gott«, dachte ich. In manchen Momenten ähnelt das Leben wohl doch einem Pornofilm.

Ich muss jedoch zugeben, dass ich auch eine gewisse Faszination spürte. Ich bin da kein Einzelfall.

Es gibt Phänomene, die einem erst auffallen, wenn man einmal auf sie aufmerksam geworden ist. Oder auf sie aufmerksam gemacht wird. Ähnlich war es auch bei mir. Seit diesen Erlebnissen war ich für ein Phänomen sensibilisiert.

Dieses Phänomen ist der Filter, durch den nicht wenige Männer die Welt betrachten. Nennen wir ihn mal den Pornofilm-Filter. Männer nehmen die Welt natürlich nicht ausnahmslos durch diesen Filter wahr, aber öfter als man denkt. Wie an diesem Abend während der letzten *Fashion Week*. Ein Bekannter lud mich zu einer Veranstaltung ein. Das traf sich gut, weil mich an diesem Wochenende zwei Freundinnen aus Köln besuchten.

»Gern«, sagte ich. »Aber ich würd in Begleitung kommen. Mit zwei Frauen.«

»Aha«, lachte der Veranstalter bedeutungsschwanger. »Mit zwei Frauen! Nicht zu fassen! Aber immer einen auf der nette Typ von nebenan machen. Unglaublich.«

Offenbar hatte ich gerade einen Auslöser betätigt.

»Mit zwei Schwestern«, präzisierte ich.

Das war der Moment, in dem sein Lächeln entglitt. Man sah ihm förmlich an, wie sich vor seinem inneren Augen die farbenprächtigsten Szenen abspielten.

»Okay«, sagte er. Mehr konnte er wohl nicht mehr sagen.

»Okay«, sagte ich selbstbewusst, ich war ja schließlich gerade zu der Figur in einem Pornofilm geworden.

Vielleicht lag es daran, dass ich mich beobachtet fühlte, als ich ein paar Tage später mit meinen Freundinnen durch den VIP-Bereich der Kulturbrauerei schlenderte. Die meisten Männer sahen mich an, als wäre ich mit zwei Pornodarstellerinnen da. Ich konnte mich natürlich auch täuschen, aber letztlich war es dieser Eindruck, der die Geschehnisse des Abends auslöste. Die auf solchen Veranstaltungen üblichen Gespräche langweilen mich immer ein wenig. Die Leute stellen sich vor, als müsste einem ihr Name ein Begriff sein. Es kann in solchen Momenten schon mal vorkommen, dass ich dem Impuls nachgebe, diese Unterhaltungen aufzubrechen. Meistens mit Themen, die meine Gesprächspartner unvorbereitet treffen.

Und diesmal führte ich meine Kölner Gäste in den kurzen Gesprächen, die man an solchen Abenden ja so führt, als Pornodarstellerinnen ein. Es war ein Spiel, aber solche Spiele kann man nur spielen, wenn die Mitspieler darauf eingehen. Nun ja, was soll ich sagen: Meine Freundinnen spielten mit.

Ein Bekannter, dem ich die beiden vorgestellt hatte, nahm mich am späten Abend zur Seite und warf mir aufgebracht vor: »Alter! Du kannst mir solche Frauen doch nicht vorstellen, wenn meine Freundin danebensteht.«

Ich dachte daran, wie aus den routinierten, etwas unverbindlichen Blicken unserer männlichen Gesprächspartner, die normalerweise während des kurzen Gesprächs in der Menge nach bekannten Gesichtern suchten, plötzlich aufmerksame und sehr interessierte Blicke wurden. Wie sie so professionell wie möglich nach Produktionen und Projekten fragten.

Und meine Freundinnen spielten mit. Sie erzählten von exotischen Drehorten, Mitteln gegen Jetlag, wenn sie mal wieder in Südkalifornien drehten, und stellten wiederholt fest, dass sie diese Arbeit nur machten, weil sie ihnen so viel Spaß machte. Hier wurden alle Männerphantasien bedient. Man sah unseren Gesprächspartnern förmlich an, wie sie sich darauf konzentrierten, ihre professionellen Mienen zu halten.

Aber dann entgleisten sie doch, als eine der beiden leichthin sagte: »Es ist ja auch mehr so eine Art Hobby.« Und ihre Schwester fügte hinzu: »Aber wenn man ein Talent hat, sollte man es auch nutzen.«

Unsere Gesprächspartner nickten ernsthaft.

Als wir uns verabschiedeten, sah man ihnen an, dass sie mich gerade für einen sehr glücklichen Mann hielten. Ich befand ich mich praktisch im Mittelpunkt des Interesses. Alle beobachteten mich. Ich lächelte, wie es nur sehr glückliche Menschen tun. Dann gingen wir.

In manchen Momenten ähnelt das Leben wohl doch irgendwie einem Pornofilm. Es kommt nur auf den Blickwinkel an.

Frodo Grabowski –
du wirst sie hassen!

Vor ein paar Tagen hat mir ein Freund unglücklich erzählt, dass er eine phantastische Frau kennengelernt hat. Eine dieser Frauen, mit denen man sich eine Perspektive vorstellen kann. Er wirkte sehr unglücklich, als er diese ja eigentlich sehr schöne Neuigkeit erzählte.

»Sie heißt Sandy«, sagte er auf meinen fragenden Blick.

»Sandy«, wiederholte ich langsam. »Sandy aus Südkalifornien?«

»Nee«, sagte mein Freund. »Sandy aus Berlin-Lichtenberg.«

Oh, dachte ich.

»Könntest du dir vorstellen, mit einer Frau zusammen zu sein, die Sandy heißt?«, fragte mein Freund hilflos.

Das war eine sehr gute Frage. Eine Grundsatzfrage, was es nicht unbedingt besser machte.

»Klar«, sagte ich, vor allem wohl, um ihn zu beruhigen, denn offen gestanden, kann ich mir irgendwie nicht so richtig vorstellen, mit einer Frau zusammenzukommen, die Sandy heißt. Ernsthafte Diskussionen wären mit einer Frau namens Sandy gar nicht möglich. Ich könnte sie gar nicht ernst nehmen. Ein Satz wie »Sandy, du hast dir in den letzten zehn Minuten fünfmal widersprochen« klingt ja, als würde man mit einem Hund sprechen. Einem Pudel vielleicht.

Ich weiß natürlich ganz genau, was mir jetzt viele vorwerfen werden. Das ist ja dann doch sehr oberflächlich. Das darf man so nicht verallgemeinern. Gut. Das stimmt natürlich, aber man hat ja diese Bilder im Kopf, denen man sich nur schwer entziehen kann. Und es stimmt ja auch, dass sich Klischees oft bestätigen. Leider, muss man wohl sagen.

Vor einiger Zeit hat sich eine Bekannte über einen Artikel im »*Spiegel*« aufgeregt, in dem beschrieben wurde, dass Lehrer die Mädchen und Jungen aus ihrer Klasse, die Kevin, Ronny oder Sandy hießen, bereits in der Unterstufe aufgrund ihrer Namen sozial festlegten.

»Ein Vorname als Sozialprognose«, rief sie. »Unglaublich.«

Meine Bekannte ist Grundschullehrerin. Das machte es zu einer persönlichen Angelegenheit. Sie sagte, dass der Artikel eine Frechheit wäre, so voreingenommen verhielten sich Lehrer nicht, zumindest verhielt sie sich nicht so. Außerdem könne man das sowieso nicht verallgemeinern. Ich nickte ihr zu. Um sie zu beruhigen, sagte ich, dass sie den Text nicht zu ernst nehmen dürfe, es ging doch schließlich nur darum, eine Geschichte zu erzählen, auch beim *Spiegel*.

Ich kenne drei Frauen, die Mandy heißen. Es ist ein undankbarer Name, vor allem, weil sie nicht in das gängige Mandy-Klischee passen. Sie sind die Ausnahmen, die es wahrscheinlich am schwersten haben. Wenn ich sie auf ihren Vornamen anspreche, verteidigen sie ihre Eltern, obwohl sie darunter leiden. Und was sollen sie auch anderes machen – es sind ihre Eltern.

Tja, aber dafür bin ich ja da: Man MUSS es den Eltern vorwerfen!

Es gibt Dinge, die man einfach nicht macht. Seinen Kindern die Vornamen von Prominenten der Populärkultur zu geben gehört dazu. Vor allem wenn sie nicht mit dem Nachnamen harmonieren. Filmschauspieler sind da ein gutes Beispiel. Bud Lehmann klingt einfach nicht gut. Und in den meisten Fällen helfen dann auch keine Alliterationen mehr, die ja als geeignetes Mittel gelten, Vor- und Zunamen harmonisch klingen zu lassen. Und bei Namen wie Clint Krüger oder Marlon Matuschewski funktioniert das einfach nicht. Noch schlimmer wird es, wenn man die Namen von Filmfiguren präferiert und beispielsweise ein Fan der *Herr der Ringe*-Trilogie ist. In der Kita, die der Sohn eines Kollegen besucht, gibt es einen Jungen namens Frodo.

Frodo! Frodo Grabowski.

Soweit ich das einschätze, wird der arme Junge wohl nie Sex haben. Ein potentieller Serienmörder.

Aber es gibt auch Ausnahmen. Originelle Varianten. Ich kenne einen Mann, dessen Nachname »Hut« lautet. Seine Eltern gaben ihm den Vornamen Robin. Robin Hut. Das hat schon wieder etwas. Eine Originalität, die sich ja so viele Eltern wünschen.

Bei der letzten Fußball-EM habe ich mich mit Anke und Thomas über Kindernamen unterhalten. Es war ein naheliegendes Thema, denn Anke war im achten Monat schwanger. Sie hatten schon eine Auswahl erarbeitet, waren aber noch nicht entschieden. Sie hatten nicht mehr viel Zeit.

»Thomas bevorzugt ja *sehr* individuelle Namen«, sagte Anke mit einem gefrorenem Lächeln. Ich sah die beiden an. Es gab offensichtlich noch Redebedarf. Soweit ich das beurteilen kann, führen die beiden seit sechs Jahren eine harmonische Beziehung. Diese Harmonie schien gerade zu kippen. Ankes Lächeln erzählte, dass die kommenden Wochen hart werden würden. Ich glaube allerdings nicht, dass ihre Beziehung daran zerbricht. Oder sagen wir es so: Ich hoffe es.

Kindernamen sind ein sensibles Thema. Ein Name ist ja nicht nur ein Name. Er ist mehr. Er soll den Charakter des Kindes versinnbildlichen. Das erzeugt natürlich Druck. Weil er ja auch nicht wenig über die Eltern aussagt.

In meinen Beziehungen habe ich natürlich auch schon potentielle Kindernamen diskutiert. Ich glaube, jeder macht das. Und schon in diesen spielerischen Gesprächen habe ich einen Eindruck gewonnen, wie hart es sein wird, wenn ich selbst Vater werde.

Das beginnt schon mit der Tatsache, dass man Namen nach subjektiven Erfahrungswerten beurteilt. Den Namen eines ehemaligen Kollegen, den wir nicht leiden können, werden wir immer mit diesem assoziieren.

Es gibt viele Hindernisse, die die Suche nach dem richtigen Namen für das gemeinsame Kind zu einem sehr zeitintensiven Projekt werden lassen können. Wenn man sich allerdings zu sehr mit einem Projekt beschäftigt, verliert man irgendwann diesen unvoreingenommenen Blick. Man ist zu nah dran. Man kann seine Ergebnisse nicht mehr beurteilen. Das kann zu eklatanten Fehleinschätzungen führen. Ohne Rücksicht auf Verluste. Die Konsequenzen kriegen die Eltern dann nicht mehr mit. Die werden dann ja auf dem Rücken der Kinder ausgetragen. Irgendwie scheinen Eltern bei der Auswahl solcher Kindernamen nicht an die Kinder zu denken. Sie denken an sich selbst. So gesehen erzählen solche Namen schon Geschichten. Psychologische Studien zeigen, dass es Kinder wie Ronny, Sirko oder Levin schwerer im Berufsleben haben als andere. Sie müssen sich erst beweisen. Eigentlich sind die Ronnys, die sich im Berufsalltag bewiesen haben, die wahren Helden unserer Zeit.

Manchmal, wenn ich Frauen mit weißen Jacken, Stiefelchen und solariumgebräunter Haut begegne, also Frauen, die die Klischees bestätigen, frage ich mich, wie ihr Leben mit einem anderen Namen verlaufen wäre. Das ist – soziologisch gesehen – eine interessante Frage, inwieweit der Vorname ein Leben beeinflussen kann. Inwieweit er ein Leben bestimmen kann. Kann ein Vorname ein Leben vorwegnehmen?

Ich fürchte, ja.

Inzwischen wurden ja Namen wie Kevin, Justin oder Sirko von monströsen Namens-Aneinanderreihungen abgelöst. Wenn ein Name wie Chantal schon ein Karriere-Hindernis ist, was soll dann aus Frauen wie Lavinia-Jane, Zoey-Chayenne oder Joséphine-Geneviéve-Máxima werden. Oder Männern wie Cyprian Cyrill Cyrus.

»Sandy«, sagte ich noch einmal, obwohl mir der Name – verglichen mit den neuesten Entwicklungen – gar nicht mehr so grauenerregend erschien.

Mein Freund sah mich traurig an. Dann stand er resolut auf, und verschwand auf der Toilette. Er brauchte wohl einen ruhigen Moment für sich. Ich lehnte mich zurück und sah aus dem Fenster. An meinem Blick glitten eilige Passanten vorbei, dann blieb er an einer attraktiven Frau hängen, die auf der anderen Straßenseite entlanglief. Sie telefonierte, offensichtlich mit jemandem, der sie zum Lachen brachte. Während sie lachte, warf sie den Kopf zurück, mit einer gewissen Eleganz. Ich sah ihr nach und fragte mich, wie sie wohl hieß, welcher Name gut zu ihr passen würde. Jaqueline wohl nicht und auch nicht Monique, Celina, Ashley oder Rihanna. Sie sah eher wie eine Louise oder eine Margarete aus, aber auch wenn sich solche Frauen mit Chantal Schröder vorstellten, war davon auszugehen, dass sie einen französischen Elternteil hatten, mindestens zweisprachig aufgewachsen waren und einen Großteil ihrer Kindheit in einer südfranzösischen Stadt verbracht hatten, von der es wahrscheinlich irgendwelche Van-Gogh-Radierungen gab.

Das war der Moment, in dem ich klarer sah.

Als mein Freund zurückkehrte, riet ich ihm, sich weiterhin mit Sandy zu treffen. »Es ist nur ein Name«, sagte ich. »Und ihr versteht euch ja gut.«

»Stimmt«, sagte er dankbar.

»Und außerdem«, fuhr ich fort, obwohl mir schon während des Sprechens klar wurde, dass dieser Satz ein Fehler war. »Außerdem – also falls ihr mal heiratet – beginnt dein Nachname ja mit demselben Buchstaben.«

Das war der Moment, in dem ich begriff, dass ich es versaut hatte. Ich sah in seinem Blick, dass ihm erst jetzt die Tragik wirklich bewusst wurde. Man muss dazu sagen, dass der Nachname meines Freundes Sablowski lautet.

Sandy Sablowski! Ein Alptraumszenario.

Ich ahnte, dass der Hinweis, Alliterationen würden Namen harmonischer klingen lassen, vollkommen sinnlos sein würde. Genauso wie der selbstironische Hinweis, dass bei einer »Nancy Nast« dieselbe Mechanik greifen würde.

Es war wohl am besten, jetzt zu schweigen, bevor ich es noch schlimmer machte.

Ach, Sandy, dachte ich wehmütig und verfluchte still ihre Eltern.

Ich bin auf deiner Seite.

Nichts ist lustiger als die Wirklichkeit

Joab Nist

WELLENSITTICH ENTFLOGEN. FARBE EGAL

Kuriose Zettelwirtschaft

ISBN 978-3-548-37433-8
www.ullstein-buchverlage.de

Sie hängen an Kreuzungen, an Haltestellen und in Hauseingängen: witzige, kreative und kryptische Zettel. Sie erzählen von der Liebe, von Döner-Köchen, verlorenen Kleinoden, den Problemen beim Zusammenleben und dreibeinigen Katzen.
Eine höchst unterhaltsame Zettelwirtschaft.

Wie liebe ich? Und wen kann ich lieben?

Julia Peirano / Sandra Konrad

DER GEHEIME CODE DER LIEBE

Entdecken Sie Ihr Beziehungs-Ich und finden Sie den richtigen Partner

ISBN 978-3-548-37448-2
www.ullstein-buchverlage.de

Ob Mann und Frau in einer Beziehung harmonieren, hat wenig damit zu tun, wie sie sich im Alltag geben. Der selbstbewusste Manager ist in der Partnerschaft ein Pantoffelheld, die softe Kollegin hingegen hat in Sachen Liebe gern die Zügel in der Hand. Was wünsche ich mir wirklich von einer Beziehung, und wer passt zu mir? Julia Peirano und Sandra Konrad geben völlig neue Antworten und zeigen, wie man eine glückliche und dauerhafte Partnerschaft erreicht.

ullstein

Das starke Geschlecht ganz schwach

Hanna Dietz

MÄNNERKRANKHEITEN

Schmutzblindheit, Mitdenkschwäche, Einkaufsdemenz und weitere unheilbare Leiden unserer echten Kerle

ISBN 978-3-548-37412-3
www.ullstein-buchverlage.de

Der Mann ist die Krone der Schöpfung. Doch wer selbst ein Exemplar zu Hause hat, weiß längst: Männer leiden an den seltsamsten Krankheiten. Sie haben eine angeborene Gemüseintoleranz. Ihre chronische Haushaltsschwäche erwerben sie durch dauerhaftes Verwöhntwerden. Und mit ihrer Smartphonitis treiben sie ihre Partnerinnen in den Wahnsinn. Behandelbar sind die Männerkrankheiten leider nicht – aber sehr lustig.